거의 모든
영어 학습의
도표와
공식

최주연

성균관대학교에서 영어영문학 전공, 영어 정교사 자격증 취득. 수년간 무역회사에서
수출입 관련 실무를 담당했다. 이후 글쓰기와 영어 교육에 더 가까운 천직을 찾아
영어 교재 저자, 출판 편집자, 번역가로 다양한 독자층 대상의 영어 학습서와
일반 단행본을 집필·편집하고, 외서를 번역하며, 집필 프리랜서로도 활동하고 있다.
저서로는 〈거의 모든 묘사 표현의 영어〉가 있다.

거의 모든 영어 학습의 도표와 공식

초판 1쇄 인쇄 | 2025년 12월 1일
초판 1쇄 발행 | 2025년 12월 10일

지은이 | 최주연

발행인 | 박효상
편집장 | 김현
기획·편집 진행 | 오혜순

교정·교열 | 오세원
디자인 | 고희선

마케팅 | 이태호, 이전희
관리 | 김태옥

종이 | 월드페이퍼   인쇄·제본 | 예림인쇄·바인딩   녹음 | YR 미디어

발행처 | 사람in   출판등록 | 제10-1835호

주소 | 04034 서울시 마포구 양화로 11길 14-10 (서교동) 3F
전화 | 02) 338-3555(代)   팩스 | 02) 338-3545
E-mail | saramin@netsgo.com   Website | www.saramin.com
인스타그램 | www.instagram.com/saramin_books   블로그 | blog.naver.com/saramcom

ⓒ 최주연 2025
ISBN | 979-11-7101-200-8 14740   978-89-6049-936-2 (세트)

책값은 뒤표지에 있습니다.
파본은 바꾸어 드립니다.

거의 모든
영어 학습의
도표와
공식

최주연

성균관대학교에서 영어영문학 전공, 영어 정교사 자격증 취득. 수년간 무역회사에서 수출입 관련 실무를 담당했다. 이후 글쓰기와 영어 교육에 더 가까운 천직을 찾아 영어 교재 저자, 출판 편집자, 번역가로 다양한 독자층 대상의 영어 학습서와 일반 단행본을 집필·편집하고, 외서를 번역하며, 집필 프리랜서로도 활동하고 있다. 저서로는 〈거의 모든 묘사 표현의 영어〉가 있다.

거의 모든 영어 학습의 도표와 공식

초판 1쇄 인쇄 | 2025년 12월 1일
초판 1쇄 발행 | 2025년 12월 10일

지은이 | 최주연

발행인 | 박효상
편집장 | 김현
기획·편집 진행 | 오혜순

교정·교열 | 오세원
디자인 | 고희선

마케팅 | 이태호, 이전희
관리 | 김태옥

종이 | 월드페이퍼   인쇄·제본 | 예림인쇄·바인딩   녹음 | YR 미디어

발행처 | 사람in   출판등록 | 제10-1835호

주소 | 04034 서울시 마포구 양화로 11길 14-10 (서교동) 3F
전화 | 02) 338-3555(代)   팩스 | 02) 338-3545
E-mail | saramin@netsgo.com   Website | www.saramin.com
인스타그램 | www.instagram.com/saramin_books   블로그 | blog.naver.com/saramcom

ⓒ 최주연 2025
ISBN | 979-11-7101-200-8 14740   978-89-6049-936-2 (세트)

책값은 뒤표지에 있습니다.
파본은 바꾸어 드립니다.

들어가는 글

1 영어 공부, 뭐부터 하지?

영어를 제대로 공부해 보겠다고 마음먹으면
실제 공부로 돌입하기까지 너무 많은 선택지가 기다리고 있습니다.
문법을 공부할지, 회화를 배울지, 유튜브로 공부할지, 책으로 공부할지…
요즘은 정보가 넘치고 마음만 먹으면 언제 어디서나
영어 공부에 필요한 자료를 순식간에 얻을 수 있지만,
그중 가짜 정보와 진짜 정보를 구분해 내는 일은 간단하지 않죠.
AI에게 물어보면 몇 초 만에 영어 문장이 나오는 좋은 세상이지만
그 척척박사가 내 머릿속까지 알아서 대신 채워 줄 순 없어요.
AI의 대답이 사실인지 아닌지부터 판단해야 할 뿐 아니라
어떻게 질문하느냐에 따라 대답의 질도 확연히 달라집니다.

 **영어 공부, 진짜 정보가 중요하다!**

영어 학습자 개개인은 환경도 실력도 성향도 다 다르지만, 영어 학습이라는 바다에서 헤엄치다 보면 부딪히거나 헷갈리는 지점이 의외로 비슷한 경우가 많아요. 이렇듯 많이들 혼동하거나 놓치기 쉬운 규칙과 용법들을 치밀하게 선별했습니다.
〈거의 모든 영어 학습의 도표와 공식〉은 영어 학습의 가려운 부분을 쏙쏙 골라서 한눈에 들어오는 109개 도표와 공식으로 깔끔하게 담았습니다. 구구절절한 설명은 지양하고, 필요한 핵심만 정리했습니다. HOW TO USE 활용 예문은 보너스입니다. 본문에서 다루지 않았지만 알아 두면 좋은 유익한 자료도 부록(Appendix)에 실었습니다. 한 번에 다 보지 못하더라도 두고두고 필요할 때마다 열어 볼 수 있는 좋은 참고서이자 길잡이가 될 거예요.

2 공부할 때마다 헷갈리는 것들

비슷한 철자, 비슷한 발음,
어느 때는 붙이고 어느 때는 필요 없는 관사,
어느 때는 셀 수 있다가 어느 때는 셀 수 없는 명사,
발음은 같은데 뜻은 다르거나, 철자는 똑같은데 뜻은 다른 단어,
수많은 동사·명사·형용사·부사 연어(collocation) 표현과 구동사들
접두사와 접미사, 접속사와 각종 연결어,
격식 표현과 비격식 일상 표현들,
숫자와 문장 부호와 수학 기호…
공부하면서 헷갈리고 아리송하던 많은 것들!
한번 정리하기는 해야 하는데 그동안 엄두가 나지 않아 미루고 미루었다면,

영어 공부, 일목요연한 정리가 필요하다!

영어 공부하면서 헷갈리는 부분들, 특히 규칙에서 벗어나 틀리기 쉬운 용법들은 궁금할 때 언제든 쉽게 꺼내 볼 수 있는 일목요연한 정리가 필요합니다. 이번 기회에 〈거의 모든 영어 학습의 도표와 공식〉으로 확실히 해결해서 아리송하고 찜찜한 것이 아닌 완전한 내 것으로 만들어 보세요. 제대로 알고 익혀서 완전한 내 실력으로 만들면 제대로 말하고 쓸 수 있습니다. 이전과는 차원이 다른 상쾌한 자신감은 덤이고요.

이제 여러분은 잘 차려 놓은 밥상을 받기만 하시면 됩니다. 109개 도표와 공식들을 잘 소화하고 흡수해서(input) 다시 적재적소에서 꺼내 쓸 수 있도록(output) 완전히 내것으로 만들기를 바랍니다.

최주연

영양가 있는 진짜 정보 + 일목요연한 정리 = 거의 모든 영어 학습의 도표와 공식

이 책의 구성과 활용

차트(chart)
각종 자료를 알기 쉽게 정리한 일람표.

이 책은 우리가 영어 공부를 할 때 마주치는 여러 가지 헷갈리기 쉬운 것들,
규칙에서 벗어나기 때문에 암기해 둘 필요가 있는 것들을 거의 모두 담았습니다.
산발적으로 흩어져 있는 영어 지식을 필요한 만큼 한데 모으되,
시각적으로 이해하기 쉽도록, 최대한 일목요연하게 구성했습니다.
각 항목은 차트 형식으로 정리되어 있습니다. 복잡한 수치나 정보 데이터를
시각 자료로 깔끔하게 정돈하듯, 영어 학습 중에 꼭 만나는 이것 저것을
그림이나 표의 시각적 형태로 나타냈습니다.
그래서 한눈에 이해하고, 한 번에 죽 훑어볼 수 있도록 간단명료하게 정리했습니다.

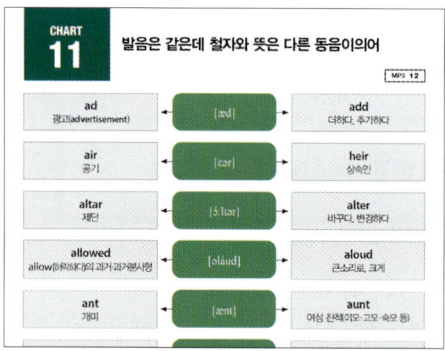

동음이의어(가운데 발음, 양쪽은 단어)

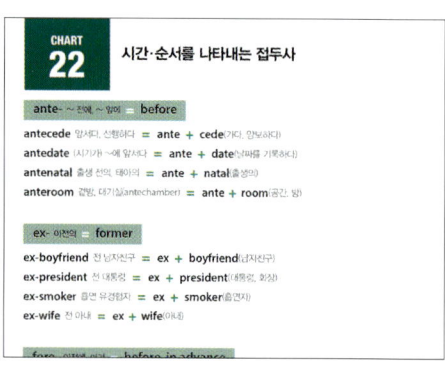

접두사 + 어근으로 설명하는 접두사

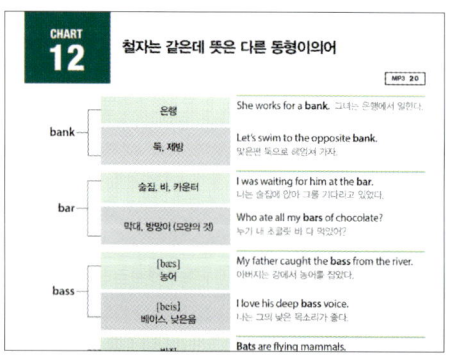

같은 철자, 다른 뜻의 비교

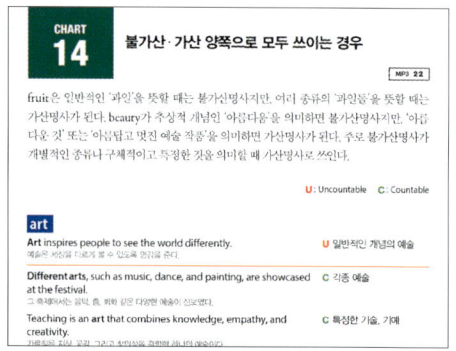

불가산명사, 가산명사 활용의 예시

* MP3 번호가 붙은 차트는 음원으로 들으실 수 있습니다.

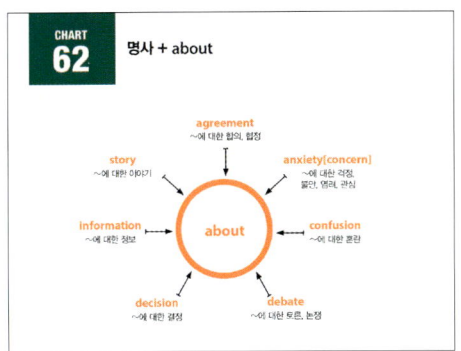

about과 어울리는 명사들
(ex. agreement about)

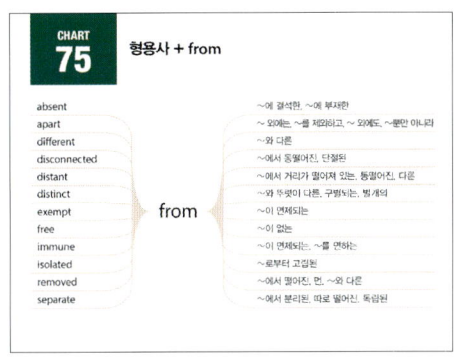

completely와 어울리는 형용사들
(ex. completely alone)

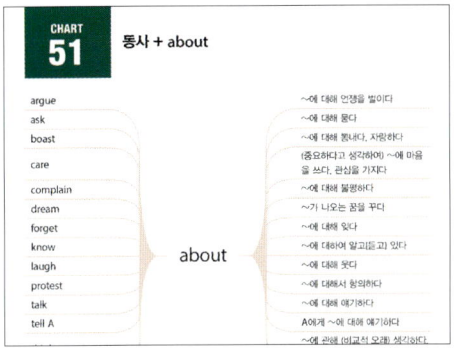

about과 어울리는 동사들
(ex. argue about)

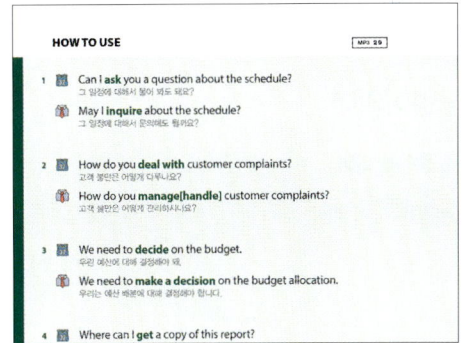

from과 어울리는 형용사들
(ex. absent from)

대부분의 차트 뒤에 실린 HOW TO USE
예문을 통해서 활용 문장을 확인하실 수 있으며,
모든 HOW TO USE 문장은
원어민 음성으로 들으실 수 있습니다.

차례

들어가는 글		4
이 책의 구성과 활용		6

CHAPTER 1   미국 영어 vs. 영국 영어

CHART 1	일상생활	16
CHART 2	공공건물	17
CHART 3	학교	17
CHART 4	교통	18
CHART 5	식품 & 의류	19
CHART 6	철자와 구두점	20

CHAPTER 2   혼동하기 쉬운 단어

CHART 7	잘못 발음하기 쉬운 단어	26
CHART 8	잘못 발음하기 쉬운 도시·나라 이름	28
CHART 9	묵음이 있는 단어	29
CHART 10	철자를 틀리기 쉬운 단어	33

CHAPTER 3   동음이의어 & 동형이의어

CHART 11	발음은 같은데 철자와 뜻은 다른 동음이의어	40
CHART 12	철자는 같은데 뜻은 다른 동형이의어	54

CHAPTER 4   불가산명사

CHART 13	주요 불가산명사	62
CHART 14	불가산·가산 양쪽으로 모두 쓰이는 경우	64

CHAPTER 5　복수 명사

CHART 15	단수형과 복수형이 같은 불규칙 복수 명사	76
CHART 16	단수형과 복수형이 다른 불규칙 복수 명사	78
CHART 17	복수형 철자 규칙을 벗어난 규칙 복수 명사	80
CHART 18	단수형과 복수형의 의미가 다른 명사	81

CHAPTER 6　관사

CHART 19	관사의 사용	86
CHART 20	정관사와 함께 쓰는 고유명사	87
CHART 21	관사 + 질병 이름	89

CHAPTER 7　접사

CHART 22	시간·순서를 나타내는 접두사	94
CHART 23	부정의 의미를 나타내는 접두사	96
CHART 24	관계를 나타내는 접두사	98
CHART 25	자연·특성을 나타내는 접두사	100
CHART 26	방향·위치를 나타내는 접두사	102
CHART 27	수량·크기·정도를 나타내는 접두사	106
CHART 28	유용한 접미사	111

CHAPTER 8　비격식 일상 표현 vs. 격식 표현

CHART 29	축약어	118
CHART 30	형용사와 명사	120
CHART 31	동사와 동사구	123
CHART 32	부사와 부사구	129
CHART 33	비격식 회화 축약형	131
CHART 34	약어	134
CHART 35	이메일 및 편지 표현	135

CHAPTER 9　to부정사·동명사·that절을 목적어로 취하는 동사

CHART 36	동사 + to부정사	142
CHART 37	동사 + 동명사	143
CHART 38	동사 + to부정사/동명사	145
CHART 39	That절을 목적어로 흔히 취하는 동사	148

CHAPTER 10　유용한 동사 연어 표현

CHART 40	have + 명사	154
CHART 41	take + 명사	156
CHART 42	make + 명사	158
CHART 43	give + 명사	160
CHART 44	do + 명사	162

CHAPTER 11　유용한 동사 go 연어 표현

CHART 45	go + 동명사	166
CHART 46	go + 부사/형용사	167
CHART 47	go to + 명사/동사	168
CHART 48	go to + a/the 명사	169
CHART 49	go for + 명사	170
CHART 50	go on + 명사	171

CHAPTER 12　유용한 〈동사＋전치사〉 연어 표현

CHART 51	동사 + about	176
CHART 52	동사 + at	176
CHART 53	동사 + for	177
CHART 54	동사 + from	179
CHART 55	동사 + in	179
CHART 56	동사 + of	181
CHART 57	동사 + on	181

| CHART 58 | 동사 + to | 183 |
| CHART 59 | 동사 + with | 184 |

CHAPTER 13　유용한 구동사

| CHART 60 | 구동사 A ~ J | 188 |
| CHART 61 | 구동사 K ~ W | 192 |

CHAPTER 14　유용한 〈명사 + 전치사〉 연어 표현

CHART 62	명사 + about	198
CHART 63	명사 + on	198
CHART 64	명사 + over	199
CHART 65	명사 + for	200
CHART 66	명사 + in	201
CHART 67	명사 + from/into	203
CHART 68	명사 + of	203
CHART 69	명사 + to	204
CHART 70	명사 + with	204

CHAPTER 15　유용한 〈형용사 + 전치사〉 연어 표현

CHART 71	형용사 + about	208
CHART 72	형용사 + at	209
CHART 73	형용사 + by	210
CHART 74	형용사 + for	212
CHART 75	형용사 + from	213
CHART 76	형용사 + in	214
CHART 77	형용사 + of	215
CHART 78	형용사 + on	215
CHART 79	형용사 + to	217
CHART 80	형용사 + with	218

CHAPTER 16 형용사와 부사

CHART 81	유용한 〈부사+형용사〉 연어 표현	222
CHART 82	〈very+형용사〉보다 더 적절한 형용사	227
CHART 83	빈도를 나타내는 여러 가지 표현	233

CHAPTER 17 적재적소에 활용하는 상황별 연결어

CHART 84	접속사의 종류	238
CHART 85	원인·결과·이유·목적을 나타내는 연결어	240
CHART 86	예를 들어 설명할 때 쓰는 연결어	241
CHART 87	일반적인 예를 들거나 일반화하여 설명할 때 쓰는 연결어	243
CHART 88	특정 사실을 강조할 때 쓰는 연결어	244
CHART 89	두 요소를 대조적으로 보여 줄 때 쓰는 연결어	246
CHART 90	비교하여 유사성을 보여 줄 때 쓰는 연결어	247
CHART 91	중요한 사항을 덧붙일 때 쓰는 연결어	249
CHART 92	시간의 경과, 일의 진행과 순서를 표현할 때 쓰는 연결어	250
CHART 93	조건을 나타낼 때 쓰는 연결어	252
CHART 94	양보를 나타낼 때 쓰는 연결어	252
CHART 95	다시 언급하여 더 분명하고 강력하게 말할 때 쓰는 연결어	254
CHART 96	참고 사항을 언급할 때 쓰는 연결어	254
CHART 97	결론을 지을 때 쓰는 연결어	255

CHAPTER 18 조동사와 조건문

CHART 98	조동사	260
CHART 99	can vs. could	262
CHART 100	will vs. be going to	263
CHART 101	과거에 대한 후회와 상상	264
CHART 102	조건문 1	265
CHART 103	조건문 2	267

CHAPTER 19 숫자와 수학 기호, 문장 부호

CHART 104	기수와 서수	270
CHART 105	큰 숫자	273
CHART 106	기타 숫자	275
CHART 107	수학 기호	278
CHART 108	문장 부호(구두점)	279
CHART 109	시간 말하기	282

APPENDIX

동의어의 미묘한 의미 차이	285
감탄사와 감탄문	289
불규칙 변화 동사	292

CHAPTER 1

미국 영어 vs. 영국 영어

American vs. British Words

위 나라들의 공통점은? 바로 미국 영어(American English)보다는 영국 영어(British English)를 주로 사용한다는 것. 세계 190여 개국 가운데 영어를 쓰는 나라는 85개국 정도인데, 역사적·문화적으로 대영제국(the British Empire)과 관계가 있었던 나라들이 오늘날까지도 영국 영어를 쓰고 있다. 같은 영어인데 뭐가 그렇게 다를까 싶지만, 미국 영어와 영국 영어는 어휘, 발음, 철자 표기까지 다른 점이 많다. 미국 영어에 더 익숙한 우리에게는 영국 영어가 상대적으로 낯설게 느껴질 수 있다. 가장 잘 알려진 예로, 건물의 '1층'을 미국에서는 first floor라고 하지만, 영국에서는 ground floor라고 한다. 이런 차이로 실생활에서 종종 오해가 생기기도 한다.

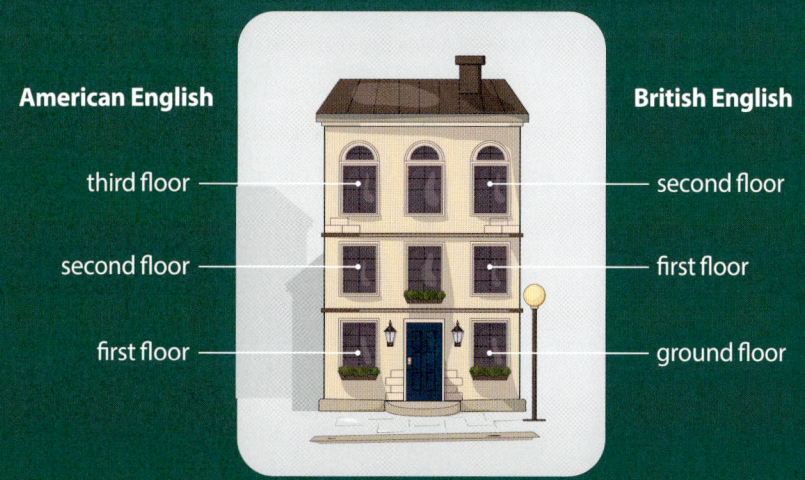

CHART 1 일상생활

American		British
allowance	용돈	pocket money
apartment, studio	아파트	flat
band-aid	(거즈가 붙어 있는) 반창고	plaster
bathroom	화장실	toilet, loo
bathtub	욕조	bath
can	캔, 통조림	can(음료), tin(식품, 페인트)
closet	벽장, 옷장	wardrobe
clothespin	빨래집게	clothes peg
diaper	기저귀	nappy
faucet	수도꼭지	tap
fall	가을	autumn
garbage man	쓰레기 수거인	bin man *공식 표현은 refuse collector
ladybug	무당벌레	ladybird
movie	영화	film
flashlight	손전등	torch
mom	엄마	mum
mail	우편(물)	post
mailbox	(미) 우편함, (영) 우체통	postbox, letter box
mailman	우편물 집배원	postman
package	소포, 꾸러미	parcel
pitcher, jug	주전자 *가열해 쓰는 것은 kettle	jug
silverware	(포크, 나이프, 스푼 등) 식사용 집기	cutlery
sink	세면대	washbasin
soccer	축구	football
stroller, baby carriage	유모차	(baby) buggy, pushchair, pram
trash[garbage] can	쓰레기통	dustbin
wrench	렌치, 스패너	spanner
yard[garage] sale	(개인이 마당이나 차고에서 여는) 중고 물품 시장	jumble sale
zero	(축구나 럭비 경기에서 점수) 0	nil
zip code	우편번호	postcode

CHART 2 공공건물

American		British
bar	술집	pub
cart	(쇼핑몰 등에서 쓰는) 손수레, 카트	trolley
drugstore, pharmacy	약국	chemist's
elevator	엘리베이터	lift
field	경기장	pitch
front desk	접수대, 프런트	reception
first floor	1층	ground floor
second floor	2층	first floor
restroom, public bathroom	공중 화장실	(public) toilet
hallway	복도	corridor
parking lot	주차장	car park
the movies	영화관	the cinema
candy store	과자 가게	sweet shop
fire department	소방대, 소방조직	fire brigade

CHART 3 학교

American		British
bag lunch	도시락	packed lunch
grade	점수	mark
elementary school	초등학교	primary school
eraser	지우개	rubber
faculty	교직원	staff
math	수학	maths
principal	교장	headmaster *오늘날 성별 중립적인 표현은 headteacher
recess	휴식 시간	break (time)
Scotch tape	스카치 테이프	Sellotape
schedule	시간표	timetable
teacher's lounge	교무실	staff room
vacation	방학	holiday

CHART 4 교통

American		British
airplane	비행기	aeroplane
cab, taxi	택시	taxi
detour	우회로	diversion
gearshift	변속 레버, 기어 변환 장치	gear-lever
trailer	(자동차로 끄는) 이동 주택	caravan
transmission	변속 장치	gearbox
gas, gasoline	휘발유	petrol
highway	공공도로, 간선 도로	main road
freeway, expressway	고속도로	motorway
divided highway	중앙 분리대가 있는 고속도로	dual carriageway
beltway, (highway) loop *the Beltway: Washington DC권을 둘러싼 환형 도로	환형(ring) 도로	ring road
hood	엔진 덮개	bonnet
intersection, crossroads(시골이나 작은 도시의 두 길이 만나는 지점)	교차로	crossroads
traffic circle, roundabout	환형 교차로, 로터리	roundabout
overpass	육교, 고가도로	flyover
line	(차례를 기다리는) 줄	queue
main street	중심가, 번화가	high street
motorcycle	오토바이	motorbike
one-way (ticket)	편도 (차표)	single
round-trip (ticket)	왕복 (차표)	return
railroad	철도	railway
sedan	세단형 자동차	saloon
sidewalk	보도, 인도	pavement
subway	지하철	underground, tube(런던 지하철의 구어체적 별칭; the Tube)
tire	타이어, 바퀴	tyre
truck	트럭, 화물 자동차	lorry
windshield	차 앞 유리창	windscreen

CHART 5 식품 & 의류

American		British
beet	비트	beetroot
cookie	쿠키	biscuit
corn	(작물로서의) 옥수수	maize
cotton candy	솜사탕	candyfloss
cup cake	컵케이크	fairy cake
eggplant	가지	aubergine
French fries	감자튀김	chips
French toast	프렌치토스트	eggy bread
ground meat	다진 고기	minced meat
bathrobe	(목욕용 또는 잠옷 위에 걸치는) 가운	dressing gown
overalls	오버롤(가슴받이와 멜빵이 달린 작업복 바지)	dungarees
pajamas	파자마	pyjamas
pants	바지	trousers
panties	여성용 팬티	knickers
rubber boots, rain boots	고무장화	Wellington boots
sneakers	스니커즈 운동화	trainers
sweater	스웨터	jumper
vest	조끼	waistcoat
zipper	지퍼	zip

CHART 6 철자와 구두점

MP3 06

	철자 Spelling	
	American	British
-e- vs -ae[oe]-	anemia 빈혈증	anaemia
	diarrhea 설사	diarrhoea
	encyclopedia 백과사전	encyclopaedia
	estrogen 에스트로젠	oestrogen
	fetus 태아	foetus
	pediatrician 소아과 의사	paediatrician
-er vs -re	center 중심, 중앙	centre
	fiber 섬유	fibre
	liter 리터	litre
	theater 극장	theatre
-l- vs -ll-	canceled 취소된	cancelled
	jewelry 보석류	jewellery
	labeled 표를 붙인, 분류한	labelled
	traveler 여행자	traveller
-ll- vs -l-	fulfill 이행하다	fulfil
	installment 할부	instalment
	skillful 숙련된	skilful
-m vs -mme	program 프로그램	programme *컴퓨터 프로그램을 뜻할 때는 program
	gram 그램	gramme
	kilogram 킬로그램	kilogramme
-og vs -ogue	analog 아날로그	analogue
	catalog 카탈로그, 목록	catalogue
	dialog 대화	dialogue
	monolog 독백 *미국에서도 monolog보다 monologue를 더 많이 씀	monologue
-or vs -our	behavior 행동	behaviour
	color 색깔	colour
	flavor 풍미	flavour
	humor 유머	humour
	labor 노동	labour
	neighbor 이웃	neighbour

철자 Spelling		
	American	**British**
-se vs -ce	defense 방어	defence
	license 면허	licence
	offense 위반	offence
	practice (명) 실행, 연습 practice (동) 실행하다, 연습하다	practice (명) practise (동)
-ze vs -se	analyze 분석하다	analyse
	catalyze 촉매 작용을 하다	catalyse
	paralyze 마비시키다	paralyse
	realize 실현하다, 깨닫다	realise
-ward vs -wards * -ward는 형용사와 부사로서 모두 쓰이지만 -wards는 부사로만 쓰인다.	backward 뒤에, 뒤로	backwards
	forward 앞으로	forwards
	toward ~쪽으로	towards
기타	aluminum 알루미늄	aluminium
	check 수표	cheque
	gray 회색의	grey
	percent 퍼센트	per cent
	plow 쟁기	plough
	skeptical 의심 많은	sceptical

구두점 Punctuation		
American		**British**
period	. 마침표	full stop
exclamation point	! 느낌표	exclamation mark
brackets	[ ] 꺾쇠괄호, 대괄호	square brackets
parentheses	( ) 소괄호	(round) brackets

HOW TO USE

MP3 07

1 🇬🇧 Excuse me. Can you show me where the **toilet** is?
실례합니다. '토일렛'이 어디에 있는지 알려 주시겠어요?

🇺🇸 Oh, go straight down this **hallway** until you see a blue door—that's the **restroom**.
아, 이 복도를 따라 쭉 가시면 파란 문이 보일 거예요. 그게 '레스트룸'이에요.

🇬🇧 This hallway? Ah, this **corridor**, you mean. Thank you. By the way, could you kindly let me know where I can find a **chemist's** in this area, too?
이 '홀웨이'? 아, 이 '코리도' 말씀하시는 거군요. 감사합니다. 그런데, 이 일대 어디에 '케미스트'가 있는지도 알려 주실 수 있을까요?

🇺🇸 A **chemist's**? Sorry, I'm not sure what you mean by that…
'케미스트'요? 미안합니다만 그게 뭔지 잘 모르겠네요…

🇬🇧 Oh, I need some painkillers now, so…
오, 제가 지금 진통제가 좀 필요해서요…

🇺🇸 Ah, then you can get them at the **drugstore** or **pharmacy**. There's one right on the **second floor** in the next building—oops, I mean the **first floor** in British English, since you seem to use that.
아, 그럼 그건 약국에서 사실 수 있어요. 옆 건물 바로 2층에 있는데, 아차, 제 말은 1층이요, 영국식으로 말하자면요. 영국 영어를 하시는 것 같아서요.

🇬🇧 Oh, how kind of you! Yes, everything looks a bit different from back home in London, since it's my first visit here.
오, 정말 친절하세요! 네, 여길 온 건 처음이라, 모든 게 제 고향 런던과는 조금 달라 보여요.

22

2 🇬🇧 **Where to, love?**
어디로 가시나요, 아가씨?

🇺🇸 The Museum of London, please. I'm here on **vacation**—just a quick break before my **elementary school** starts up again in California.
런던 박물관이요. 캘리포니아에 있는 초등학교가 다시 시작되기 전에 잠깐 휴가 중이에요.

🇬🇧 Ah, a **holiday**! You teach **primary school**, then?
아, 휴가군요! 그럼 초등학교 선생님이신가요?

🇺🇸 That's right! London's been great, though I did get confused with a **detour** on the **freeway**—sorry, **motorway**—while driving, and ended up under an **overpass**. Or do you call it a **flyover**?
맞아요! 런던은 정말 멋져요. 다만 운전하다가 고속도로에서 우회로 때문에 헷갈려서, 아, 고속도로가 아니라 '모터웨이'라고 하죠. 결국 고가도로 밑에 도착했지만요. 아니면 '플라이오버'라고 하나요?

🇬🇧 You've got it! Our **motorways** love a good **diversion**.
맞아요! 우리 모터웨이는 우회로를 꽤나 좋아하거든요.

🇺🇸 I stopped at a **pub** after—almost said **bar**.
그다음엔 펍에 들렀어요. '바'라고 할 뻔했네요.

🇬🇧 **Pub**'s the word we use.
'펍'이 우리가 쓰는 표현이에요.

🇺🇸 And I love walking on the **pavement**—I mean, **sidewalk**—uh, wait, no, the other way around!
그리고 인도를 걷는 것도 좋아해요. 그러니까, 사이드워크, 아, 아니, 그 반대군요!

🇬🇧 You're catching on quick.
금방 익숙해지시겠어요.

CHAPTER 1   23

CHAPTER 2

혼동하기 쉬운 단어

Commonly Confused Words

영어의 발음과 철자가 혼동되는 이유는 영어가 다양한 언어의 영향을 받아 복잡하게 발전해 왔기 때문이다. 영어는 원래 게르만어에서 시작됐지만, 역사적으로 프랑스어, 라틴어, 그리스어 등 여러 언어의 어휘를 받아들였고, 발음은 계속 변화했지만 철자법은 고정된 경우가 많았다. 일정한 규칙성에서 벗어난 철자와 묵음 철자(silent letters)도 이러한 과정에서 생긴 것이다.

시기	특징	주요 영향 언어
고대 영어 (~12세기 초)	• 게르만어 기반 • 오늘날 영어와 매우 다름 (ex. 묵음 거의 없음)	고대 게르만어
중세 영어 (~15세기 말)	• 프랑스어, 라틴어 유입 • 철자 및 발음의 변화 시작	프랑스어, 라틴어
초기 근대 영어 (~17세기)	• 인쇄 기술의 대중화로 철자법이 표준화 • 대모음 추이(Great Vowel Shift)로 발음 변화 • 철자법이 점차 표준화됨	기존 유럽 언어 전반
현대 영어 (~현재)	• 다양한 외국어에서 지속적으로 어휘 차용	그리스어, 이탈리아어, 스페인어, 힌디어 등

이렇듯 영어는 복잡한 역사를 거치면서 다양한 언어가 뒤섞였고, 지금도 새로운 단어가 차용되면서 변화하고 있다.

CHART 7 잘못 발음하기 쉬운 단어

MP3 08

	맞는 발음 *원어민 음성으로 꼭 확인하세요.	틀린 발음
amethyst 자수정	[ǽməθist]	[아메타이스트]
anathema 절대 반대(하는 것), 매우 싫은 것	[ənǽθəmə]	[아나테마]
anemia 빈혈증	[əníːmiə]	[아네미아]
archive 기록 보관소	[άːrkaiv]	[알치브]
bourgeois 중산층, 자본가 계급	[buərʒwάː]	[보우르제오이스]
breakfast 아침식사	[brékfəst]	[브레이크패스트]
bury 파묻다	[béri]	[부리]
cathedral 대성당	[kəθíːdrəl]	[카테드랄]
charade 제스처 게임	[ʃəréid]	[처레드]
colonel 대령	[kə́ːrnəl]	[콜로넬]
connoisseur (미술품 등의) 감정가, 전문가	[kὰnəsə́ːr, -súər]	[코노이세우르]
conqueror 정복자	[kάŋkərər]	[콘케로]
diarrhea 설사	[dὰiəríːə]	[디알헤아]
diurnal 주간[낮]의	[daiə́ːrnəl]	[디우르날]
earth 지구	[əːrθ]	[이어스]
gene 유전자	[dʒiːn]	[게네, 제네]
graphite 흑연	[grǽfait]	[그래피테]
gullible 잘 속는	[gʌ́ləbəl]	[굴리블]
leukemia 백혈병	[luːkíːmiə]	[레우케미아]

	맞는 발음 *원어민 음성으로 꼭 확인하세요.	틀린 발음
liaison 연락, 접촉	[liːéizɑn, líːəzùn]	[리에이슨]
meme 밈	[miːm]	[메메, 메엠]
mischievous 장난기 있는	[místʃivəs]	[미스키에보우스]
mortgage 주택 담보 대출	[mɔ́ːrgidʒ]	[몰트게이지]
onomatopoeia 의성어	[ɑ̀nəmætəpíːə]	[오노마토포에이아]
phlegm 가래, 담	[flem]	[펠금]
phoenix 불사조	[fíːniks]	[포에닉스]
psychology 심리학	[saikɑ́lədʒi]	[프씨촐로지]
raspberry 산딸기	[rǽzbèri]	[라스프베리]
rendezvous 만날 약속, 만남	[rɑ́ndivùː]	[렌데즈보우스]
resume 재개하다	[rizúːm]	[레수메]
salmon 연어	[sǽmən]	[샐몬]
souvenir 기념품, 선물	[sùːvəníər]	[소우베니르]
stomach 위	[stʌ́mək]	[스토매치]
suit 정장, 한 벌	[suːt]	[수이트]
Wednesday 수요일	[wénzdei, -di]	[웨드네스데이]
weigh ~의 무게를 달다	[wei]	[웨이그]
womb 자궁	[wuːm]	[옴브]
women woman의 복수	[wímin]	[우멘]

잘못 발음하기 쉬운 도시·나라 이름

MP3 09

	맞는 발음(영어식) *원어민 음성으로 꼭 확인하세요.	틀린 발음
Chicago 미국의 도시 **시카고**	[ʃikáːgou]	[치카고]
Croatia **크로아티아 공화국**	[krouéiʃiə]	[크로아티아]
Czech (Republic) **체코 공화국**	[tʃek ripʌ́blik]	[시제츠]
Dublin 아일랜드의 수도 **더블린**	[dʌ́blin]	[두블린]
Durham 잉글랜드의 주 **더럼**	[də́ːrəm, dʌ́r-]	[두르햄]
Edinburgh 스코틀랜드의 수도 **에든버러**	[édinbə̀ːrou, -bə̀ːrə]	[에딘부르그흐]
Gloucester 잉글랜드의 도시 **글로스터**	[glʌ́stər, gló(ː)s-]	[글로우세스터]
Ireland **아일랜드**	[áiərlənd]	[이릴랜드]
Melbourne 오스트레일리아의 도시 **멜버른**	[mélbərn]	[멜보르네]
Mauritius 인도양 서남부에 있는 제도 **모리셔스**	[mɔːríʃəs, -ʃiəs]	[마우리티우스]
Nassau 바하마 공화국의 수도 **나소**	[nǽsɔː]	[나싸우]
Sarajevo 보스니아 헤르체고비나 공화국의 수도 **사라예보**	[sæ̀rəjéivou]	[사라제보]
Versailles 프랑스의 도시 **베르사유**	[vərsái, vɛər-]	[베르세일레스]
Worcester 잉글랜드의 도시 **우스터**	[wústər]	[올세스터, 워체스터]

CHART 9

묵음이 있는 단어

MP3 10

단어를 이루는 철자지만 발음은 되지 않는 소리를 묵음(silent syllable)이라고 한다. 예를 들어 단어 doubt 속 철자 b는 발음되지 않고 [daut]로 발음된다. 아래 카드 속 회색 철자는 묵음으로, 발음되지 않는다.

회색 철자: 묵음

Silent B

bomb 폭탄
climb 오르다
comb 빗
crumb 빵 부스러기
debt 빚
doubt 의심
dumb 말을 못하는
lamb 어린 양
limb (하나의) 팔, 다리
numb (추위 따위로) 감각이 없는
plumber 배관공
subtle 미묘한
succumb 굴복하다, 무릎을 꿇다
thumb 엄지손가락
tomb 무덤
womb 자궁

Silent C

ascend 올라가다
descend 내려가다
discipline 훈련
fascinate 황홀케하다
muscle 근육
obscene 음란한, 외설적인
scenario 시나리오
scene 장면
scent 향기
science 과학
scissors 가위

Silent E

clothes 옷, 의복
debate 토론
desire 바라다
excite 흥분시키다
gene 유전자
imagine 상상하다
kite 연
love 사랑
make 만들다
name 이름

Silent D

bridge 다리
edge 가장자리
handkerchief 손수건
handsome 잘생긴
Wednesday 수요일

Silent G

align 정렬시키다
assign 할당하다, 배당하다
benign 친절한, 자애로운
campaign 캠페인
champagne 샴페인
design 디자인, 도안
foreign 외국의
gnarl (나무의) 마디
gnash 이를 갈다
gnaw 쏠다, 갉아먹다
phlegm 가래, 담
resign 사임하다
sign 기호, 표시, 신호

Silent H

anchor 닻
architect 건축가
chaos 혼돈
character 특성, 개성
chemical 화학의
exhibition 전람회, 전시회
ghost 유령
heir 상속인
honest 정직한
honor 명예
hour 시간
mechanic 정비공
psychology 심리학
rhyme 운
rhythm 리듬
scheme 계획, 기획
school 학교
tech 기술상의, 전문적인
Thailand 타이
vehicle 탈것

Silent K

knack 기술, 교묘한 솜씨
knee 무릎
kneel 무릎을 꿇다
knife 칼
knight 기사
knit 뜨다, 짜다
knob 마디
knock 두드리다
knot 매듭
know 알다
knowledge 지식
knuckle 손가락 관절

Silent N

autumn 가을
column 기둥
condemn 규탄[비난]하다
hymn 찬송가, 성가
solemn 엄숙한, 근엄한

Silent L

balm 향유, 연고
behalf 편, 이익
calf 송아지
chalk 초크, 분필
could can의 과거형
folk 사람들, 민속의
half 절반
palm 손바닥, 종려나무
salmon 연어
should shall의 과거형
stalk 줄기
talk 말하다
walk 걷다
would will의 과거형
yolk 노른자

Silent O

pe**o**ple 사람들
le**o**pard 표범
je**o**pardy 위험, 위기
silh**o**uette 검은 윤곽, 실루엣

Silent S

ai**s**le 통로, 복도
bourgeoi**s** 중산 계급의 시민, 부르조아
corp**s** 군단, 부대
debri**s** 부스러기, 파편
i**s**land 섬

Silent U

bag**u**ette 바게트
bisc**u**it 비스킷
b**u**ild 짓다
circ**u**it 순회, 전기 회로
disg**u**ise 변장, 위장
g**u**ard 경계, 경호인
g**u**ess 추측하다
g**u**est 손님
g**u**ide 안내자
g**u**ilty 유죄의
g**u**itar 기타

Silent P

cou**p** (불시의) 일격, 대성공
cu**p**board 찬장
pneumonia 폐렴
pseudo 가짜의, 모조의
pseudonym 익명, 필명
psychology 심리학
psychotic 정신병의
ras**p**berry 산딸기
recei**p**t 영수증

Silent T

bris**t**le 뻣뻣한 털
bus**t**le 부산떨다
cas**t**le 성
Chris**t**mas 크리스마스
fas**t**en 고정하다
lis**t**en 듣다
mois**t**en 축축하게 하다
mor**t**gage 저당, 담보
nes**t**le 기분 좋게 자리 잡다
rus**t**le 바스락거리다
sof**t**en 부드러워지다, 부드럽게 하다
whis**t**le 휘파람
wres**t**le 몸싸움을 벌이다

Silent W

answer 대답(하다)
sword 검
whole 전부의
wrack 물가에 밀려온 해초, 난파선
wrap 감싸다
wreck 난파선, 잔해
wrench 비틀다
wrestle 몸싸움을 벌이다
wriggle 꿈틀거리다
wrinkle 주름
wrist 손목
write 쓰다
wrong 틀린

Silent GH

bright 밝은
copyright 저작권
daughter 딸
delight 기쁨, 즐거움
drought 가뭄
fight 싸우다
height 높이
high 높은
light 빛
neighbor 이웃
sigh 한숨 쉬다
though ~이긴 하지만
through ~를 통하여
weigh ~의 무게를 달다
weight 무게

Silent UE

rogue 악한, 불량배
tongue 혀
vague 희미한, 모호한
vogue 유행

CHART 10 철자를 틀리기 쉬운 단어

영어 철자를 틀리는 실수를 생각보다 흔히 한다. 여러 개의 철자로 이루어진 긴 단어나 반복되는 철자가 있는 단어일수록 틀리기 쉽다. 예를 들어 acknowledgment(14개 철자), accommodation(c와 m의 반복), 심지어 '철자를 잘못 쓰다'를 의미하는 misspell 같은 단어도 s나 l이 한 개인지 두 개인지 헷갈리기 십상이다. 단어 absence처럼 s와 c의 발음이 모두 [s]인 경우에는 혼동하기도 더 쉬워서 absense로 잘못 쓰기도 한다. 이런 단어들의 틀리기 쉬운 부분을 인지하고, 음절 단위로 끊어서 철자를 잘 기억해 두자.

틀리기 쉬운 부분	의미	음절 단위로 끊어 보기
ab**sen**ce	부재, 결석	ab·sence
a**cc**o**mm**odation	수용하다	ac·com·mo·da·tion
acro**ss**	건너서, 가로질러	a·cross
ach**ie**ve	이루다, 달성하다	a·chieve
ac**knowledg**ment	승인	ac·knowl·edg·ment ＊acknowledgement도 가능
ac**qui**re	획득하다	ac·quire
a**gg**re**ss**ive	공격적인	ag·gres·sive
a**pp**ar**e**nt	명백한	ap·par·ent
a**pp**ear**a**nce	외모	ap·pear·ance
argument	논쟁	ar·gu·ment ＊argue 논쟁하다
a**ssass**ination	암살	as·sas·si·na·tion
ba**s**ically	기본적으로	ba·si·cal·ly
begi**nn**ing	시작	be·gin·ning
bel**ie**ve	믿다	be·lieve
bro**cc**oli	브로콜리	broc·co·li
b**usi**ness	사업	busi·ness
calend**a**r	달력	cal·en·dar
Cari**bb**ean	카리브의	Car·ib·be·an
cat**eg**ory	범주	cat·e·go·ry
c**e**m**e**tery	묘지	cem·e·ter·y
co**ll**ea**gu**e	동료	col·league
com**i**ng	다가오는	com·ing
co**mm**i**tt**ee	위원회	com·mit·tee

CHAPTER 2　33

틀리기 쉬운 부분	의미	음절 단위로 끊어 보기
completely	완전히	com·plete·ly
compliment	칭찬	com·pli·ment
curiosity	호기심	cu·ri·os·i·ty
conscience	양심	con·science
conscientious	양심적인	con·sci·en·tious
consensus	합의	con·sen·sus
definitely	확실히, 틀림없이	def·i·nite·ly
disappear	사라지다	dis·ap·pear
disappoint	실망시키다	dis·ap·point
disease	질병	dis·ease
ecstasy	황홀	ec·sta·sy
embarrass	당혹하게 하다	em·bar·rass
entrepreneur	기업가	en·tre·pre·neur
environment	환경	en·vi·ron·ment
existence	존재	ex·is·tence
experience	경험	ex·pe·ri·ence
extinguish	(불을) 진화하다	ex·tin·guish
familiar	익숙한, 친숙한	fa·mil·iar
finally	마침내	fi·nal·ly
fluorescent	형광성의	fluo·res·cent
foreign	외국의	for·eign
forty	40	for·ty
forward	앞으로	for·ward
friend	친구	friend
fulfill	이행하다	ful·fill
further	더 나아가	fur·ther
glamorous	화려한, 매혹적인	glam·or·ous
government	정부	gov·ern·ment
grammar	문법	gram·mar
gauge	측정기, 치수	gauge
grateful	고마워 하는	grate·ful
guard	지키다	guard

틀리기 쉬운 부분	의미	음절 단위로 끊어 보기
guidance	안내	guid·ance
harassment	괴롭힘	ha·rass·ment
honorary	명예의	hon·or·ar·y
immediately	즉시	im·me·di·ate·ly
incidentally	부수적으로, 우연히	in·ci·den·tal·ly
independent	독립한	in·de·pen·dent
indispensable	없어서는 안 될	in·dis·pens·a·ble
interrupt	방해하다	in·ter·rupt
irresistible	거부할 수가 없는	ir·re·sis·ti·ble
knowledgeable	아는 것이 많은	knowl·edge·a·ble *knowledgable도 가능
language	언어	lan·guage
liaison	연락	li·ai·son
license	면허	li·cense
lightning	번개	light·ning
maintenance	유지	main·te·nance
medicine	약	med·i·cine
millennium	천년	mil·len·ni·um
misspell	철자를 잘못 쓰다	mis·spell
necessary	필요한	nec·es·sar·y
noticeable	눈에 띄는	no·tice·able
occasion	경우, 행사	oc·ca·sion
occurrence	사건, (사건의) 발생	oc·cur·rence
parallel	평행의	par·al·lel
pastime	취미, 심심풀이	pas·time
persistent	끈질긴, 지속되는	per·sis·tent
perseverance	인내(력), 참을성	per·se·ver·ance
Philippines	필리핀	Phil·ip·pines
piece	조각	piece
politician	정치가	pol·i·ti·cian
possession	소유	pos·ses·sion
plagiarism	표절	pla·gia·rism *plagiarize 표절하다

틀리기 쉬운 부분	의미	음절 단위로 끊어 보기
prefer**red**	선취권이 있는, 우선의	pre·fer·red
princi**ple**	원칙	prin·ci·ple *principle 주요한
privil**ege**	특권	priv·i·lege
pro**nun**ciation	발음	pro·nun·ci·a·tion
public**ly** *public**ally**로 틀리기 쉽다. -ic로 끝나는 형용사가 대부분 -ally를 붙이면 부사가 되기 때문 (ex. basically)	공공연히	pub·lic·ly
qui**et**	조용한	qui·et *quite 매우
re**all**y	정말로	re·al·ly
rec**ei**ve	받다	re·ceive
reco**mm**end	추천하다	rec·om·mend
refe**r**ence	언급, 참조	ref·er·ence
releva**n**t	관련 있는, 적절한	rel·e·vant
religi**o**us	종교적인	re·li·gious
re**sist**ance	저항	re·sis·tance
rhy**th**m	리듬	rhythm
se**n**se	감각	sense
sep**a**rate	분리하다	sep·a·rate
station**e**ry	문구	sta·tion·er·y *stationary 움직이지 않는
su**cc**essful	성공적인	suc·cess·ful
sur**p**rise	뜻밖의 일	sur·prise
tende**n**cy	경향	ten·den·cy
there**f**ore	따라서	there·fore
thres**h**old	문지방	thresh·old
to**mo**rrow	내일	to·mor·row
to**ngue**	혀	tongue
tr**u**ly	진실로	tru·ly
under**r**ate	과소평가하다	un·der·rate
unfor**e**seen	예측하지 못한	un·fore·seen
unfortun**a**tely	유감스럽게도	un·for·tu·nate·ly

틀리기 쉬운 부분	의미	음절 단위로 끊어 보기
vacuum	진공	vac·uum
vicious	사악한	vi·cious
weird	기묘한	weird *wired 연결된, 유선의
wherever	어디에나	wher·ev·er
weather	날씨	weath·er *whether ~인지 아닌지
withhold	보류하다	with·hold
zucchini	서양호박	zuc·chi·ni

CHAPTER 3

동음이의어 & 동형이의어

Homophones & Homographs

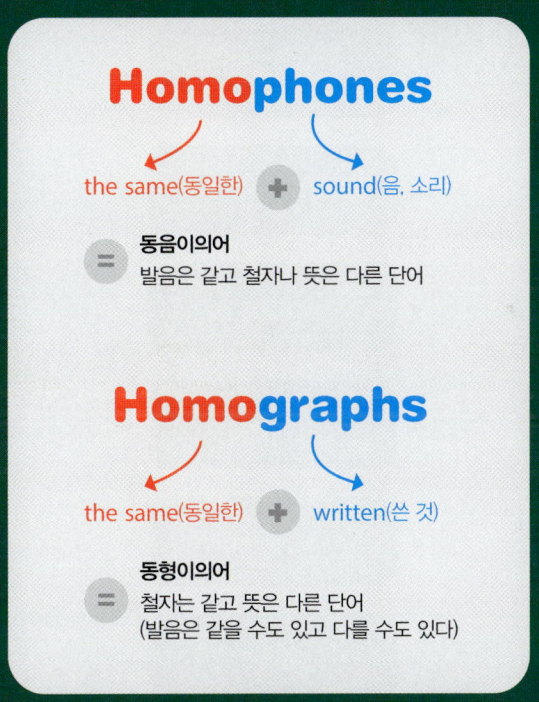

우리말의 '사과'는 과일 '사과(apple)'를 뜻할 때도 있지만, 잘못을 인정하고 용서를 비는 '사과(apology)'를 뜻할 때도 있다. 영어에도 이런 재미있는 단어들이 있다. 동음이의어 그리고 동형이의어까지, 확실히 알아두지 않으면 혼동하기 쉽지만, 바로 이런 점이 언어 학습의 묘미이기도 하다.

CHART 11 발음은 같은데 철자와 뜻은 다른 동음이의어

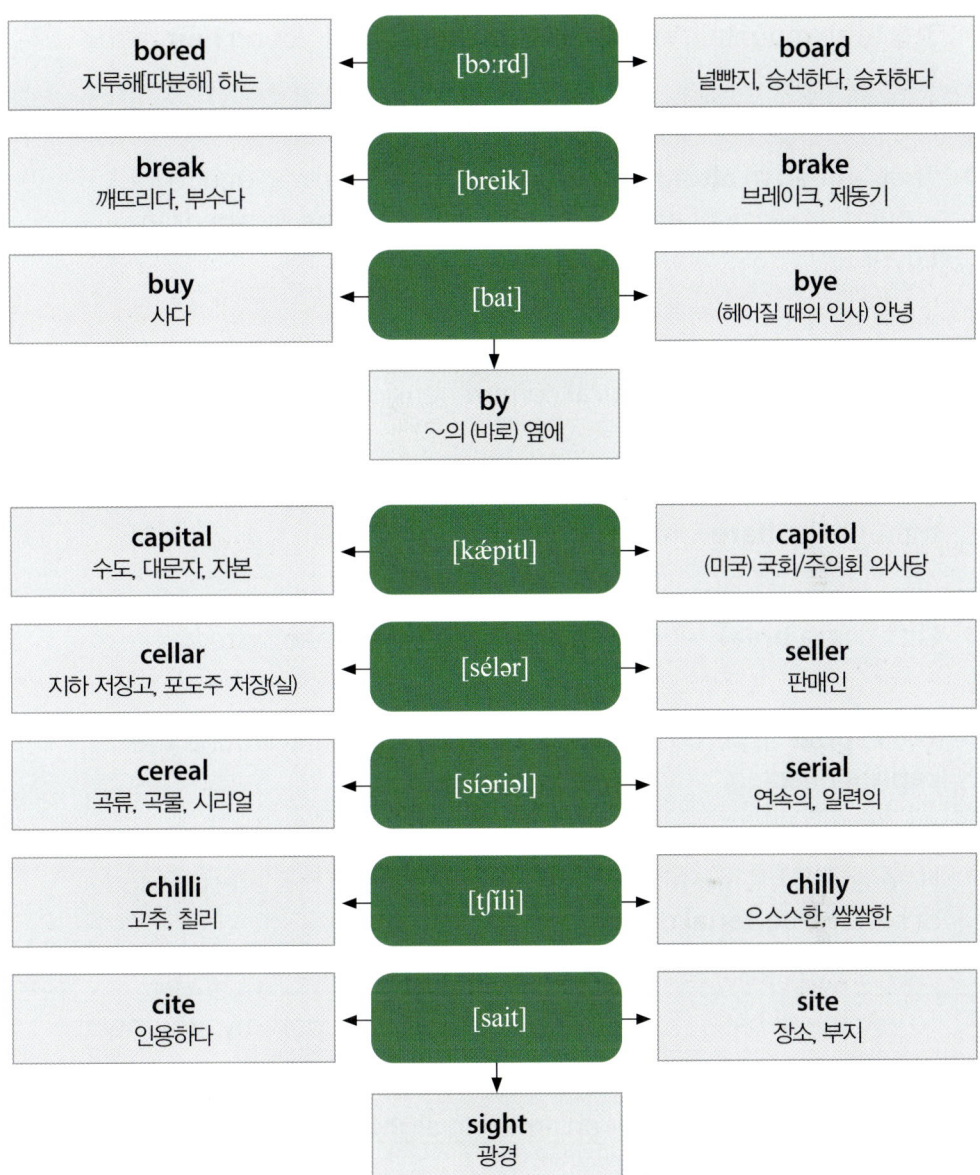

HOW TO USE

`MP3 13`

1. The fresh mountain **air** was invigorating for the young **heir** to the throne.
   상쾌한 산 공기가 그 젊은 왕위 계승자의 기운을 북돋워 주었다.

2. They agreed to **alter** the honeymoon plans and decided to look around the ancient **altar** in Greece instead of the Pyramids in Egypt.
   그들은 신혼여행 계획을 변경하기로 동의하고 이집트의 피라미드 대신 그리스의 고대 제단을 둘러보기로 결정했다.

3. The test assessed both **aural** comprehension and **oral** fluency.
   그 테스트는 청취력과 말하기 유창성 두 가지를 평가했다.

4. He could barely believe his eyes when he saw a **bear** wandering through the **bare** forest.
   그는 헐벗은 숲속에서 곰 한 마리가 돌아다니는 것을 보고 자신의 두 눈을 믿을 수가 없었다.

5. Let's take a **break** while they check the car's **brake** system.
   차 브레이크를 점검받는 동안 좀 쉬자.

6. The **capital** city is bustling with tourists, especially around the **capitol** building.
   그 수도는 관광객들로 북적이는데, 특히 국회의사당 건물 주변이 그렇다.

7. He enjoyed his morning **cereal** while watching the latest episode of his favorite **serial** drama.
   그는 가장 좋아하는 연속극의 최신 에피소드를 보면서 아침 시리얼을 맛있게 먹었다.

8. To win the debate, I'll **cite** historical facts to support my argument.
   토론에서 이기기 위해 내 주장을 뒷받침할 역사적 사실을 인용할 것이다.

9. The ancient temple **site** is an amazing **sight**, especially at sunset.
   그 고대 사원이 있던 자리는 특히 해 질 무렵에 정말 멋진 볼거리이다.

HOW TO USE

`MP3 15`

1. The **core** programmers tirelessly debugged the code for the new Cyber Marine **Corps** game, ensuring a flawless launch.
   핵심 프로그래머들은 새로운 가상 해병대 게임을 완벽하게 출시하기 위해 지칠 줄 모르고 코드를 디버깅했다.

2. The manager was very **discreet** in discussing the results of the **discrete** projects with the board.
   그 관리자는 개별적인 프로젝트들의 결과에 대해 이사회와 논의할 때 매우 신중했다.

3. The knight, known for his **dual**-wielding skills, challenged his opponent to a sunrise **duel**.
   두 자루의 검을 동시에 쓰는 기술로 알려진 그 기사는 적수에게 해 뜰 무렵의 결투를 신청했다.

4. The loud noise didn't **faze** her, as she knew it was just a **phase** that would soon pass.
   그 요란한 소음에도 그녀는 흔들리지 않았다. 곧 지나갈 한 시기일 뿐임을 알고 있었기 때문이었다.

5. This is a **great** idea for her birthday! Since she loves pizza, we can order her favorite kind and then **grate** some extra cheese on top to create a heart shape.
   이거, 그녀의 생일에 딱 좋은 생각인데! 그녀가 피자를 아주 좋아하니까, 제일 좋아하는 걸로 주문한 다음 치즈를 좀 갈아서 위에 하트 모양을 만드는 거야.

6. His injured **heel** took weeks to **heal** properly.
   그의 다친 뒤꿈치는 제대로 치료하는 데 몇 주가 걸렸다.

7. After a long day leading tours through the dusty desert, the guide's voice grew increasingly **hoarse**, but his trusty **horse** went on tirelessly.
   먼지투성이 사막에서 하루 종일 관광객을 인솔하느라 그 가이드의 목소리는 갈수록 더 쉬었지만, 그의 충실한 말은 지치지 않고 계속 나아갔다.

8. He would often **idle** away his afternoons dreaming of becoming a pop **idol**.
   그는 팝 아이돌이 되는 꿈을 꾸면서 오후 시간을 종종 허송하곤 했다.

HOW TO USE

`MP3 17`

1. The leader's speech was meant to **incite** passion in the crowd, offering deep **insight** into the movement's goals.
   그 지도자의 연설은 청중의 열정을 자극하고 그 운동의 목표에 대해 깊은 통찰을 주기 위한 것이었다.

2. To make the perfect bread, you **need** to **knead** the dough thoroughly.
   완벽한 빵을 만들려면 반죽을 충분히 치대어야 한다.

3. While washing a **leek** for the soup, she discovered the **leak** under the sink.
   수프에 넣을 파를 씻다가, 그녀는 싱크대 아래에서 물이 새는 것을 발견했다.

4. She needed a **loan** to start her business as a **lone** entrepreneur.
   그녀는 일인 기업가로서 사업을 시작하기 위해 융자금이 필요했다.

5. The **main** attraction at the zoo was the lion with the golden **mane**.
   그 동물원의 주요 볼거리는 황금빛 갈기를 지닌 사자였다.

6. Blinded by the dream of a **medal**, the coach **meddle**d not only in practice sessions but also in the players' personal lives.
   메달을 따겠다는 꿈에 눈이 먼 코치는 연습 시간뿐 아니라 선수들의 사생활에도 간섭했다.

7. At the beach, Sarah was happy to spot shiny black **mussels**, but her tired **muscles** from yesterday's hike made walking downhill tough.
   세라는 해변에서 반짝반짝 빛나는 검은 홍합을 발견해 기뻤지만, 어제 하이킹으로 피곤해진 근육 때문에 아래쪽으로 걸어 내려가기가 힘들었다.

8. **None** of the girls had ever thought of becoming a **nun** before.
   그 소녀들 가운데 아무도 전에 수녀가 되려는 생각을 해 본 적이 없었다.

HOW TO USE

> MP3 19

1. He found **peace** in the garden, enjoying every **piece** of nature around him.
   그는 그 정원에서 자신을 둘러싼 자연을 한껏 만끽하며 평화를 찾았다.

2. The **plane** flew over the wide, open **plain**.
   그 비행기는 드넓고 탁 트인 평원 위를 날았다.

3. The school **principal** stressed the importance of having strong moral **principle**s.
   그 교장은 강력한 도덕적 원칙을 갖는 것이 중요하다고 강조했다.

4. I **read** the book called *Little* **Red** *Riding Hood*.
   나는 〈빨간 모자〉라는 책을 읽었다.

5. The phone is **ringing** incessantly, but Rose is too busy **wringing** out the wet laundry to answer it right away.
   전화벨이 계속 울리고 있지만, 로즈는 젖은 빨래를 짜느라 너무 바빠서 전화를 바로 받을 수가 없다.

6. The **sole** purpose of his journey was to nourish his **soul**.
   그의 여행의 유일한 목적은 영혼을 풍요롭게 하는 것이었다.

7. She couldn't help but **stare** at the grand **stair**case in the mansion.
   그녀는 그 저택의 웅장한 계단을 넋을 잃고 바라보았다.

8   The new mall offered a wide selection of **stationary** bikes, alongside aisles stocked with colorful **stationery**.
    새 쇼핑몰에는 다양한 실내 자전거들과 함께 다양한 문구로 가득한 진열대가 있었다.

9   The thief tried to **steal** a valuable **steel** sculpture from the gallery.
    그 도둑은 미술관에서 귀중한 철제 조각품을 훔치려고 했다.

10 The dog wagged its **tail** excitedly, eager for Jimmy to finish reading the children's **tale**.
    그 개는 지미가 동화책을 다 읽기를 간절히 바라면서 꼬리를 신나게 흔들었다.

11 He sprained his **toe** while helping to **tow** the broken-down car.
    그는 망가진 자동차 견인하는 것을 도와주다가 발가락을 삐었다.

12 As the nurse carefully inserted the IV into her frail **vein**, she closed her eyes and tried to hold back the tears in **vain**.
    간호사가 그녀의 연약한 혈관에 정맥 주사를 조심스레 찔러 넣자, 그녀는 눈을 감고 눈물을 참으려 했지만 소용없었다.

13 She couldn't **weigh** the heavy bag without finding a **way** to lift it onto the scale.
    그녀는 그 무거운 가방을 저울 위로 들어 올릴 방법을 찾지 않고서는 무게를 잴 수가 없었다.

14 He said he **would** build a tree house if they provided the **wood**.
    그는 그들이 목재를 제공한다면 트리하우스를 한 채 짓겠다고 했다.

CHART 12 철자는 같은데 뜻은 다른 동형이의어

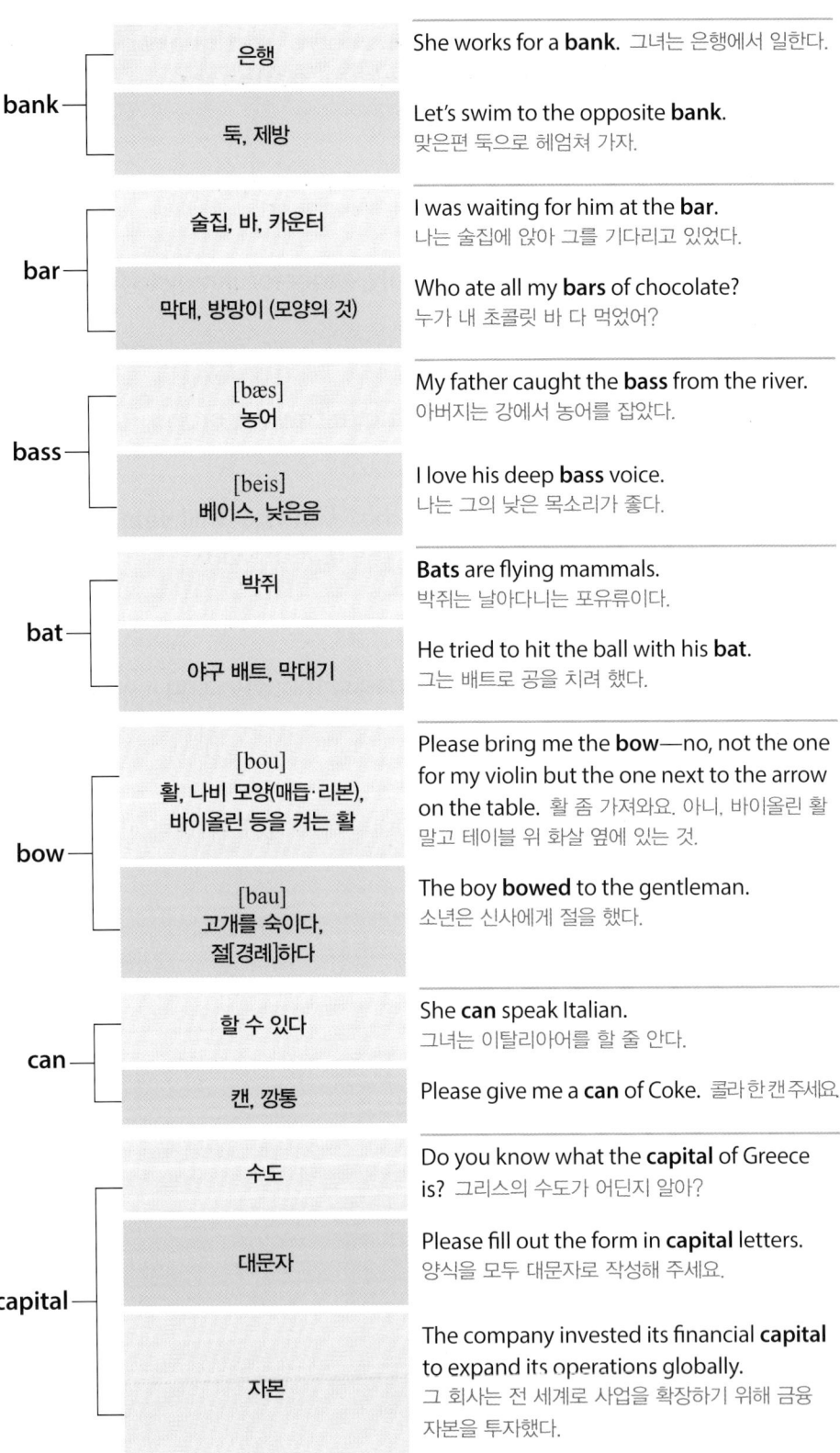

bank	은행	She works for a **bank**. 그녀는 은행에서 일한다.
	둑, 제방	Let's swim to the opposite **bank**. 맞은편 둑으로 헤엄쳐 가자.
bar	술집, 바, 카운터	I was waiting for him at the **bar**. 나는 술집에 앉아 그를 기다리고 있었다.
	막대, 방망이 (모양의 것)	Who ate all my **bars** of chocolate? 누가 내 초콜릿 바 다 먹었어?
bass	[bæs] 농어	My father caught the **bass** from the river. 아버지는 강에서 농어를 잡았다.
	[beis] 베이스, 낮은음	I love his deep **bass** voice. 나는 그의 낮은 목소리가 좋다.
bat	박쥐	**Bats** are flying mammals. 박쥐는 날아다니는 포유류이다.
	야구 배트, 막대기	He tried to hit the ball with his **bat**. 그는 배트로 공을 치려 했다.
bow	[bou] 활, 나비 모양(매듭·리본), 바이올린 등을 켜는 활	Please bring me the **bow**—no, not the one for my violin but the one next to the arrow on the table. 활 좀 가져와요. 아니, 바이올린 활 말고 테이블 위 화살 옆에 있는 것.
	[bau] 고개를 숙이다, 절[경례]하다	The boy **bowed** to the gentleman. 소년은 신사에게 절을 했다.
can	할 수 있다	She **can** speak Italian. 그녀는 이탈리아어를 할 줄 안다.
	캔, 깡통	Please give me a **can** of Coke. 콜라 한 캔 주세요.
capital	수도	Do you know what the **capital** of Greece is? 그리스의 수도가 어딘지 알아?
	대문자	Please fill out the form in **capital** letters. 양식을 모두 대문자로 작성해 주세요.
	자본	The company invested its financial **capital** to expand its operations globally. 그 회사는 전 세계로 사업을 확장하기 위해 금융 자본을 투자했다.

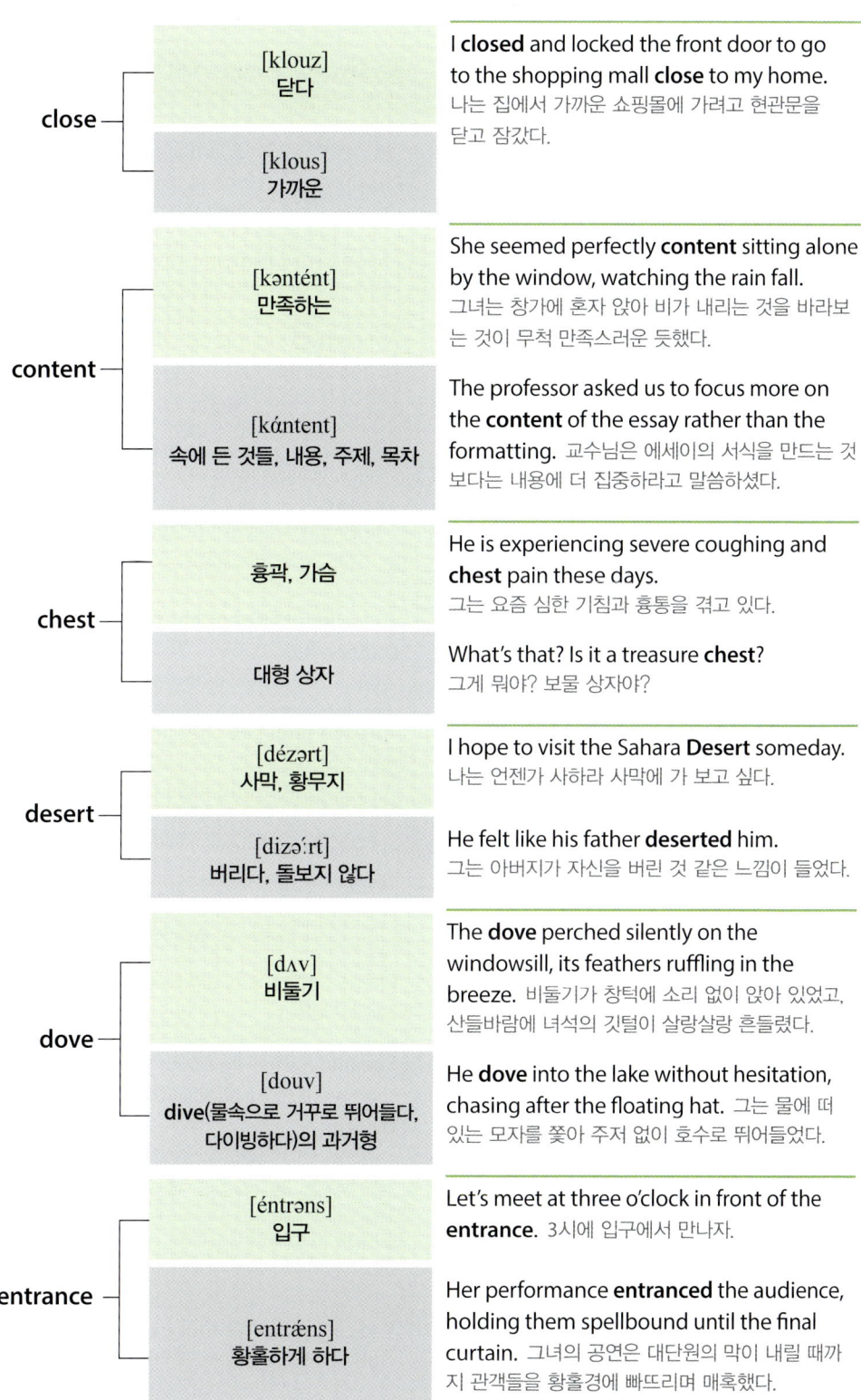

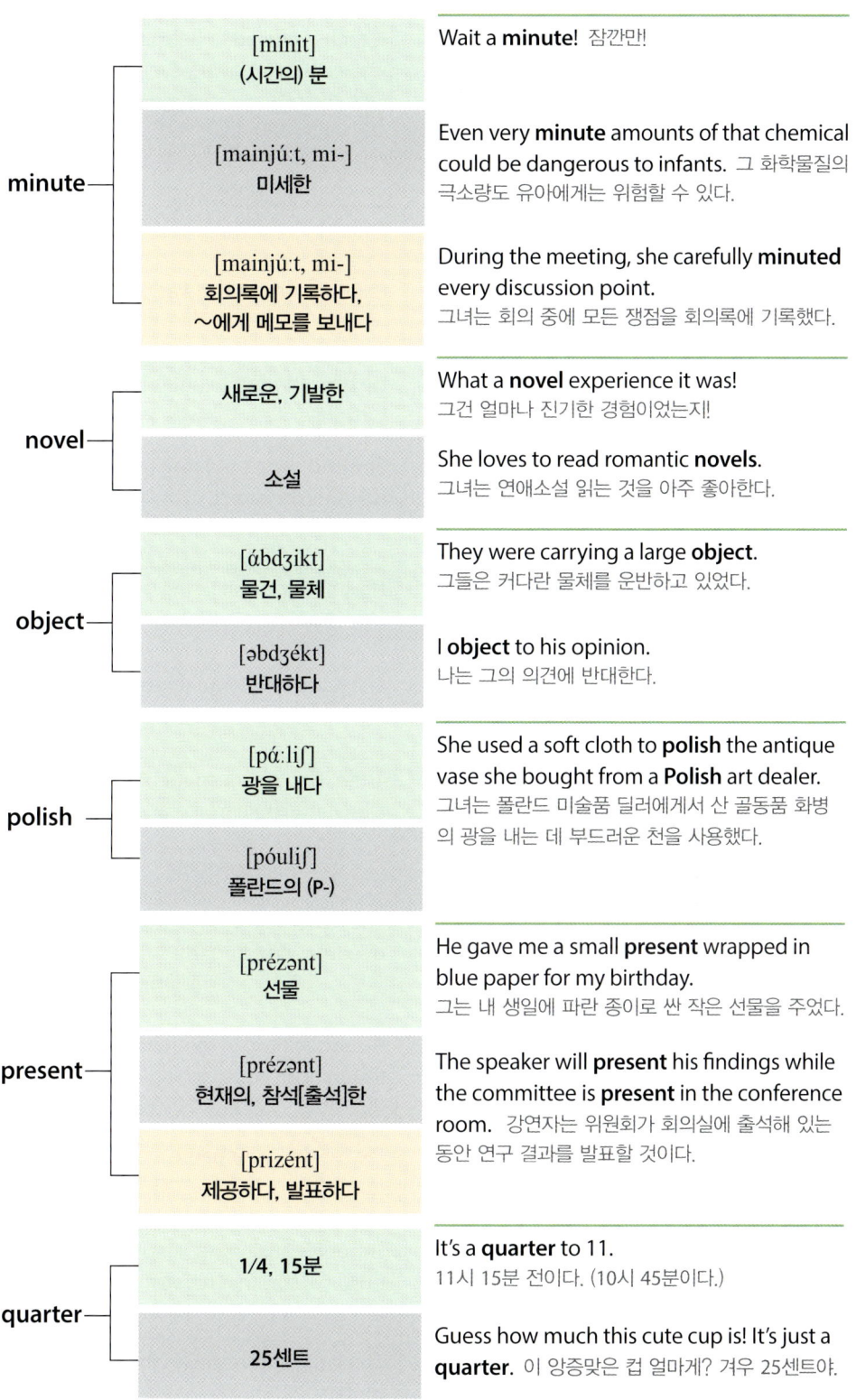

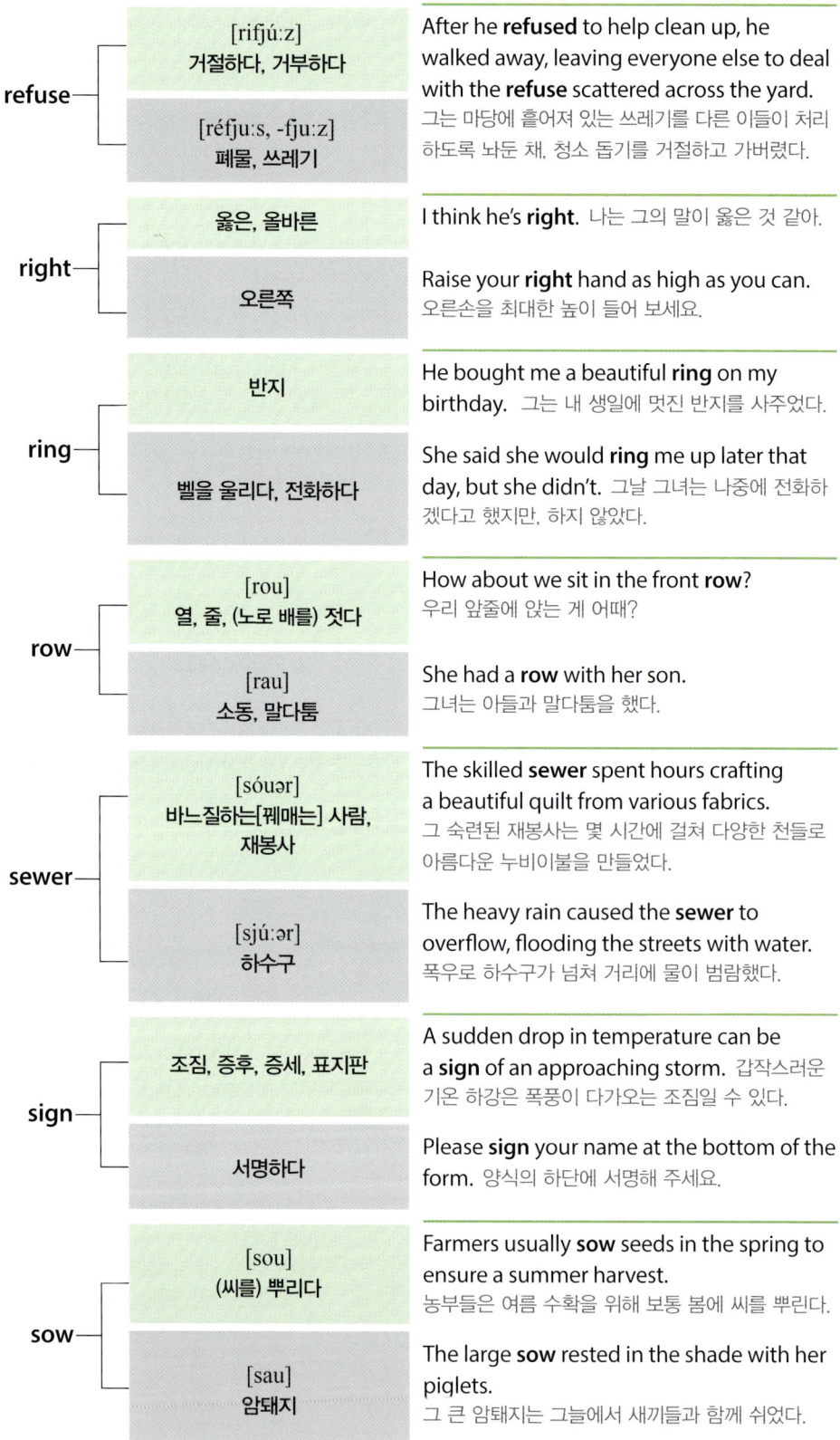

CHAPTER 4

불가산명사

Uncountable Nouns

명사는 크게, 셀 수 있는 명사(가산명사, countable nouns)와 셀 수 없는 명사(불가산명사, uncountable nouns)로 나눌 수 있다. 불가산명사는 셀 수 없으므로 복수형으로 쓰지 않고, 부정관사(a/an)와 함께 쓰지도 않는 것이 기본 원칙이다.

명사		
	가산명사	불가산명사
복수형	O	X
부정관사	O	X
수량 표현	few, a few, fewer, many 등	• little, a little, less, much 등 • 단위를 이용해 표현
	some, a lot of, plenty of 등은 공통으로 사용	

불가산명사지만 수량을 표현해야 할 때가 있다. 이때에는 가산명사와 다른 표현을 쓰기도 하고(little, much 등), a cup of water(물 한 컵), a bag of rice(쌀 한 봉지), two pieces of baggage(짐 두 개) 같이, 그 명사가 가리키는 물질이 담긴 용기를 이용하거나, 덩어리, 조각을 나타내는 단어를 단위로 빌려 표현한다. 이렇게 불가산명사는 부정관사나 숫자, many 같은 말을 가까이하지 않는다.

하지만 어떤 명사들은 가산명사와 불가산명사로 흑과 백처럼 명확히 나뉘지 않는다. iron의 대표적인 의미는 '철, 철분'이다. 이런 의미일 때 iron은 불가산명사지만, iron이 '다리미'라는 도구를 뜻할 때는 가산명사가 된다.

Iron is essential for the body's health.
철분은 몸의 건강에 필수적이다.

I bought **an iron** to take better care of my clothes.
나는 옷을 더 잘 관리하기 위해 다리미를 샀다.

CHART 13 주요 불가산명사

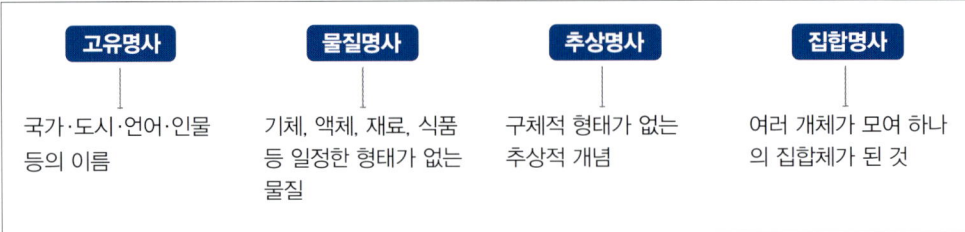

고유명사	물질명사	추상명사	집합명사
국가·도시·언어·인물 등의 이름	기체, 액체, 재료, 식품 등 일정한 형태가 없는 물질	구체적 형태가 없는 추상적 개념	여러 개체가 모여 하나의 집합체가 된 것

고유명사

France, New York, German, Tom, Jane…

* 고유명사는 불가산명사지만 나라 이름 중에서는 그 자체가 복수인 경우가 있다. 여러 주나 섬으로 이루어진 The Philippines(필리핀), The Netherlands(네덜란드), The United States of America(미국) 등이 그 예이다.

물질명사

alcohol 술, 알코올
bacon 베이컨
beef 소고기
bread 빵
butter 버터
cheese 치즈
chocolate 초콜릿
coffee 커피
cotton 목화, 솜, 면직물
dirt 먼지, 때, 흙
dust 먼지
flour 가루, 밀가루
garlic 마늘
gold 금
honey 꿀

hydrogen 수소
jam 잼
land 육지, 뭍, 땅
lightning 번개, 번갯불
meat 고기
milk 우유
oil 석유, 기름
paper 종이
rice 쌀, 벼, 밥
salt 소금
sand 모래
soap 비누
sugar 설탕
sunshine 햇빛, 햇살
vinegar 식초

추상명사

- adulthood 성인임, 성인기
- advice 조언, 충고
- anger 화, 분노
- assistance 도움, 원조, 지원
- behavior 행동, 거동
- biology 생물학
- blood 피, 혈액
- chaos 혼돈, 혼란
- chess 체스
- childhood 어린 시절
- courage 용기
- darkness 어둠, 암흑, 캄캄함
- democracy 민주주의
- dignity 위엄, 품위
- driving 운전
- education 교육
- envy 부러움, 질투
- equality 평등, 균등
- fame 명성
- fear 공포, 두려움, 무서움
- fiction 소설
- freedom 자유
- friendship 우정
- golf 골프
- growth 성장
- happiness 행복
- health 건강
- honesty 정직, 성실
- innocence 결백, 무죄
- intelligence 지능, 지성
- justice 정의, 공정
- knowledge 지식, 알고 있음
- laughter 웃음 (소리)
- literature 문학
- love 사랑
- music 음악
- nature 자연, 본성, 천성
- nutrition 영양
- patience 참을성, 인내력
- pleasure 기쁨, 즐거움
- traffic 교통
- work 일, 직장
- weather 날씨
- youth 젊음

집합명사

- baggage, luggage 수하물, 짐
- cash 현금, 자금
- clothing 옷, 의복
- equipment 장비, 용품
- fruit 과일
- furniture 가구
- garbage 쓰레기
- hardware 하드웨어
- homework 숙제, 과제
- information 정보
- jewelry 보석류
- money 돈, 금전
- software 소프트웨어
- stationery 문구류
- livestock 가축, 가축류
- news 소식, 뉴스

CHART 14 — 불가산·가산 양쪽으로 모두 쓰이는 경우

fruit은 일반적인 '과일'을 뜻할 때는 불가산명사지만, 여러 종류의 '과일들'을 뜻할 때는 가산명사가 된다. beauty가 추상적 개념인 '아름다움'을 의미하면 불가산명사지만, '아름다운 것' 또는 '아름답고 멋진 예술 작품'을 의미하면 가산명사가 된다. 주로 불가산명사가 개별적인 종류나 구체적이고 특정한 것을 의미할 때 가산명사로 쓰인다.

U: Uncountable   **C**: Countable

art

Art inspires people to see the world differently.
예술은 세상을 다르게 볼 수 있도록 영감을 준다.
U 일반적인 개념의 예술

Different arts, such as music, dance, and painting, are showcased at the festival.
그 축제에서는 음악, 춤, 회화 같은 다양한 예술이 선보였다.
C 각종 예술

Teaching is an **art** that combines knowledge, empathy, and creativity.
가르침은 지식, 공감, 그리고 창의성을 결합한 하나의 예술이다.
C 특정한 기술, 기예

beauty

Beauty is in the eye of the beholder.
아름다움은 보는 사람의 눈에 달렸다.
U 추상적 개념의 아름다움, 미(美), 아름다운 속성

The museum displayed several Renaissance **beauties**.
그 박물관에서는 르네상스 시대의 아름다운 작품들을 몇 점 전시했다.
C 아름다운 예술 작품·사물·자연 등

*'미인'을 가리키기도 하지만 다소 구식 표현

Her final shot was **a beauty**.
그녀의 마지막 샷은 정말 멋졌다.
C 인상적이고 멋진 샷·골·플레이·행동(주로 스포츠)

bread

I like to eat **bread** and milk for lunch.
나는 점심으로 빵이랑 우유 먹는 게 좋다.
U 일반적인 식품인 빵

He asked me to buy **two different breads** at the bakery: whole wheat and sourdough.
그는 내게 빵집에서 다른 두 종류의 빵, 즉 통밀 빵과 발효 빵을 사라고 했다.
C 다양한 종류의 빵

business

How's your **business**?
사업은 어때요?
U 사업, 장사, 일, 업무

She runs **a fashion business**.
그녀는 패션 업체를 하나 운영한다.
C 사업체, 기업, 회사

cheese

He added **some cheese** to the sandwich.
그는 샌드위치에 치즈를 좀 넣었다.

U 일반적인 식재료인 치즈

The store sells more than **twenty cheeses** from around the world.
그 상점에서는 20종 이상의 전 세계 치즈를 판매한다.

C 다양한 종류의 치즈

chicken

How about having **chicken** for dinner?
저녁으로 치킨 먹는 게 어때?

U 음식으로서의 치킨

There are **five chickens** in his back yard.
그의 집 뒤뜰에는 닭이 다섯 마리 있다.

C 동물로서의 닭

chocolate

I melted **some chocolate** to pour over the cake.
나는 초콜릿을 좀 녹여 케이크 위에 부었다.

U 일반적인 식품인 초콜릿

She offered me a box of assorted **chocolates**.
그녀는 내게 여러 종류의 초콜릿이 들어 있는 상자를 권했다.

C 낱개의 개별적인 초콜릿

At the shop, she chose **three different chocolates**: dark mint, caramel-filled, and hazelnut crunch. 가게에서 그녀는 다크 민트, 캐러멜 필링, 헤이즐넛 크런치 등 세 가지 다른 초콜릿을 골랐다.

C 다양한 종류의 초콜릿

coffee

He doesn't like **coffee**. 그는 커피를 좋아하지 않아.

U 일반적인 음료인 커피

Three black coffees, please. 블랙커피 세 잔 주세요.

C 잔에 담긴 커피

*일상 대화에서 water, beer, tea, juice, soda 등도 coffees처럼 복수로 쓸 수 있다.

confidence

Be sure to answer the questions with **confidence**.
반드시 질문들에 자신감 있게 대답하도록 해.

U 자신(감)

They made the best friends and exchanged **confidences**.
그들은 가장 절친한 친구가 되어 비밀을 주고받았다.

C 비밀(주로 복수로)

delight

She smiled with **delight**. 그녀는 기뻐하며 미소 지었다.

U (큰) 기쁨, 즐거움

Dancing and cooking are my **delights**.
춤추는 것과 요리는 내 낙이지.

C 큰 즐거움을 주는 것, 크게 기쁜[즐거운] 일, 낙

*enjoyment(흥밋거리, 낙, 즐거움 거리, 유쾌하게 해주는 것)와 enthusiasm (열정을 쏟는 대상, 열광하게 하는 것)도 이렇게 쓸 수 있다.

drink

They provided food and **drink** for the participants.
그들은 참가자들에게 음식과 음료를 제공했다.

U 일반적인 마실 것

The table was full of **drinks**—soda, juice, and iced tea.
테이블 위에는 탄산음료, 주스, 아이스티 등 음료수가 가득 있었다.

C 다양한 종류의 음료들

Would you like **a drink**? 한 잔 드실래요?

C 음료 한 잔, 한 모금

education

compulsory **education** 의무 교육   lifelong **education** 평생 교육

U 교육

Traveling abroad after college graduation was **a real education** for me. 대학을 졸업하고 해외 여행을 한 것은 내게 진정한 배움의 시간이었다.

C (교훈·깨달음의 계기가 되는) 경험, 교육(단수로 사용)

energy

solar **energy** 태양 에너지

Though my grandma is in her seventies, she's always full of **energy**.
우리 할머니는 70대시지만 언제나 활기가 넘치신다.

U 정력, 활기, 에너지, 동력 자원

He put **all his energies** into the project.
그는 그 프로젝트에 모든 기운을 다 쏟아부었다.

C (개인의) 활동력, 행동, (육체적·정신적) 기운(복수형으로 사용)

evil

good and **evil** 선과 악

U 악

the **evils** of alcohol 알코올의 폐해

C (주로 복수로) 유해물, 악폐, 유해성, 폐해

experience

She has five years' teaching **experience**. 그녀는 교직 경력이 5년 있다.

U 경험, 경력(이를 통해 지식이나 기술을 쌓게 된)

Working for that company was **an enjoyable experience** for me.
그 회사에서 일한 건 제겐 즐거운 경험이었답니다.

C 일, 체험, 경험(개인적으로 영향을 주는)

faith

After being swindled by one of his friends and losing a significant amount of money, he also lost his **faith** in human nature.
한 친구에게 사기를 당해 큰돈을 잃은 뒤, 그는 인간성에 대한 신뢰도 잃었다.

U 믿음, 신념, 확신

We should keep trying to understand people of **different faiths**.
우리는 여러 다른 종교를 믿는 사람들을 이해하려고 계속 노력해야 한다.

C 신조, 교리, (특정) 종교 [신앙]

fiction

I like historical **fiction**. 나는 역사 소설을 좋아한다.
U 소설(문학)

That rumor about her turned out to be **a libelous fiction**.
그녀에 대한 그 소문은 비방하려고 지어낸 것임이 드러났다.
C 꾸며낸 이야기, 허구, 날조

fire

The warehouse was on **fire**. 창고가 불에 타고 있었다.
U 불, 화재

There were **two fires** downtown today.
오늘 도심에서 두 건의 화재가 발생했다.
C 개별적인 화재 사건, 요리용 불 또는 난롯불 등 특정 용도가 있는 불, 난로

food

There wasn't enough **food** to feed everyone.
음식이 모두가 다 먹을 수 있을 만큼 충분하지 않았다.
U 일반적인 개념의 음식

They served several delicious **foods** at the festival.
축제에서 몇 가지의 맛있는 요리가 나왔다.
C (다양한) 음식 종류 (공식적·설명적 문맥에서 사용)

friendship

She thinks that **friendship** is made of smiles and secrets.
그녀는 우정이란 미소와 비밀들로 만들어진다고 생각한다.
U 우정, 친선

We became close friends when we were kids, and I believe it will be **a lifelong friendship**.
우리는 어렸을 때 친한 친구가 되었는데, 나는 이것이 평생 가는 교우 관계가 될 것이라고 믿는다.
C 교우 관계

fruit

I eat **fruit** every day because it's healthy.
나는 과일을 매일 먹는다. 건강에 좋으니까.
U 일반적인 개념의 과일

An apple is **a fruit** that keeps the doctor away.
사과는 의사를 멀리하게 해 주는 과일이다.
C 구별되는 특정 과일

I like tropical **fruits**, such as bananas and papayas.
나는 바나나와 파파야 같은 열대과일을 좋아한다.
C 구별되는 각종 과일

gear

He packed all his camping **gear** into one bag.
그는 캠핑 장비를 모두 한 가방에 꾸려 넣었다.
U 일반적인 개념의 장비

We tested **different gears** to see which worked best in the snow.
우리는 눈 속에서 어떤 것이 가장 효과적인지 보려고 다양한 장비들을 시험했다.
C 각종 (기계) 장비

glass

I have a pane of **glass**. 나는 판유리 한 장이 있다.

I keep my best **glass** in the cabinet to use only on special occasions.
나는 가장 좋은 유리 제품들은 특별한 날에만 사용하기 위해 찬장에 보관한다.

U 재료로서의 유리, (집합적인) 유리 제품(glassware)

I have **two glasses**.
나는 유리잔이 두 개 있다.

I have **two pairs of glasses**.
나는 안경이 두 개 있다.

C 컵, 병 등 유리로 된 용기, 안경(복수형)

gold, silver, bronze

All that glitters is not **gold**.
반짝인다고 다 금은 아니다.

U (재료로서의) 금, 은, 청동, 금붙이, (이 재료들로 만든) (집합적인) 화폐, 제품

She won **two golds** and **a silver**.
그녀는 금메달 두 개와 은메달 한 개를 땄다.

*a bronze는 동메달 또는 동상(동으로 만든 조각상)을 의미한다.

C (이 재료들로 만든) 메달, 작품, 제품

ground

The **ground** was muddy after the rain. 비가 온 후 땅은 진창이었다.

U 땅, 공터

The city council approved the construction of **a new soccer ground** for the upcoming tournament.
시의회는 다가올 토너먼트를 위해 새로운 축구장 건설을 승인했다.

He quit the job on health **grounds**.
그는 건강상의 이유로 직장을 그만두었다.

C 특정한 용도가 있는 땅 (경기장 등), ~의 (진짜) 이유(주로 복수형)

hair

She has shiny, brown **hair**. 그녀의 머리는 윤기 있는 갈색이다.

U 머리

Mom, I found **a hair** in my soup. 엄마, 수프에 머리카락이 한 올 있네요.

C 머리카락[털] 한 올

hatred

His **hatred** for injustice was evident in everything he did.
부정에 대한 그의 증오는 그의 모든 행동에서 확연히 드러났다.

U '증오, 혐오'라는 일반적인 감정

The novel explores mainly **two hatreds**: racial hatred and religious hatred.
그 소설은 주로 두 가지의 증오, 즉 인종 간의 증오와 종교적인 증오를 탐구한다.

C 서로 다른 특정 유형의 '증오'를 구분할 때(학술적 문맥에서 사용)

iron

In the Middle Ages, alchemists attempted to transform **iron** into gold.
중세 시대에 연금술사들은 철을 금으로 바꾸려고 했다.

U 철

I'll buy **a new steam iron** today. 오늘 새 스팀다리미를 살 거야.

C 다리미

joy

She was filled with **joy** when she saw her baby.
그녀는 아기를 보자 기쁨으로 가득 찼다.

U 일반적인 감정으로서의 기쁨, 즐거움

I hope to have someone to share the little **joys** of life with someday.
언젠가는 삶의 소소한 기쁨들을 함께 나눌 사람이 생겼으면 좋겠다.

C 기쁨의 구체적인 원인, 기쁜 경험

juice

There is **some juice** in the refrigerator. Please have some.
냉장고 안에 주스가 좀 있어요. 좀 드세요.

U 일반적인 음료인 주스

There are **some juices** on the table—grape, apple, and orange.
테이블 위에 포도, 사과, 오렌지 주스가 좀 있다.

C 구별되는 각종 주스

life

You'll soon realize that **life** isn't like the movies.
사는 게 영화에 나오는 것 같진 않다는 걸 너도 곧 깨닫게 될 거야.

U 추상적인 의미의 삶, 살아 있음, 생(명), 생물(체), 세상살이

Dozens of lives were lost in the crash.
그 사고로 수십 명이 목숨을 잃었다.

My father has led **a hard life**.
나의 아버지는 힘든 삶을 살아오셨다.

C (개인의) 목숨(인명), (구체적으로 설명되거나, 경험과 활동으로 이뤄지는 개인의) 삶, 생활

light

I'll buy a house with good natural **light**.
나는 자연광이 잘 드는 집을 살 것이다.

U 빛

There are **ten lights** in the shop. 그 상점에는 전등이 열 개 있다.

C 전등, 전구, 신호등, (특정한 색깔이나 특질을 띠는) 빛

love

They were in **love** with each other. 그들은 서로 사랑하고 있었다.

U 사랑

My mom's **two great loves** are flowers and music.
우리 엄마가 아주 좋아하는 두 가지는 꽃과 음악이다.

C 사랑하는 사람, 아주 좋아하는 것

meat

She doesn't eat **meat**.
그녀는 고기를 먹지 않는다.

U 일반적인 고기

I like red **meats** like beef and lamb.
나는 소고기, 양고기 같은 붉은 고기를 좋아한다.

C 구별되는 각종 고기

painting

My hobby is **painting**.
내 취미는 그림 그리기이다.

U 그림 그리기, 화법

She studied **painting** in college.
그는 대학에서 그림을 공부했다.

There was **a colorful watercolor painting** on the wall.
벽에 화려한 수채화 한 점이 걸려 있었다.

C (물감으로 그린) 그림

paper

Please give me **a sheet of paper**.
종이 한 장 주세요.

U 종이

I should write **a research paper** before the end of the semester.
나는 학기 말 전에 연구 논문을 한 편 써야 한다.

C 리포트, 논문, 신문 (a newspaper, the papers), 문서, 서류 (복수로)

pleasure

She took great **pleasure** in reading books by the fireplace.
그녀는 벽난로 옆에서 책을 읽는 것이 무척 즐거웠다.

U 기쁨, 즐거움

It's **a pleasure** to meet you.
만나서 정말 반가워요.

C 즐거운 일

room

Is there enough **room for** a new table in the room?
그 방에 새 테이블 들어갈 자리가 충분히 있어?

U 공간, 자리(뒤에 for 동반)

There's **a dining room** and two kitchens in the house.
그 집에는 식당이 하나, 부엌이 두 개 있다.

C 방

science

Science has advanced rapidly in the past century.
과학은 지난 세기 동안 급속도로 발전했다.

U 일반적인 개념의 과학 (지식)

The school teaches **various sciences**, including biology, chemistry, and physics.
그 학교에서는 생물학과 화학, 물리학을 포함한 다양한 과학 교과를 가르친다.

C 과학 교과목·특정 분야

sleep

I need more **sleep** to function properly.
제대로 활동하려면 잠을 좀 더 자야겠어.

U 일반적인 개념의 잠, 잠자는 상태, 잠에 대한 욕구

I had **three good sleeps** this week, which is rare for me.
이번 주에 잠을 잘 잔 게 세 번인데, 나한텐 드문 일이지.

C 각각의 개별적인 잠

sugar

Too much **sugar** is bad for your health.
설탕을 너무 많이 먹으면 건강에 안 좋다.

U 일반적인 물질인 설탕

The lab analyzed **various sugars** found in the fruit.
연구소에서는 과일에서 발견된 다양한 당류를 분석했다.

C '당'의 종류

Can you bring me a tea with milk and **two sugars**, please?
차에 우유랑 설탕 두 숟갈 넣어서 갖다줄 수 있을까요?

C 일상대화에서 two teaspoons of sugar의 의미

time

How much **time** does it take you to go to work?
직장까지 가는 데 얼마나 걸려요?

U 시간

We had **a great time**.
우리는 좋은 시간을 보냈다.

C 횟수, 특정 경험이나 상황

I called his name **three times** but he didn't answer for some reason.
내가 그의 이름을 세 번이나 불렀지만 그는 무엇 때문인지 대답하지 않았다.

understanding

He seems to have no **understanding** of that problem.
그는 그 문제에 대한 이해가 없는 것 같다.

U 이해(심)

They finally came to **an understanding** about who should lead the project.
그들은 마침내 그 프로젝트를 누가 이끌 것인가에 대해 합의했다.

C (주로 단수로) 합의

vision

My grandpa still has good **vision**.
우리 할아버지는 시력이 여전히 좋으시다.

U 시력, 시각, 시야, 상상력, 직감력, 통찰력, 미래상

She almost cried to see **a glorious vision** of the sunrise.
멋진 일출 광경을 보고 그녀는 거의 울 뻔했다.

C 환상, 환시, 꿈같이 아름다운 경치(장면)

wood

He brought three planks of **wood**. 그는 나무 판자 세 장을 가져왔다. **U** 나무, 목재

You can look around at a lot of furniture made of **a variety of different woods** in our shop. 저희 상점에서는 다양한 여러 수종의 목재로 만들어진 가구들을 많이 보실 수 있습니다. **C** 각종 목재, 숲, (나무로 된) 골프채

work

The lunch break is over. Why don't you get back to your **work**? **U** 일, 작업, 직장
점심시간 끝났어. 이제 자기 업무로 돌아가지 그래?

*일반적 의미의 '일들'은 jobs, tasks를 쓴다.

Did you know that these are the **works** of a famous artist? **C** 일의 결과물, 작품, 저작물
이것들이 유명한 작가의 작품이란 거 알고 있었어요?

youth

Don't waste your **youth**. **U** 젊음, 청년기
네 청춘을 낭비하지 마라.

I'm very pleased to meet all the promising **youths** here. **C** 젊은이
여기서 전도유망한 청년들을 만나게 되어 매우 기쁩니다.

PLUS

주로 가산명사로 쓰이는 추상명사
불가산명사로 쓰이는 일은 드물고, 주로 가산명사로 쓰이는 추상명사들이다.

decision 결정
It was one of the hardest **decisions** I've ever had to make.
그것은 내가 해야 했던 가장 어려운 결정 중 하나였다.

excuse 변명
He gave me **two excuses** for being late.
그는 지각한 것에 대해 두 가지의 변명을 했다.

hour 시간
We waited for **an hour** before the train arrived.
우리는 기차가 도착할 때까지 한 시간을 기다렸다.

joke 농담
He told **a hilarious joke** at the party.
그는 파티에서 재미있는 농담을 한 가지 했다.

lie 거짓말
He told **three lies** to cover up the truth.
그는 진실을 덮기 위해 세 가지의 거짓말을 했다.

promise 약속
She made **a promise** to be there on time.
그녀는 제시간에 거기로 가겠다고 약속했다.

quantity 양
It is a shame that such enormous **quantities** of food are wasted every day.
그토록 엄청난 양의 음식이 매일 버려진다는 것은 정말 수치스러운 일이다.

request 요청
They received **hundreds of requests** for support.
그들은 지원해 달라는 요청을 수없이 받았다.

thought 생각
I had **several thoughts** while reading that book.
그 책을 읽는 동안 몇 가지 생각이 떠올랐다.

CHAPTER 5

복수 명사

Plural Nouns

규칙	예시
-s 추가 대부분의 명사	book → book<u>s</u> car → car<u>s</u>
-es 추가 -ch, -sh, -s, -ss, -x, -o로 끝나는 단어	box → box<u>es</u> class → class<u>es</u> bush → bush<u>es</u>
-y를 -ies로 변경 자음 + y로 끝나는 단어	baby → bab<u>ies</u> city → cit<u>ies</u>
-f(e)를 -ves로 변경 -f나 -fe로 끝나는 단어	leaf → lea<u>ves</u> wife → wi<u>ves</u>
불규칙 변화	man → m<u>e</u>n child → child<u>ren</u> foot → f<u>ee</u>t
단수형과 복수형이 같은 단어들	sheep → sheep fish → fish

명사의 복수는 보통 단수 끝에 -(e)s를 붙여 만든다. 그런데 이 규칙에서 벗어나 단수와 복수의 모양이 서로 같거나, 아예 다른 명사가 있다. 라틴어·그리스어가 어원인 명사는 복수형도 그 언어의 특징을 보이기도 한다. 통상의 규칙을 따르지 않기 때문에 암기가 불가피하지만, 불규칙한 가운데 의외의 규칙성과 패턴을 발견하는 재미도 있다.

CHART 15 단수형과 복수형이 같은 불규칙 복수 명사

동물, 특히 해양 생물이나 야생 동물의 이름, 군대 용어, 기술 용어, 집합적인 뜻을 나타내는 명사들이 단수형과 복수형이 같다. 이 명사들은 주로 집단을 나타내기 때문에 단수 표현이 발달하지 않았다는 설도 있다.

- aircraft 항공기 = aircraft
- barracks 병영, 막사 = barracks
- bison 들소 = bison
- carp 잉어 = carp
- cod 대구 = cod
- crossroads 교차로, 중대한 국면 = crossroads
- deer 사슴 = deer
- fish 물고기 = fish
- goldfish 금붕어 = goldfish
- grouse 뇌조(조류의 일종) = grouse
- headquarters 본부 = headquarters
- hovercraft 호버크래프트(물 위나 땅 위를 닿을락 말락 하게 떠서 나아가는 수륙 양용 배로, 상표명에서 유래) = hovercraft
- means 수단, 방법 = means
- moose 큰사슴 = moose
- offspring 자손, 후예 = offspring
- reindeer 순록 = reindeer
- salmon 연어 = salmon
- series 연속, 시리즈 = series
- sheep 양 = sheep
- shellfish 조개류, 갑각류 = shellfish
- shrimp 새우 = shrimp
- spacecraft 우주선 = spacecraft
- species 종 = species
- squid 오징어 = squid
- swine 돼지 = swine
- tuna 참치 = tuna
- trout 송어 = trout

PLUS

사전을 찾아 보면 cods, shrimps, squids, tunas, reindeers, grouses 같은 복수형도 있다. 하지만 이런 복수형은 특정한 맥락에서만 쓰이며, 다른 의미가 된다. 주로 과학적·기술적인 텍스트에서 다른 종·종류·유형을 구별해서 설명할 때 사용한다.

cod

We caught five **cod**. 우리는 대구를 다섯 마리 잡았다.
Atlantic and Pacific **cods** 대서양산 대구와 태평양산 대구

shrimp

Fried **shrimp** is popular. 새우튀김은 인기가 좋다.
two different **shrimps** 두 가지 (종류의) 다른 새우 ▶ 다른 종의 새우

squid

I saw a school of **squid**. 나는 오징어 한 무리를 보았다.
The tank has many **squids**. 그 수조에는 여러 종의 오징어가 있다. ▶ 다른 종의 오징어

tuna

We had grilled **tuna**. 우리는 구운 참치를 먹었다.
There are several **tunas**. 참치는 여러 종이 있다. ▶ 참치의 종

reindeer

I saw three **reindeer**. 나는 순록 세 마리를 보았다.
The forest has many **reindeers**. 그 숲에는 순록이 여러 종류 있다.
▶ 다른 종의 순록(드물게 쓰임)

grouse

He hunts **grouse** in fall. 그는 가을에 뇌조를 사냥한다.
Several **grouses** were spotted. 뇌조 몇 종이 발견되었다. ▶ 다른 종의 뇌조

CHART 16 단수형과 복수형이 다른 불규칙 복수 명사

불규칙 속에도 몇 가지 패턴은 보인다. 특히, 라틴어와 그리스어 어원의 명사들은 각 언어의 영향을 받은 변화 패턴이 있다.

단수와 복수의 형태가 다른 명사

독특한 형태
- child 아이 → children
- penny 페니 → pence(액수를 말할 때)
- *pennies 동전들
- person 사람 → people

모음의 변화
- foot 발 → feet
- goose 거위 → geese
- tooth 치아 → teeth
- louse 이 → lice
- mouse 생쥐 → mice

-man → -men
- man 남자 → men
- policeman 경찰관 → policemen
- woman 여자 → women

-en 추가
- ox 황소 → oxen

***복수 형태로만 쓰이는 명사**

glasses(안경), pants(바지)처럼, 대칭되는 두 부분이 결합해 하나의 물체를 이루는 명사들은 복수 형태로만 존재하며 단수형은 없다. 이 명사들은 복수로 취급하여, 복수 동사나 복수 대명사를 취한다. 이러한 명사들이 '한두 벌' 있다고 할 때는 [a pair of + 명사]로 나타낸다.

Those (eye)glasses are mine. 그 안경은 내 거야.
His trousers are wrinkled. 그의 바지에 주름이 졌어.
My jeans are too tight. 내 청바지가 너무 꽉 껴.
My pants don't fit. 내 바지가 안 맞아.
The overalls are dirty. 그 멜빵 바지 더러워.
These shorts aren't comfortable. 이 반바지는 편하지 않아.
These scissors are sharp. 이 가위는 잘 들어.
The tweezers are on the table. 핀셋은 탁자 위에 있어.
The pliers are in the toolbox. 펜치는 공구함에 들어 있어.

라틴어 & 그리스어 어원 명사의 복수

-us → -i (라틴어 남성명사)
alumnus 남자 졸업생 → alumni[-nai]
cactus 선인장 → cacti, cactuses
fungus 균류, 곰팡이류 → fungi
stimulus 자극 → stimuli

-a → -ae (라틴어 여성명사)
alumna 여자 졸업생 → alumnae[-ni:]
antenna 더듬이 → antennae
*antenna 안테나 → antennas

formula 식, 공식 → formulae, formulas
persona (타인의 눈에 비치는, 실제 성격과는 다른) 모습, 사람 → personae, personas

-um → -a (라틴어 중성명사)
bacterium 세균 → bacteria
*'세균, 박테리아'의 뜻으로 주로 복수형으로 쓰임
datum 자료 → data
*'자료, 정보'의 뜻으로 주로 복수형으로 쓰임
medium 매체 → media, mediums
memorandum 비망록, 메모
→ memoranda, memorandums
spectrum 스펙트럼, 범위 → spectra

-ma → -mata (그리스어)
dogma 교리, 교조, 신조 → dogmata, dogmas
schema 윤곽, 개요 → schemata, schemas
stigma 치욕, 오명 → stigmata (주로 종교적인 내용에 사용), stigmas
trauma 정신적 외상 → traumata, traumas

-is → -es
analysis 분석 → analyses
axis[ǽksis] 굴대, 축 → axes[ǽksi:z]
basis 기초 → bases
crisis 위기 → crises
diagnosis 진단(법) → diagnoses
genesis 기원, 발생 → geneses
oasis 오아시스 → oases
thesis 논제, 논문 → theses

-on → -a (그리스 중성명사)
criterion 기준 → criteria
phenomenon 현상 → phenomena

-ix, -ex → -ices, -es
appendix 부록 → appendices
index 색인, 목록, 지표 → indices, indexes
matrix 행렬 → matrices

그 외 (혼합된 형식)
forum 공개 토론회 → fora, forums
mosquito 모기 → mosquitos, mosquitoes
status 상태, 지위 → status, statuses

CHART 17 복수형 철자 규칙을 벗어난 규칙 복수 명사

규칙 변화하는 복수 형태는 끝에 -s, -es를 붙인다. 이때 발음 편의성의 이유로 -es만 붙인다든지, 철자를 바꾸어서 -s, -es를 붙인다든지 하는 규칙들이 생기는데, 이런 기본 규칙에서 살짝 벗어난 예외적인 명사들이 있다.

규칙 1. -o로 끝나는 명사에는 -es를 붙인다.

규칙 변화의 예	예외 : 이탈리아어 등 외국어 어원 또는 축약어인 경우
hero 영웅 - heroes potato 감자 - potatoes tomato 토마토 - tomatoes	kilo 킬로그램 - kilos memo 메모 - memos photo 사진 - photos piano 피아노 - pianos solo 독주 - solos soprano 소프라노 - sopranos video 비디오 - videos

규칙 2. -f, -fe로 끝나는 명사는 f를 v로 바꾼 후 -es를 붙인다.

규칙 변화의 예	예외 : 프랑스어 등 외국어 어원 또는 추상적 개념인 경우, 사용 빈도와 발음 편의에 따라 역사적으로 굳어진 경우
knife 칼 - knives leaf 잎 - leaves loaf 빵의 덩어리 - loaves shelf 선반 - shelves thief 도둑 - thieves wife 아내 - wives wolf 늑대 - wolves	café 카페 - cafés roof 지붕 - roofs belief 신념, 종교적 신앙 - beliefs chef 요리사 - chefs chief 우두머리, 장 - chiefs cliff 낭떠러지 - cliffs proof 증거 - proofs safe 금고 - safes gulf 만 - gulfs

규칙 3. -ch, -sh, -x, -s, -z로 끝나는 명사에는 -es를 붙인다.

규칙 변화의 예	예외 : -ch 부분의 발음이 [k]인 경우
church 교회 - churches watch 시계 - watches dish 접시 - dishes box 상자 - boxes bus 버스 - buses quiz 퀴즈 - quizzes	epoch 시대 - epochs monarch 군주 - monarchs stomach 위 - stomachs

CHART 18 단수형과 복수형의 의미가 다른 명사

MP3 25

복수형일 때 의미가 달라지는 단어가 있다. 복수형의 이 '다른' 의미는 애초에 단수형에서 확장된 것이어서 대부분 그 단어가 가진 핵심 의미는 유지된다. 개중에는 독자적으로 발전하며 숙어적인 의미를 띠어, 마치 개별 단어처럼 보이는 명사도 있다.

air 공기 ▼ **airs** (으스대는) 태도	There was a chill in the morning **air**. 아침 공기가 쌀쌀했다. She walked in with arrogant **airs**. 그녀는 거만한 태도로 들어왔다.
arm 팔 ▼ **arms** 무기	He broke his **arm** while playing soccer. 그는 축구하다가 팔이 부러졌다. The rebels were supplied with **arms** by foreign allies. 반군은 외국의 동맹군에게서 무기를 공급받았다.
authority 권한, 권위 ▼ **authorities** 당국	He has the **authority** to make that decision. 그는 그 결정을 내릴 권한이 있다. The local **authorities** closed the road. 지역 당국이 도로를 폐쇄했다.
color 색 ▼ **colors** 깃발	She loves bright **color** in her clothing. 그녀는 밝은색 옷을 좋아한다. The soldiers marched under their national **colors**. 병사들은 국기를 들고 행진했다.
condition 상태 ▼ **conditions** 조건	The car is in good **condition**. 그 차는 상태가 좋다. I agreed to the job under certain **conditions**. 나는 특정 조건 하에 그 일을 수락했다.
content 만족, 내용 ▼ **contents** 내용물, 목차	He smiled with quiet **content**. 그는 조용한 만족감에 미소 지었다. The **contents** of the box were missing. 상자의 내용물이 없었다.
custom 관습, 풍습 ▼ **customs** 세관	It is a local **custom** to remove shoes indoors. 실내에서 신발을 벗는 것은 지역적인 관습이다. We had to go through **customs** at the airport. 우리는 공항에서 세관을 통과해야 했다.
damage 피해 ▼ **damages** 손해 배상금	The storm caused serious **damage** to the building. 폭풍은 건물에 심각한 피해를 입혔다. She sued the hospital and won **damages** for medical negligence. 그녀는 병원을 상대로 소송을 제기해 의료 과실에 대한 손해 배상금을 받았다.

CHAPTER 5

effect 영향, 결과 ▼ **effects** 물품, 소지품	The speech had a deep emotional **effect**. 그 연설은 감정적으로 깊은 영향을 주었다. She packed her personal **effects** into a suitcase. 그녀는 개인 소지품을 여행 가방에 쌌다.
foot 발 ▼ **feet** 피트(길이 단위)	My right **foot** hurts today. 오늘 오른발이 아프다. The table is five **feet** long. 그 테이블은 길이가 5피트다.
force 힘, 폭력 ▼ **forces** 무장 병력, 부대	It takes **force** to move that sofa. 저 소파를 움직이려면 힘이 필요하다. Military **forces** were deployed overnight. 군대가 밤새 배치되었다.
glass 유리 ▼ **glasses** 안경	The window is made of thick **glass**. 그 창문은 두꺼운 유리로 만들어졌다. I can't see clearly without my **glasses**. 나는 안경 없이는 잘 보이지 않는다.
good 선, 착함 ▼ **goods** 상품, 물품	I believe in the power of doing **good**. 나는 선을 행하는 것의 힘을 믿는다. The store sells imported **goods**. 그 상점은 수입 상품을 판매한다.
interest 흥미, 이자 ▼ **interests** 이익, 이해관계	I have a strong **interest** in art. 나는 예술에 큰 흥미가 있다. They discussed their business **interests**. 그들은 사업상의 이익에 대해 논의했다.
iron 철, 쇠 ▼ **irons** 족쇄	The gate is made of **iron**. 그 문은 철로 만들어졌다. In the past, criminals were often put in **irons**. 과거에는 범죄자들이 족쇄에 채워지는 일이 많았다.
letter 편지 ▼ **letters** 문학, 학문	I received a **letter** from my friend. 내 친구에게서 편지를 한 통 받았다. She studied **letters** at university. 그녀는 대학에서 문학을 공부했다.
light 빛 ▼ **lights** 조명, 신호등	Sunlight filled the room with warm **light**. 햇빛이 방 안을 따뜻한 빛으로 채웠다. Please turn off the **lights** before you leave. 나가기 전에 불을 꺼 주세요.
manner 방식, 태도 ▼ **manners** 예의, 예절	She spoke in a friendly **manner**. 그녀는 친절한 태도로 말했다. He has good table **manners**. 그는 식사 예절이 좋다.

moral 교훈 ▼ **morals** 도덕성	The **moral** of the story is "Don't lie." 이 이야기의 교훈은 '거짓말하지 말라'이다. He was raised with strong **morals**. 그는 강한 도덕성을 가지고 자랐다.
pain 고통 ▼ **pains** 노력, 수고	She felt **pain** in her lower back. 그녀는 허리에 통증을 느꼈다. He took great **pains** to make everything perfect. 그는 모든 것을 완벽하게 하려고 큰 노력을 기울였다.
paper 종이, 신문 ▼ **papers** 서류, 문서	I need some **paper** to print this. 이것을 인쇄하려면 종이가 필요하다. He left his **papers** on the desk. 그는 책상 위에 서류를 두고 갔다.
quarter 4분의 1, 구역 ▼ **quarters** 숙소, 막사	I drank only a **quarter** of the bottle. 나는 4분의 1병만 마셨다. The soldiers returned to their **quarters**. 군인들은 막사로 돌아갔다.
service 봉사, 서비스 ▼ **services** 예배, 군 복무	He received an award for his **service** to the community. 그는 지역 사회에 봉사한 것에 대해 상을 받았다. Sunday **services** are held at 11 a.m. 일요일 예배는 오전 11시에 열린다.
spectacle 장관, 굉장한 구경거리 ▼ **spectacles** (영국) 안경	The fireworks were a real **spectacle**. 불꽃놀이는 정말 장관이었다. He forgot his **spectacles** at home. 그는 안경을 집에 두고 왔다.
wood 목재 ▼ **woods** 작은 숲	This table is made of solid **wood**. 이 테이블은 원목으로 만들어졌다. We took a walk through the quiet **woods**. 우리는 조용한 숲길을 걸었다.
work 일, 업무, 직장 ▼ **works** 작품들, 공장	She is looking for **work**. 그녀는 일자리를 구하고 있다. I spent the whole day enjoying Beethoven's piano **works**. 나는 종일 베토벤의 피아노 작품들을 즐겁게 감상하며 보냈다. He is employed at the steel **works**. 그는 제강소에서 일한다.

CHAPTER 6

관사

Articles

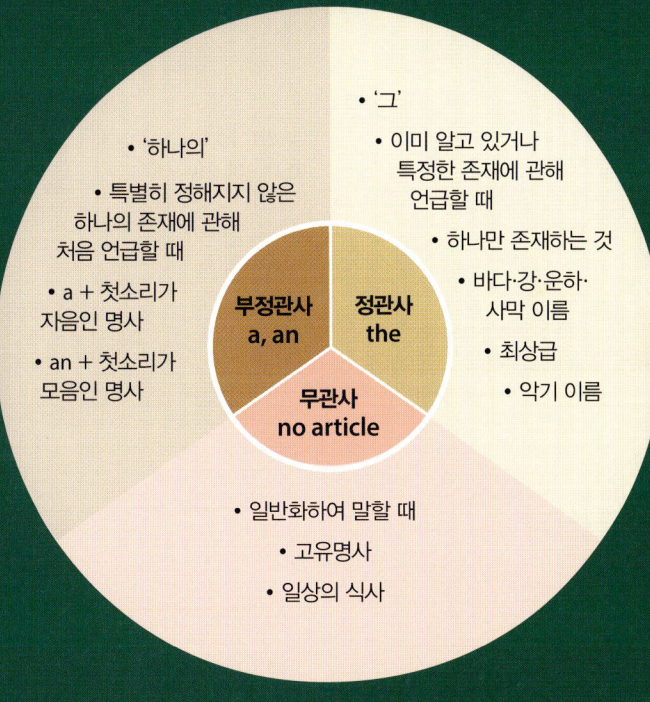

관사는 명사 앞에 놓여 그 명사의 속성을 보여주는데, a(an)와 the 두 가지가 있다. 특별히 정해지지 않은, 여럿 가운데 '하나의' 명사 앞에는 a(an)를 쓰고, 특정한 '그' 명사의 앞에는 the를 쓴다는 것이 이 둘의 가장 기본적인 차이이다.

CHART 19 관사의 사용

	부정관사 a, an	정관사 the	무관사(no article)
• 첫 언급 • 불특정한 하나	I saw a dog. 나는 개 한 마리를 봤다.	X	X
• 두 번째 언급 • 특정한 대상	X	The dog was barking. 그 개는 짖고 있었다.	X
유일한 것	X	The sun is hot. 태양은 뜨겁다.	X
일반적 복수 개념	X	X	Dogs are loyal. 개는 충성스럽다.
불가산명사(물질, 개념)	X	X	I like music. 나는 음악을 좋아한다.
고유명사(이름, 도시 등)	X	X	He's from Germany. 그는 독일 출신이다.
기관	X	I went to the school to meet my son's teacher. 아들의 선생님을 뵙기 위해 학교에 갔다.	We go to school every morning. 우리는 매일 아침 학교에 간다.
직업, 가격, 단위	She's a nurse. 그녀는 간호사이다. It costs a dollar. 그것은 1달러이다.	X	X

*go to school vs. go to the school

학생으로서 학교에 다니는 것은 school 앞에 정관사 없이 go to school이라고 한다. 정관사 the를 넣으면 어떤 용건으로 '특정한 그 학교 건물'로 간다는 의미가 된다. 이처럼 '그 특정 장소'에 간다는 것을 나타내고 싶다면 the를 쓴다.

go to school (학생으로서) 학교에 가다	go to the school 학교에 가다(방문하다)
go to bed 잠자리에 들다	go to the bed 침대로 가다
go to church (예배하러) 교회에 가다	go to the church 교회 건물에 가다(방문하다)
go to prison 감옥에 수감되다	go to the prison 감옥에 방문하다

CHART 20 정관사와 함께 쓰는 고유명사

고유명사인 호수 이름 앞에는 정관사를 쓰지 않지만, 바다나 강의 이름 앞에는 the를 쓴다. 산 이름 앞에는 쓰지 않지만, 산맥 이름 앞에는 쓴다. 보통 국가 이름 앞에는 정관사를 쓰지 않지만, 어떤 국가의 이름에는 the가 있다.

정관사를 쓰지 않는 경우	정관사를 쓰는 경우
산·섬·호수 이름	**강·바다·운하 이름**
Mount Everest 에베레스트산	the Amazon 아마존강
Mount Kilimanjaro 킬리만자로산	the Nile 나일강
Mount Vesuvius 베수비오산	the Mississippi 미시시피강
Mount Etna 에트나산	the Danube 다뉴브강
Easter Island 이스터섬	the Thames 템스강
Long Island 롱아일랜드섬	the Pacific 태평양
Borneo 보르네오섬	the Atlantic 대서양
Madagascar 마다가스카르섬	the Indian Ocean 인도양
Lake Michigan 미시간호	the Red Sea 홍해
Lake Victoria 빅토리아호	the Black Sea 흑해
Lake Superior 슈페리어호	the Caspian Sea 카스피해
Lake Baikal 바이칼호	the Baltic Sea 발트해
Lake Titicaca 티티카카호	the Dead Sea 사해
Lake Geneva 제네바호	the Persian Gulf 페르시아만
	the Bay of Bengal 벵골만
	the Gulf of Mexico 멕시코만
	the Panama 파나마 운하
	the Suez Canal 수에즈 운하
	the Erie Canal 이리 운하
	the English Channel 영국 해협

정관사를 쓰지 않는 경우	정관사를 쓰는 경우
대륙 이름 Asia 아시아 Europe 유럽 North America 북아메리카 South America 남아메리카 Antarctica 남극 대륙 Australia 오스트레일리아	**사막·산맥·군도·제도 이름** the Sahara 사하라사막 the Gobi 고비사막 the Himalayas 히말라야산맥 the Andes 안데스산맥 the Alps 알프스산맥 the Rockies 로키산맥 the Pyrenees 피레네산맥 the Canaries, the Canary Islands 카나리아 제도 the Bahamas 바하마 제도 the Galápagos 갈라파고스 제도 the Maldives 몰디브 제도
국가·주·도시 이름 Brazil, France, Canada, Mexico Iceland, Italy... Paris, New York, Rome, London... *예외적 사용: the Hague 헤이그(네덜란드의 도시), the Congo 콩고, the Sudan 수단	**복수 형태 또는 states, kingdom, republic이 들어가는 국가 이름** the Netherlands 네덜란드 the Philippines 필리핀 공화국 the United States of America 미합중국 the United Kingdom 영국 the Republic of Korea 대한민국
	지역 이름 the Middle East 중동 the Far East 극동 the West Indies 서인도 제도 the Arctic 북극 the Antarctic 남극 the Equator 적도 the Tropics 열대 지방 the Balkans 발칸반도 the Iberian Peninsula 이베리아반도 the Great Lakes 오대호

CHART 21 관사 + 질병 이름

일반적으로 질병 이름 앞에는 관사를 쓰지 않지만, 몇몇 '건강 상태'나 '병, 통증'은 가산명사로 보고 부정관사 a(n)를 쓴다. 특정 질병 앞에는 정관사 the를 쓰며, 관사를 쓰지 않는 경우도 있다.

a(n) + 개별적 통증, 일반적 증상, 단기간의 질병

an ache 통증
an allergy 알레르기
a bruise 멍
a cold 감기
a fever 열
a heart attack 심장마비
an infection 감염
an injury 부상
an illness 질병
a migraine 편두통
a nosebleed 코피
a rash 발진
a runny nose 콧물
a sprain 염좌
a stroke 뇌졸중

-ache로 끝나는 각종 통증
a toothache 치통
a headache 두통
a backache 허리 통증

sore를 동반하는 각종 통증, 염증
a sore throat 인후통, 인후염
a sore foot 발 통증

the + 특정 전염병, (역사적 의미가 크고 알려진) 질병

the chickenpox 수두
the coronavirus 코로나바이러스
the flu 독감(influenza)
the measles 홍역
the mumps (유행성) 이하선염, 볼거리
the plague 흑사병

무관사 + 질병(의학 용어, 불가산명사)

Alzheimer's (disease) 알츠하이머병	eczema 습진
arthritis 관절염	hepatitis 간염
asthma 천식	HIV/AIDS 에이즈
cancer 암	hypertension 고혈압
COVID-19 코로나19	insomnia 불면증
dementia 치매	leukemia 백혈병
depression 우울증	pneumonia 폐렴
diabetes 당뇨병	tuberculosis 결핵

HOW TO USE

A I've heard that John's daughter came down with **the flu**.
존 딸내미가 독감에 걸렸다는군.

B Oh, poor thing! Didn't she get **COVID** last year?
어휴, 안됐다! 작년에 코로나 걸리지 않았어?

A Right. She had **a high fever**, but after getting an IV, to her dad's relief, she's much better now. So, where's our son, Tommy? I should talk to him to be careful not to catch **a cold**.
그랬지. 열이 많이 났는데 링거 맞고 지금은 훨씬 나아져서 존이 한시름 놓았대. 우리 아들 토미는 어디 있지? 감기 걸리지 않도록 조심하라고 얘길 좀 해야겠는데.

B He's playing baseball with friends now, and don't worry—he's healthy enough. He wakes up early in the morning, eats well, plays hard, and goes to bed at 10. What more could we ask for?
지금 친구들하고 야구하고 있는데. 걱정 말아요. 토미는 건강하니까. 아침에 일찍 일어나서 잘 먹고 신나게 놀고 10시에 자는걸. 뭘 더 바라겠어?

A You're right, honey. Then we should talk about our family trip this summer. Where does Tommy want to go? Don't tell me it's **Antarctica** or **the North Pole**!
당신 말이 맞아. 그럼 우리 이번 여름 가족 여행 얘기 좀 해야겠네. 토미는 어딜 가고 싶대? 남극 대륙이나 북극은 아니겠지?

B Ha, not quite, but he has so many places on his wish list—**the Alps, Mt. Everest, Brazil, Spain,** and even **the Sahara**…
하, 그건 아니지만, 가고 싶은 데가 아주 많아요. 알프스산맥, 에베레스트산, 브라질, 스페인, 심지어 사하라사막에다가…

A Wow, that would be a very long and expensive journey!
와, 아주 길고 돈 많이 드는 여행이 되겠네!

CHAPTER 7

접사

Affixes

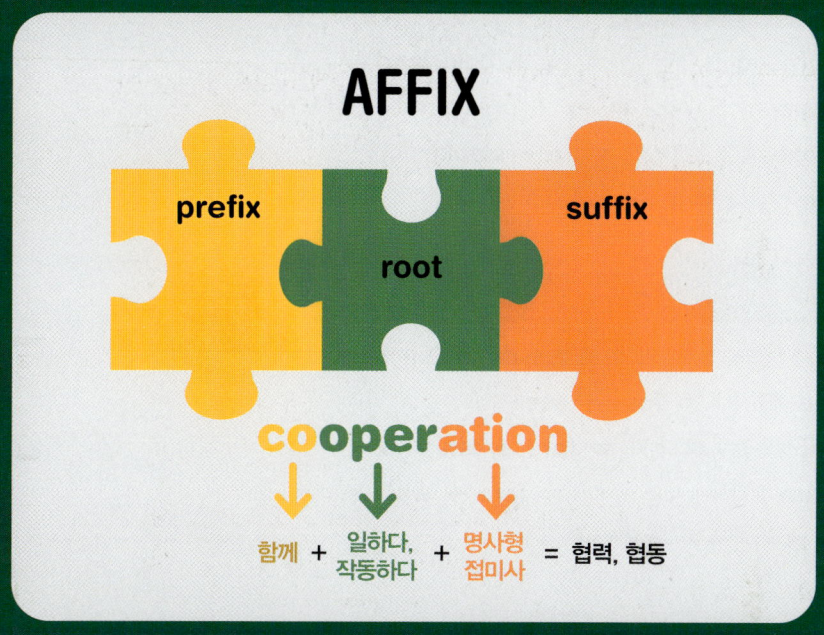

영어에는 접두사(prefix)나 접미사(suffix)와 같은 접사(affix)가 붙은 파생어가 약 60~70%를 차지할 정도로 많다고 한다. 접사 없이 순수한 기초어(또는 어근, root word)는 30~40%밖에 안 된다는 뜻이다.

영어 단어 중에는 라틴어와 그리스어를 어원으로 하는 것이 매우 많은데, 특히 학술이나 과학 분야, 격식을 갖춘(formal) 상황에서 쓰이는 어휘들이 그렇다. 그런데 라틴어와 그리스어는 접두사로 인해 의미가 바뀌거나 접미사로 인해 품사가 바뀌는 특징이 있기 때문에, 여기서 빌려온 영어 단어들도 그런 특징을 고스란히 물려받게 된 것이다.

접두사와 접미사를 알아 두면 낯선 단어를 만나더라도 의미와 품사를 유추할 수 있을 뿐 아니라, 의미나 품사적으로 연관이 있는 다른 단어들도 보다 체계적으로 정리할 수 있는 눈이 길러진다.

CHART 22 시간·순서를 나타내는 접두사

ante- ~전에, ~앞에 = before

antecede 앞서다, 선행하다 = ante + cede(가다, 양보하다)
antedate (시기가) ~에 앞서다 = ante + date(날짜를 기록하다)
antenatal 출생 전의, 태아의 = ante + natal(출생의)
anteroom 곁방, 대기실(antechamber) = ante + room(공간, 방)

ex- 이전의 = former

ex-boyfriend 전 남자친구 = ex + boyfriend(남자친구)
ex-president 전 대통령 = ex + president(대통령, 회장)
ex-smoker 흡연 유경험자 = ex + smoker(흡연자)
ex-wife 전 아내 = ex + wife(아내)

fore- 이전에, 미리 = before, in advance

forecast 예보하다 = fore + cast(사전에 계획하다, 준비하다)
foresee 예견하다 = fore + see(보다)
foretell 예언하다, 예고하다 = fore + tell(말하다)
forewarn 경고하다, 미리 알리다 = fore + warn(경고하다)

*fore- (~의 앞부분에, 앞부분) chart 26 참고

neo- 새로운, 최근의 = new; recent

new
neoclassical 신고전주의의 = neo + classical(고전의)
neologism 신조어 = neo + logism(단어, 말)
neophyte 초보자, 신참 = neo + phyte(성장, 식물)

recent
neonatal 신생아의 = neo + natal(출생의)

post- ~후의 = after

posterity 후세, 후대 = post + -er(낱말 형성 요소) + -ity(명사형 접미사)
postgraduate 대학 졸업 후의, 대학원의, 대학원생 = post + graduate(졸업생)
postmortem 사후(死後)의, 부검 = post + mortem(죽음)
postnatal 출생 후의 = post + natal(출생의)
postpone 연기하다 = post + pone(놓다, 두다)
postscript (편지의) 추신 = post + script(쓰기, 글)

pre- ~전의, 미리 = before

prefix 접두사 = pre + fix(고정하다)
preheat 예열하다 = pre + heat(가열하다)
predetermine 미리 결정하다 = pre + determine(결정하다)
pre-intermediate 중하급의 = pre + intermediate(중급의)
prepare 준비하다, 마련하다 = pre + pare(준비하다, 대비하다)
preschool 유아원, 유치원 = pre + school(학교)
prevent 막다, 방해하다 = pre + vent(오다)
preview 미리보기, 영화 예고편, 미리 관람시키다 = pre + view(보다)

re- 다시(반복), 재(再) = again

recall 상기하다 = re + call(부르다, 기억하다)
reiterate 반복[되풀이]하다 = re + iterate(반복하다)
reread 다시 읽다, 재독(再讀)하다 = re + read(읽다)
reunite 재결합하다, 재통합하다 = re + unite(연합하다)

retro- 뒤로, 과거의 = backward; past

| backward | **retroactive** 소급하는 = retro + active(활동적인, 활동하는) |
| past | **retrospect** 회상 = retro + spect(보다) |

CHAPTER 7   95

CHART 23 부정의 의미를 나타내는 접두사

ab- 거리가 먼, ~이 아닌 = away from; not

away from
- **abnormal** 비정상적인 = ab + normal(정상적인)
- **abstract** 추상적인 = ab + tract(끌다)

not
- **absent** 부재의, 결석한 = ab + sent(존재하는)
- **abstain** 자제하다, 삼가다 = ab + stain(붙들다)

anti- 반대[대항, 배척]하는 = against

- **antibiotic** 항생제, 항생 (작용)의 = anti + bio(생명) + -tic(형용사형 접미사)
- **antidepressant** 항우울제, 항울(抗鬱)의
  = anti + de(아래로) + press(누르다) + -ant(형용사형/명사형 접미사)
- **antifreeze** 부동액 = anti + freeze(얼다)
- **antigravity** 반중력(反重力) = anti + gravity(중력)
- **anti-inflammatory** 항염증(성)의, 소염제
  = anti + in(안의) + flamm(불타다) + -atory(형용사형 접미사)
- **antisocial** 반사회적인 = anti + social(사회적인)

de- 반대, 제거 = reverse, undo; remove

reverse, undo
- **deactivate** 비활성화하다 = de + activate(활성화하다)
- **decode** 해독하다, 이해하다 = de + code(암호)
- **decompose** 분해하다 = de + compose(구성하다)

remove
- **deforest** 삼림을 벌채하다 = de + forest(숲)
- **debug** 해충을 없애다, (컴퓨터) 오류를 제거하다 = de + bug(벌레, 오류)

dis- 반대의, 부정하는 = not, opposite of

- **disagree** 일치하지 않다, 다르다 = dis + agree(동의하다)
- **disappear** 사라지다 = dis + appear(나타나다)
- **disapprove** 승인하지 않다 = dis + approve(승인하다)
- **disbelieve** 믿지 않다, 의심하다 = dis + believe(믿다)
- **disconnect** ~의 연락(접속)을 끊다 = dis + connect(연결하다)
- **dishonest** 부정직한, 불성실한 = dis + honest(정직한)
- **dislike** 싫어하다, 미워하다 = dis + like(좋아하다)
- **disorder** 무질서 = dis + order(질서, 순서) *dis- (먼, 떨어진) chart 26 참고

im-[in-] ~이 아닌 = not

immobile 움직일 수 없는, 고정된 = im + mobile(움직일 수 있는)
impatient 조급한 = im + patient(참을성 있는)
imperfect 불완전한 = im + perfect(완벽한)
impossible 불가능한 = im + possible(가능한)
impolite 무례한 = im + polite(예의 바른)
inability 무능(력) = in + ability(능력)
inadequate 부적당한 = in + adequate(충분한, 적절한)
incomplete 불완전한 = in + complete(완전한)
incorrect 올바르지 않은, 틀린 = in + correct(정확한)
infertile 비옥하지 않은, 불모의 = in + fertile(비옥한, 생식력이 있는)

*im-+ m, b, p로 시작하는 단어 / in-+ m, b, p로 시작하는 단어 외의 대부분의 단어
*im-[in-] (~속으로) chart 26 참고

non- ~이 아닌, ~이 없는 = not; without

not
non-active 불활성의 = non + active(활동적인)
nonalcoholic 알코올을 함유하지 않은 = non + alcoholic(알코올의)
nonexistent 존재[실재]하지 않는 = non + existent(존재하는)
nonfiction 논픽션 = non + fiction(허구, 소설)

without
nondescript 별 특징이 없는, 형언하기 어려운 = non + descript(설명할 만한 특징)
nonentity 실재하지 않음, 허무, 보잘것없는 사람[것] = non + entity(존재, 실체)
nonsense 허튼 말, 터무니없는 생각 = non + sense(의미, 감각)
nonskid 미끄러지지 않는, 미끄럼 방지 처리한 = non + skid(미끄러지다)

un- ~이 아닌 = not

undone (단추 등이) 잠기지 않은, (일이) 끝나지 않은 = un + done(완료된)
unfinished 미완성의, 다 되지 않은 = un + finished(완료된)
unfriendly 불친절한 = un + friendly(친절한, 우호적인)
unhappy 불행한 = un + happy(행복한)
unknown 알려지지 않은, 미지의 = un + known(알려진)
unlike 닮지[같지] 않은, 다른 = un + like(닮은, 유사한)

CHART 24 관계를 나타내는 접두사

co- 공동으로, 함께 (하는), ~와 함께 (있는, 동시에 존재하는) = together; with

together
- **cooperation** 협력, 협동 = co + oper(일하다, 작동하다) + -ation(명사형 접미사)
- **copilot** 부조종사, (트럭의) 운전 조수 = co + pilot(조종사)
- **cosign** 공동 서명하다 = co + sign(서명하다)
- **co-worker** 동료 = co + worker(일하는 사람)

with
- **coexist** 공존하다 = co + exist(존재하다)
- **coherence** 일관성 = co + herence(붙어 있음, 연결)

com-[con-] 공동으로, 함께 (하는), ~와 함께 (있는, 따르는) = together; with

together
- **combine** 결합하다 = com + bine(두다)
- **compress** 압축하다 = com + press(누르다)

with
- **connect** 연결하다 = con + nect(묶다)
- **conform** 순응하다, 따르다 = con + form(형태)
- **conduct** 수행하다, 지휘하다 = con + duct(이끌다)
- **contain** 포함하다, 함유하다 = con + tain(잡다)

*com- + b, m, p로 시작하는 단어 / con- + b, m, p 외의 자음으로 시작하는 단어

counter- 반대의, ~에 거스르는 = opposite; against

opposite
- **counterattack** 반격하다 = counter + attack(공격)
- **counterclockwise** 반시계 방향의 = counter + clockwise(시계 방향의)

against
- **counteract** 반작용하다, 대응하다 = counter + act(행동하다)

demo- 사람, 민중 = people

- **democracy** 민주주의 = demo + cracy(통치, 지배)
- **demographic** 인구 통계의 = demo + graphic(기록, 서술)

hetero 다른, 이질적인 = other; different

other
- **heterosexual** 이성애의 = hetero + sexual(성의)
- **heteronym** 동철 이음 이의어(철자는 같고 음과 뜻이 다른 말) = hetero + onym(이름, 단어)

different	**heterogeneous** 이종(異種)의 = **hetero** + **geneous**(종류의, 생성된)
	heterodox 이설(異說)의, 이단의 = **hetero** + **dox**(신념, 의견)

homo- 동일한 = same

homograph 동형이의어 = **homo** + **graph**(쓰기, 글자)
homophone 동음이의[이철]어 = **homo** + **phone**(소리)
homosexual 동성의 = **homo** + **sexual**(성의)
homophobia 동성애 혐오[공포]증 = **homo** + **phobia**(공포, 혐오)

inter- ~ 사이의, 상호 간의 = between; among; mutually

between	**inter-agency** 중개 기관, 각 기관 사이의 = **inter** + **agency**(기관, 조직)
	intermediate 중간의, 중개자 = **inter** + **mediate**(중재하는, 중간의)
among	**intergalactic** 은하계간(공간)의 = **inter** + **galactic**(은하의)
	interstellar 별과 별 사이의 = **inter** + **stellar**(별의)
mutually	**interactive** 상호 작용하는 = **inter** + **active**(활동적인)
	interlock 맞물리다, 연결되다 = **inter** + **lock**(잠그다, 연결하다)

pro- 찬성[지지]하는 = favoring

pro-democracy 민주주의에 찬성하는, 친 민주주의의 = **pro** + **democracy**(민주주의)
proponent 옹호자, 지지자 = **pro** + **ponent**(놓다, 두다)
proslavery 노예 제도 지지(의) = **pro** + **slavery**(노예 (제도))
prowar 전쟁에 찬성하는, 전쟁을 지지하는 = **pro** + **war**(전쟁)

*pro- (앞으로) **chart 26** 참고

sym-[syn-] 함께, 같이 = together; with

together	**sympodium** 다수의 줄기가 합체하여 생긴 줄기(대), 합축(合軸) = **sym** + **podium**(발, 단)
	synchronize 동기화하다 = **syn** + **chronize**(시간)
	synergy 시너지, 공동 상승 효과 = **syn** + **ergy**(일, 에너지)
with	**symbiosis** 공생 = **sym** + **biosis**(삶, 생명)
	sympathy 동정, 공감 = **sym** + **pathy**(감정, 느낌)
	synoptic 개요의, 대의의 = **syn** + **optic**(눈의)

*sym- + b, p, m으로 시작하는 단어 / syn- + 모음·대부분의 자음으로 시작하는 단어

CHART 25 자연·특성을 나타내는 접두사

astro- 별(천체), 우주 = star, space

astral 별의 = astro + -al(형용사형 접미사)
astrology 점성술 = astro + logy(학문)
astronomy 천문학 = astro + nomy(~학, ~법)
astronaut 우주비행사 = astro + naut(항해자)

auto- 자신, 스스로, 저절로 = self

autobiography 자서전 = auto + biography(전기, 생애 기록)
autodial (전화의) 자동 다이얼 = auto + dial(전화 걸다)
autograph 사인, 자필 = auto + graph(쓰기, 기록)
automatic 자동의 = auto + matic(움직이는, 작동하는)
automobile 자동차 = auto + mobile(이동하는)
autopilot 자동 조종 장치 = auto + pilot(조종사, 조종하다)

bio- 생명 = life

biography 전기(傳記) = bio + graphy(기록, 서술)
biology 생물학 = bio + logy(학문)

cardio- 심장 = heart

cardiovascular 심혈관의 = cardio + vascular(혈관의)
cardiologist 심장 전문의 = cardio + logist(전문가)

em-[en-] ~하게 하다, ~로 만들다 = cause to; make into

cause to
empower 권한을 부여하다 = em + power(힘)
enrich 풍요롭게 하다 = en + rich(부유한)

make into
embody 구현하다, 포함하다 = em + body(몸)
encode 암호화하다 = en + code(코드)

*em- + m, b, p로 시작하는 단어
*em-[en-] (~ 안에) chart 26 참고

geo- 지구, 토양 = earth

geocentric 지구를 중심으로 한 = geo + centric(중심의)
geography 지리학 = geo + graphy(기록, 연구)
geothermal 지열의 = geo + thermal(열)
geology 지질학 = geo + logy(학문)

hydro- 물 = water

hydroelectric 수력 전기의 = hydro + electric(전기의)
hydrology 수문학 = hydro + logy(학문)
hydroplane 수상 비행기 = hydro + plane(비행기)

mal- 나쁜, 악한, 병든, 결함 있는 = bad; evil; ill; defective

bad	maladjusted 적응이 안 되는 = mal + adjusted(적응된)
	malpractice 위법 행위, 의료 과실 = mal + practice(실행, 관행)
evil	malefactor 범죄자, 악인 = mal + factor(하다, 만드는 사람)
	malice 악의, 원한 = mal + ice(행동, 상태)
ill	malaise 불쾌감, 불안감 = mal + aise(편안함)
	malnutrition 영양실조 = mal + nutrition(영양)
defective	malformed 기형적인 = mal + formed(형성된)
	malfunction 오작동, 기능 장애 = mal + function(기능)

meta- 변화, ~를 넘어서 = change; beyond

change	metamorphosis 변태, 탈바꿈 = meta + morphosis(형태 변화)
beyond	metaphysical 형이상학적인 = meta + physical(물리적인)
	metabolism (신진) 대사 = meta + bolism(구성, 작용)

mis- 잘못(되게), 나쁘게, 부적합하게 = wrongly; badly; unsuitably

| wrongly | misinterpret 잘못 해석하다 = mis + interpret(해석하다) |
| | misunderstand 오해하다, 잘못 생각하다 = mis + understand(이해하다) |

badly	misbehavior 나쁜 행실 = mis + behavior(행동)
	misconduct 비행, 불법 행위 = mis + conduct(행동, 수행)
unsuitably	misfire 불발에 그치다 = mis + fire(발사하다, 점화하다)
	mistake 실수, 잘못, 잘못 알다 = mis + take(잡다, 이해하다)

pseudo- 가짜의, 사기의 = false; deceptive

| false | pseudonym 가명 = pseudo + nym(이름) |
| deceptive | pseudoscience 사이비 과학 = pseudo + science(과학) |

CHART 26 방향·위치를 나타내는 접두사

ad- ~쪽으로, ~에 = toward; at

toward	adjacent 인접한 = ad + jacent(놓여 있는)
	adhere 들러붙다, 고수하다 = ad + here(붙다)
at	adjust 조정하다, 적응하다 = ad + just(올바른)
	admit 인정하다, 허가하다 = ad + mit(보내다)

ambi- 양쪽의 = both

ambidextrous 양손잡이의 = ambi + dexterous(능숙한)
ambience 주변 환경, 분위기 = ambi + ence(상태, 환경)
ambivalent 상반된 감정을 가진 = ambi + valent(가치, 힘)

dis- 먼, 떨어진 = apart, away, off

discard 버리다, 제거하다 = dis + card(물건, 카드)
disconnect 연결[접속]을 끊다, 분리하다 = dis + connect(연결하다)
dismiss 해고하다, 거절하다 = dis + miss(놓치다, 보내다)

distant 먼, 떨어진 = dis + -ant(형용사형 접미사)

em-[en-] ~안에 = in

embed 박다, 끼워 넣다 = em + bed(바닥)
enclose 둘러싸다, 동봉하다 = en + close(닫다)

ex- 밖으로 = out

expand 확대[확장]시키다 = ex + pand(펼치다)
expel 축출[제명]하다, 쫓아내다 = ex + pel(밀다, 내보내다)
extract 추출하다, 인용하다 = ex + tract(끌다)
exit 출구, 퇴장, 나가다 = ex + it(가다)

extra- ~ 밖의 = outside

extracurricular 정규 과목 이외의 = extra + curricular(교과의)
extraterrestrial 지구 밖의, 우주의 = extra + terrestrial(지구의)
extracellular 세포 밖의 = extra + cellular(세포의)
extramarital 혼외의 = extra + marital(결혼의)
*extra- (~를 넘어선) chart 27 참고

fore- ~의 앞부분에, 앞부분 = at the front; front part

at the front	foreword 머리말 = fore + word(말, 단어)
	foremost 맨 먼저의, 최초의 = fore + most(가장)
	foreground (그림) 전경(前景), 가장 눈에 잘 띄는 위치 = fore + ground(지면)
front part	forehead 이마, 앞머리 = fore + head(머리)
	forearm 전완(前腕), 앞팔(손목에서 팔꿈치까지) = fore + arm(팔)

im-[in-] ~(속)으로 = into

implant 이식하다 = im + plant(심다)
impress 인상을 남기다, 찍다 = im + press(누르다)
immerse 담그다, 몰두시키다 = im + merse(잠그다)
infiltrate 침투하다 = in + filtrate(여과하다)

inject 주입하다 ＝ in ＋ ject(던지다)
inscribe 새기다, 쓰다 ＝ in ＋ scribe(쓰다)
*im-＋m, b, p로 시작하는 단어 / in-＋m, b, p로 시작하는 단어 외의 대부분의 단어

mid- 가운데, 중앙의, 중간의 ＝ middle

midair 공중, 상공 ＝ mid ＋ air(공기, 하늘)
midfielder 미드필드의 선수 ＝ mid ＋ fielder(경기장에서 특정 위치를 맡은 선수)
midsection 중간부 ＝ mid ＋ section(부분)
midsummer 한여름 ＝ mid ＋ summer(여름)
midpoint 중심점 ＝ mid ＋ point(지점, 점)
midway 중간[도중]에 ＝ mid ＋ way(길, 경로)

over- 위쪽(에) ＝ above

overcoat 외투 ＝ over ＋ coat(코트)
overhang ~의 위로 돌출하다 ＝ over ＋ hang(매달리다)
*over- (너무 많은) chart 27 참고

pro- 앞으로 ＝ forward

proceed 전진하다 ＝ pro ＋ ceed(가다)
progress 전진, 진보 ＝ pro ＋ gress(걸어가다)
promote 촉진하다, 승진시키다 ＝ pro ＋ mote(움직이다)
propose 제안[제의]하다 ＝ pro ＋ pose(놓다)

re- (이전 상태·장소로) 돌아가[와]서 ＝ back

repress 억제하다, 억압하다 ＝ re ＋ press(누르다)
retract 철회[취소]하다 ＝ re ＋ tract(당기다, 빼내다)
return 되돌아가다, 돌아가[오]다 ＝ re ＋ turn(돌다, 돌리다)
recede 물러나다, 멀어지다 ＝ re ＋ cede(가다)

sub- ~ 아래[밑], ~ 이하 ＝ under

subconscious 잠재의식(의) ＝ sub ＋ conscious(의식적인)
submarine 잠수함 ＝ sub ＋ marine(바다의)
submerge 잠수하다 ＝ sub ＋ merge(합치다, 잠기다)

subtitle 부제 = sub + title(제목)
subway 지하철 = sub + way(길)
sub-zero 영하의 = sub + zero(0도)

super- ~ 위에 = above

superimpose 겹쳐 놓다 = super + impose(얹다)
superstructure 상부 구조 = super + structure(구조물, 건축물)
*super- (~를 넘어선, 초월한, 더 많은, 더 나은) chart 27 참고

tele- 멀리 = distant

telephone 전화 = tele + phone(음, 음성)
telescope 망원경 = tele + scope(보는 기계)

trans- 넘어서, 가로질러서, 다른 상태·위치로 = across; into another state or place

across
transatlantic 대서양 횡단의 = trans + Atlantic(대서양의)
transcontinental 대륙 횡단의 = trans + continental(대륙의)

into another state or place
transform 변형시키다 = trans + form(형태)
transmit 전송하다 = trans + mit(보내다)
transport 수송하다 = trans + port(나르다, 운반하다)
transplant 이식하다 = trans + plant(심다, 장기)
transnational 국경[민족]을 초월한 = trans- + national(국가의)

under- ~ 아래, ~ 밑에, 불충분하게 = below; less than; secretly; incompletely

below
underline ~의 밑에 선을 긋다 = under + line(선)
underwater 물속의[에서 쓰는] = under + water(물)

less than
underage 미성년의 = under + age(나이)
underweight 중량 부족(의) = under + weight(무게)

secretly
undercover 비밀리에 하는, 비밀 수사관 = under + cover(덮다, 가리다)

incompletely
undercooked (음식이) 설익은 = under + cooked(익힌)

CHAPTER 7 105

CHART 27 수량·크기·정도를 나타내는 접두사

bi- 둘의, 두 번 = two; twice

two
- bicycle 자전거 = bi + cycle(바퀴)
- bilingual 두 언어를 사용하는 (사람) = bi + lingual(언어의)
- binary 2진법의 = bi + nary(수의)

twice
- biannual 연 2회의 = bi + annual(매년의)

deca-[dec-] 10, 열 = ten

- decahedron 10면체 = deca + hedron(면체)
- decade 10년, 10개 묶음 = dec + ade(집합)
- decathlon 10종 경기 = dec + athlon(경기)

*dec- + 모음으로 시작하는 단어

deci- 1/10의 = one tenth

- decimal 십진법의, 소수의 = deci + mal(~의)
- decimeter 10분의 1미터 = deci + meter(미터)

ex- 철저히 = thoroughly

- exhaust 기진맥진하게 하다, 다 써버리다 = ex + haust(끌어내다)
- examine 조사하다, 검토하다 = ex + amine(조사하다)
- exterminate 몰살[전멸]시키다 = ex + terminate(끝내다)
- excruciate 고문하다, 몹시 괴롭히다 = ex + cruciate(십자가에 매달다, 고통을 주다)

extra- ~를 넘어선 = beyond

- extraordinary 비범한 = extra- + ordinary(보통의)
- extravagant 낭비하는, 사치스러운 = extra + vagant(돌아다니다)
- extrajudicial 재판 외의, 사법 절차에 의하지 않는 = extra + judicial(사법의, 재판상의)

hyper- 과도한, 과도하게, 초월한 = excessive(ly); extreme(ly); over

excessive(ly)
- hyperactive 활동 과잉의 = hyper + active(활동적인)
- hypersensitive 과민한 = hyper + sensitive(민감한)
- hyperventilate 과호흡하다 = hyper + ventilate(숨을 쉬다, 환기하다)

| extreme(ly) | **hypertension** 고혈압(증), (고혈압에 의한) 과도한 긴장, 두통 등
= **hyper** + **tension**(긴장, 압력) |
| --- | --- |
| over | **hyperreal** 초현실적인 = **hyper** + **real**(현실의)
hyperspace 초공간, 4차원 (이상의) 공간 = **hyper** + **space**(공간) |

hypo- ~ 아래의(공간), 부족한, 기초가 되는 = under; deficient; underlying

under	**hypodermic** 피하의, 피부 아래의 = **hypo** + **dermic**(피부의)
deficient	**hypothermia** 저체온증 = **hypo** + **thermia**(열)
hypoglycemia 저혈당 = **hypo** + **glycemia**(혈당증)
underlying	**hypothesis** 가설, 추정 = **hypo** + **thesis**(논지, 명제)

macro- 큰 = large

macrocosm 대우주, 대세계 = **macro** + **cosm**(우주, 세계)
macroeconomics 거시 경제학 = **macro** + **economics**(경제학)
macroevolution 대진화(大進化) = **macro** + **evolution**(진화)
macrofossil (육안으로 관찰할 수 있는) 대형 화석 = **macro** + **fossil**(화석)
macromolecule 거대 분자(분자량이 극히 큰 분자) = **macro** + **molecule**(분자)
macroorganism 육안으로 보이는 생물 = **macro** + **organism**(생물, 유기체)

magni-[magn-] 큰, 위대한 = large; great

| large | **magnitude** 크기, 중요성 = **magni** + **tude**(상태)
magnify 크게 하다, 확대하다 = **magni** + **fy**(만들다) |
| --- | --- |
| great | **magnanimous** 도량이 큰, 관대한 = **magn** + **animous**(마음, 혼)
magnificent 장엄한, 훌륭한 = **magni** + **ficent**(만들다) |

*magn- + 모음으로 시작하는 단어

mega- 큰 = large; million

| large | **megastar** 슈퍼스타 = **mega** + **star**(스타, 인기인)
megacity 대도시 = **mega** + **city**(도시) |
| --- | --- |
| million | **megabyte** 메가바이트 = **mega** + **byte**(컴퓨터 용량 단위)
megawatt 메가와트 = **mega** + **watt**(전력의 단위) |

micro- 작은, 소규모의 = small

microbe 병원균, 미생물 = micro + be(bios, 생명)
microbiology 미생물학 = micro + biology(생물학)
microcosm 소우주 = micro + cosm(세상, 우주)
microorganism 미생물 = micro + organism(생물체)
microscope 현미경 = micro + scope(보는 기계)
microwave 극초단파 = micro + wave(파장)

mono- 하나의, 단일한 = singular

monobrow 일자 눈썹(두 눈썹이 연결되어 하나처럼 보임) = mono + brow(눈썹)
monogamy 일부일처제 = mono + gamy(결혼)
monolingual 1개 국어를 사용하는 = mono + lingual(언어의)
monolithic 하나의 암석으로 된, 획일적인 = mono + lithic(돌)
monopoly 독점, 전매 = mono + poly(판매하다)
monorail 단궤 철도, 모노레일 = mono + rail(레일, 선로)
monotone 단조 = mono + tone(음조)

multi- 여러 개의, 다수의 = many

multilingual 여러 언어를 사용하는 (사람) = multi + lingual(언어의)
multimedia 다중매체의 = multi + media(매체)
multinational 다국적의 = multi + national(국가의)
multipurpose 다목적의 = multi + purpose(목적)

over- 너무 많은 = too much

overeat 과식하다 = over + eat(먹다)
overdo 지나치게 하다, 너무 많이 쓰다 = over + do(하다)
overjoyed 매우 기뻐하는 = over + joyed(기쁜)
overoptimistic 지나치게 낙관적인 = over + optimistic(낙관적인)
overwork 과로시키다, 과로하다 = over + work(일하다)

pan- 모든, 전체의 = all; entire

`all`
pandemic 세계적으로 퍼지는 전염병 = pan + demic(사람)
panorama 파노라마(넓게 펼쳐진 경치) = pan + horama(보다)

	panacea 만병통치약 = pan + acea(치료)
entire	Pan-American 범아메리카의, 북·남아메리카 전체의 = pan + American(아메리카의)

poly- 많은, 다수의 = many

polychromatic 다색(多色)의, 에너지나 파장이 단일하지 않은 빛[방사선]의
= poly + chromatic(색의)
polygamy 일부다처제 = poly + gamy(결혼)
polygon 다각형 = poly + gon(각)
polymer 중합체, 고분자 = poly + mer(부분, 단위)
polyneuritis 다발성 신경염 = poly + neuritis(신경염)
polysyllable 3음절 이상의 다음절어 = poly + syllable(음절)

semi- 반(半), 어느 정도의 = half; partly

half	semicircle 반원 = semi + circle(원)	
	semifinal 준결승(의) = semi + final(결승전)	
partly	semiconscious 의식이 완전치 않은 = semi + conscious(의식이 있는)	
	semiformal 반 정장(正裝)의, 반 격식의 = semi + formal(격식을 차린)	
	semiprecious 준(準)보석의 = semi + precious(귀중한)	
	semiskilled 반숙련된 = semi + skilled(숙련된)	

super- ~를 넘어선, 초월한, 더 많은, 더 나은 = beyond; better

beyond	superhuman 초인적인 = super + human(인간)
	supernatural 초자연적인 = super + natural(자연의)
better	superstar 슈퍼스타 = super + star(스타, 인기인)
	super-food 슈퍼푸드(비타민 등이 풍부해 건강에 좋은 식품) = super + food(음식)

ultra- ~를 넘어선, 초월한, 극도의 = beyond; extreme

beyond	ultraviolet 자외선의 = ultra + violet(보라색)
	ultrasound 초음파 = ultra + sound(소리)
extreme	ultramodern 초현대적인 = ultra + modern(현대적인)
	ultracompact 초소형의 = ultra + compact(조밀한, 소형의)

tri- 3, 세 배의, 세 겹 = **three**

triangle 삼각형, 트라이앵글 = **tri** + **angle**(각)
triathlon 철인 3종 경기(장거리 수영·자전거 경주·마라톤) = **tri-** + **athlon**(경기)
tricycle 세발 자전거, 삼륜차 = **tri** + **cycle**(바퀴)
tricolor 3색(의), 프랑스 국기 = **tri** + **color**(색)
tripod 삼각대 = **tri** + **pod**(발, 다리)

uni- 하나뿐인, 하나로 된 = **one, single**

unicellular 단세포의 = **uni** + **cellular**(세포의)
unicycle (곡예사 등의) 외바퀴 자전거 = **uni** + **cycle**(바퀴)
uniform 동일한, 획일적인, 제복 = **uni** + **form**(형태)
unilateral 일방적인 = **uni** + **lateral**(측면의)
universal 전 세계의, 보편적인, 우주의 = **uni** + **versal**(전체의)

CHART 28 유용한 접미사

기초 단어의 앞에 붙어 의미를 변화시키는 접두사와 달리, 접미사는 단어의 끝에 붙어 의미나 품사를 바꾼다.

-age 상태, 동작, 집합, 장소

명사

baggage 수하물 = bag(가방) + age
bondage 구속[속박](된 상태) = bond(묶다) + age
breakage 파손 = break(깨다) + age
drainage 배수 = drain(배수하다) + age
orphanage 고아원 = orphan(고아) + age
outage 정전, 단수 = out(밖으로, 끊김) + age
salvage 인명 구조 = salv(구하다) + age

-ity 상태, 성질, 정도

enormity 엄청남, 심각함, 극악무도한 범죄 행위 = enorm(거대한) + ity
extremity 맨 끝, 극한 = extrem(끝의, 극도의) + ity
humility 겸손, 겸양 = humil(낮은, 겸손한) + ity
majority 대부분, 대다수 = major(더 큰, 주요한) + ity
purity 순수 = pur(깨끗한) + ity
security 안전, 무사 = secur(안전한) + ity
validity 유효함, 타당성 = valid(유효한, 타당한) + ity

-ment 상태, 동작, 수단, 결과

achievement 성취, 달성 = achieve(성취하다) + ment
argument 논쟁 = argue(논쟁하다) + ment
enchantment 황홀 = enchant(매혹하다) + ment
encouragement 격려, 고무(가 되는 것) = encourage(격려하다) + ment
excitement 흥분 (상태) = excite(흥분시키다) + ment
movement 움직임 = move(움직이다) + ment
ornament 장식품 = orn(장식하다) + ment
payment 지불, 지급 = pay(지불하다) + ment

-ness 상태, 성질

dryness 건조함 = dry(건조한) + ness
heaviness 무거움, 무게 = heavy(무거운) + ness
highness 높음, 높이 = high(높은) + ness
kindness 친절, 상냥함 = kind(친절한) + ness
sickness 병, 아픔 = sick(아픈) + ness
rudeness 무례함, 조잡함 = rude(무례한) + ness
happiness 행복 = happy(행복한) + ness
witness 증언, 목격자 = wit(보다, 알다) + ness

-ship 상태, 자격, 지위, 관계

citizenship 시민의 신분, 시민권 = citizen(시민) + ship
friendship 우정 = friend(친구) + ship
hardship 고난, 고초 = hard(힘든) + ship
internship 인턴사원 근무, 인턴직 = intern(인턴) + ship
kinship 친족[혈족] 관계, 친척임 = kin(혈족, 친척) + ship
membership 회원 자격 = member(회원) + ship
ownership 소유(권) = owner(소유자) + ship
scholarship 장학금, 학문 = scholar(학자, 장학생) + ship

명사

-ion ~하는 행동[상태]

ambition 야망 = ambit(돌다, 범위) + ion
cohesion 결합, 화합 = co(함께) + hes(붙다) + ion
competition 경쟁 = com(함께) + pet(추구하다) + ition
expansion 팽창 = expand(확장하다) + sion
fusion 융합 = fus(녹이다, 붓다) + ion
hesitation 주저함 = hesit(망설이다) + ation
position 위치 = posit(놓다) + ion
promotion 승진, 판매 촉진 = pro(앞으로) + mot(움직이다) + ion

*기본형인 -ion이 앞에 오는 어근에 따라 철자가 -sion, -tion, -ation, -ition 등으로 변형됨

-al ~한(성질의), ~와 관련된, ~함(과정, 상태)

arriv**al** 도착 = arrive(도착하다) + al
accident**al** 우연한 = accident(사고, 우연) + al
fiction**al** 허구의 = fiction(허구) + al
region**al** 지방[지역]의 = region(지역) + al
logic**al** 타당한, 논리적인 = logic(논리) + al
magic**al** 마법에 걸린 듯한 = magic(마법) + al
music**al** 음악의, 뮤지컬 = music(음악) + al
surviv**al** 생존 = survive(살아남다) + al

-ant[-ent] ~인, ~한, ~하는 사람[것]

assist**ant** 보조자, 조수 = assist(돕다) + ant
applic**ant** 지원자 = apply(지원하다) + ant
brilli**ant** 훌륭한, 눈부신 = brill(빛나다) + ant
confid**ent** 자신감 있는 = con(함께) + fid(믿다) + ent
particip**ant** 참가자 = participate(참여하다) + ant
resid**ent** 거주자 = reside(살다, 거주하다) + ent

형용사 / 명사

-ful ~이 가득한, ~의 성질을 지닌, ~에 가득(찬 양)

beauti**ful** 아름다운 = beauty(아름다움) + ful
hand**ful** 한 줌 = hand(손) + ful
hope**ful** 희망에 찬, 기대하는, 희망적인 = hope(희망) + ful
play**ful** 장난기 많은 = play(놀이) + ful
skill**ful** 숙련된 = skill(기술, 능력) + ful
spoon**ful** 한 숟갈 = spoon(숟가락) + ful

-ic ~와 관련된, ~의 성질을 가진, 학술명

crit**ic** 비평가, 평론가 = crit(판단하다, 비판하다) + ic
econom**ic** 경제의 = economy(경제) + ic
log**ic** 논리, 타당성, 논리학 = log(말하다, 생각하다 - logos) + ic
lyr**ic** 서정시(의), 가사 = lyre(리라(고대 현악기)) + ic
publ**ic** 일반인[대중]의, 대중 = publ(사람들, 대중) + ic
rhetor**ic** 미사여구, 수사법, 수사학 = rhetor(웅변가, 연설자) + ic

-(ic)al ~에 관한, ~의, ~적인, ~성의

crit**ical** 비판적인, 비난하는 = **crit**ic(비평가, 비판) + **al**
econom**ical** 경제적인, 실속 있는, 절약하는 = **econom**y(경제) + **ical**
lyr**ical** 서정적인, 서정시 풍의 = **lyric**(서정시, 가사) + **al**
log**ical** 논리적인 = **logic**(논리) + **al**
method**ical** 체계적인(= methodic) = **method**(방법, 방식) + **ical**
psycholog**ical** 정신[심리]의, 심리학적인 = **psycholog**y(심리학) + **ical**

*-ical은 -ic로 끝나는 명사/형용사의 -ic 대신 붙어 형용사를 만들기도 한다. -ic 형용사와 -ical 형용사는 대체로 같은 뜻이지만 다른 경우도 있다.
　　ex. electric 전기의, 전기를 띤 – electrical 전기와 관련된
　　　　politic 사려 깊은, 현명한(격식체) – political 정치의, 정치와 관련된

-ious[-ous] ~의 특징을 가진, ~으로 가득 찬

anx**ious** 걱정스러운, 불안한 = **anx**(걱정, 불안) + **ious**
delic**ious** 맛있는 = **delic**(기쁨, 즐거움) + **ious**
jeal**ous** 질투심이 많은 = **jeal**(질투) + **ous**
prec**ious** 귀중한 = **prec**(가치) + **ious**
ridicul**ous** 말도 안 되는, 터무니없는 = **ridicul**(웃음거리) + **ous**
relig**ious** 종교적인, 독실한 = **relig**(묶다, 결속하다) + **ious**

형용사

-ive ~하는 경향[성질]을 가진

act**ive** 활동적인 = **act**(행동하다) + **ive**
aggress**ive** 공격적인, 대단히 적극적인 = **aggress**(공격하다) + **ive**
attent**ive** 주의 깊은, 세심한 = **attend**(주의를 기울이다) + **ive**
descript**ive** 묘사적인 = **describe**(묘사하다) + **ive**
explos**ive** 폭발성의 = **explode**(폭발하다) + **ive**
informat**ive** 유용한 정보를 주는, 유익한 = **inform**(알리다) + **ive**
inquisit**ive** 꼬치꼬치 캐묻는, 호기심이 많은 = **inquire**(묻다, 조사하다) + **ive**

-less ~이 없는, ~할 수 없는

cease**less** 끊임없는 = **cease**(멈추다) + **less**
meaning**less** 의미 없는, 무의미한 = **meaning**(의미) + **less**
hope**less** 희망 없는 = **hope**(희망) + **less**
mind**less** 아무 생각이 없는 = **mind**(생각, 마음) + **less**
spot**less** 티끌 하나 없는 = **spot**(얼룩, 티) + **less**
tire**less** 지칠 줄 모르는 = **tire**(지치다) + **less**

-ly ~한 성질의, ~다운, 되풀이해서 일어나는, ~하게

cowardly 비겁한 = coward(겁쟁이) + ly
happily 행복하게, 즐겁게 = happy(행복한) + ly
hourly 매시(간) = hour(시간) + ly
kingly 왕다운 = king(왕) + ly
madly 미친 듯이 = mad(미친) + ly
slowly 천천히 = slow(느린) + ly
softly 부드럽게 = soft(부드러운) + ly

-ward(s) ~쪽의, ~쪽으로

형용사 / 부사

afterward 후에, 나중에 = after(뒤에) + ward
backward 뒤의, 뒤에[로] = back(뒤) + ward
inward 안쪽의, 내부의, 내부로 = in(안) + ward
onward 앞으로 나아가는, 전방으로 = on(앞으로) + ward
outward 밖으로 향하는, 바깥쪽으로 = out(밖) + ward
westward 서쪽으로 향하는, 서쪽의, 서부로 = west(서쪽) + ward

-wise ~의 양식[방법]으로, ~방향에서, ~에 관하여

clockwise 시계 방향으로, 시계 방향의 = clock(시계) + wise
crosswise 십자형으로, 엇갈리게 = cross(십자, 교차) + wise
dollarwise 달러로, 재정적으로 = dollar(달러) + wise
likewise 마찬가지로 = like(같은) + wise
otherwise 그렇지 않으면, ~와 다르게, ~와 다른 방법으로 = other(다른) + wise
weatherwise 날씨에 관해서, 일기를 잘 맞히는 = weather(날씨) + wise

-ate ~(의 특질)을 주다, 부여하다, 지위·기능, ~(의 특질)이 있는

동사 / 명사 / 형용사

activate 활성화시키다 = active(활동적인, 활동하는) + ate
collaborate 공동으로 작업하다 = col-(함께) + labor(일하다) + ate
create 창조[창작]하다 = cre(자라다, 만들다) + ate
doctorate 박사 학위 = doctor(학자, 교사) + ate
eradicate 근절하다 = e-(밖으로) + radic(뿌리) + ate
fortunate 운 좋은 = fortune(운) + ate
mediate 조정[중재]하다 = medi(중간) + ate
passionate 정열적인 = passion(열정) + ate

CHAPTER 8

비격식 일상 표현
vs.
격식 표현

Informal
vs.
Formal English

Informal & Casual Language

- 좀 더 개인적·주관적·감정적인 어휘
- 격의 없는 일상 구어·속어 표현
- 세부 사항은 생략하거나 되도록 간결하게
- 약어(abbreviations: ASAP, ad 등)와 축약형(contractions: they're, don't 등)의 축약어 사용

More Formal Language

- 보다 객관적·구체적이고 신뢰감을 주는 절제된 어휘
- 정중하고 격식적인 표현
- 구체적·논리적으로 명확하고 자세하게
- 축약하지 않은 원래 표현 (full form) 사용
- 수동태·부사절 등 활용
  ex. I believe ~
  → It is believed that ~

회의나 면접 등 격식을 갖춘 자리에서 말할 때 쓰는 어휘나 표현 방식은 일상적인 대화의 그것과 다르다. 친구와 주고받는 문자메시지와 고객사와 주고받는 비즈니스 이메일의 어투가 상당히 다른 것은 당연하다. 일상적이고 사적인 상황에서는 편하고 효율적인 의사소통을 위해 구어와 속어, 축약어, 주관적이고 감정적인 어휘를 많이 사용한다. 반면 공적인 목적의 글쓰기에서는 축약어보다 원래 형태의 표현(full form), 객관적이고 절제된 어휘와 정중한 표현을 사용하여 상대에게 신뢰감을 줄 수 있다.

CHART 29 축약어

축약어	
Abbreviations(약어)	**Contractions(축약형)**
단어나 구를 짧게 줄인 형태	둘 이상의 단어를, 몇 글자를 생략하고 어포스트로피(')를 사용해 한 단어로 결합한 형태
예) ad(advertisement), info(information), etc.(et cetera), USA(United States of America), flu(influenza)	예) I'll(I will), don't(do not), they're(they are)

 = informal 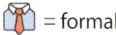 = formal

ad 광고	advertisement
app 애플리케이션	application
ASAP 가능한 한 빨리	as soon as possible
auto 자동차	automobile
can't ~할 수 없다	cannot
cell 휴대 전화	cell phone
doc 의사	doctor
doc 서류	document
don't ~하지 않는다	do not
FYI 참고로 (알고 계시라고) 알려드리자면	for your information
FYR 참조하시라고 알려드리자면	for your reference
I'll 나는 ~할 것이다	I will
IMO 내 의견에는	in my opinion
net 인터넷	Internet
photo 사진	photograph
she's 그녀는 ~이다	she is
they're 그들은 ~이다	they are
we've 우리는 ~했다	we have
we haven't 우리는 ~하지 않았다	we have not

HOW TO USE

1. **I'll** send my draft **ad** and the relevant **docs** to you **ASAP** within today.
   내 광고 시안과 관련 서류들을 오늘 내로 최대한 빨리 보낼게요.

   I will send my draft **advertisement** and the relevant **documents** to you **as soon as possible** today.
   제 광고 시안과 관련 서류들을 오늘 최대한 빨리 보내겠습니다.

2. **IMO**, we should wait some more to decide anything. **FYI**, the outcomes of the poll **haven't** been released yet.
   내 생각엔, 무슨 결정이든 하려면 좀 더 기다려야 해요. 참고로, 아직 여론 조사 결과가 발표되지 않았다고요.

   In my opinion, we should wait a bit longer before making any decisions. **For your information**, the outcomes of the poll **have not** yet been released.
   제 의견으로는, 어떤 결정을 내리기 전에 조금 더 기다려야 할 것입니다. 참고로 알려드리자면, 여론 조사 결과가 아직 발표되지 않으니까요.

CHART 30 형용사와 명사

bad 불쾌한, 나쁜	unpleasant, negative
boss 사장, 상사	employer, supervisor, manager, superior
car 자동차	automobile
cheap 싼	inexpensive
childish 어린애 같은, 유치한	immature
easy 쉬운	simple, straightforward
empty 빈, 비어 있는	vacant, unoccupied
end 끝, 결말	conclusion, termination
enough 충분한	sufficient
fast 빠른	rapid
fix 수리	repair
friendly 친절한	amiable
get-together 모임, 비격식적인 파티	gathering
good 좋은	positive
good-looking 잘생긴, 아름다운	attractive
guy 남자, 녀석	man
happy 행복한	pleased
help 도움	assistance
home 집	residence
hopeless 가망 없는	futile
huge 거대한	enormous
idea 발상, 생각	concept, notion
job 직업	occupation, profession
job title 직명, 직위명	position
kids 아이들	children
lie 거짓말	falsehood, deception
lively 활기찬	energetic
messed up 엉망인, 망가진	damaged
okay 괜찮은, 허용할 수 있는	acceptable
old 낡은, 오래된	dated
rich 부유한	wealthy

right 맞는	correct
round 둥근	circular
rude 무례한	disagreeable
sad 슬픈	despondent
smart 똑똑한	intelligent
start 시작, 출발	commencement, onset
tiny 작은	diminutive
tired 피곤한	exhausted, fatigued
wrong 틀린	incorrect

＊right vs. correct

correct는 기준에 충실하고 객관적이라는 뉘앙스를 준다. 투명하고 확실한 척도로 판단한 정확함, 올바름(correctness)과 '규칙을 고수한다'는 의미를 담고 있어서 좀 더 공적으로 들리기 때문에 학술적인 글쓰기, 직업 관련 상황, 공적인 의사소통에 쓰인다.
right은 correct에 비해 좀 더 주관적이고 사적인 뉘앙스로, 주로 일상 회화에서 쓰인다. 도덕적 정당성, 방향(오른쪽), 합법성 등을 포함해, 보다 폭넓고 다양한 의미를 두루 나타내므로, 어떤 상황에서는 right이 덜 공적인 느낌을 줄 수 있다.

HOW TO USE

1. His behavior was so **childish** during the argument.
   논쟁하는 동안 그의 행동은 너무 유치했어요.

   His behavior was quite **immature** during the discussion.
   토론하는 동안 그의 행동은 상당히 미성숙했어요.

2. The room was **empty** when we arrived.
   우리가 도착했을 때 그 방은 비어 있었어요.

   The room was **vacant[unoccupied]** upon our arrival.
   저희가 도착했을 때 그 방은 비어 있었습니다.

   ***empty vs. vacant, unoccupied, devoid of**

   empty는 공간이나 용기에 점유자 또는 내용물이 없어 비어 있다는 의미로 가장 흔히 쓰인다. 방 안에 집기들은 있지만 '사람'이 없다는 뜻이 될 수도 있고, 물체가 하나도 없이 그야말로 완전히 텅 비어 있다는 의미가 될 수도 있다. empty보다 더 격식을 갖추어 완전히 텅 비어 있음을 말하고 싶을 때는 devoid of를 쓸 수 있다.

   The room was devoid of furnishings and occupants upon our arrival.
   우리가 도착했을 때 그 방은 가구도 거주자도 없이 텅 비어 있었다.

   empty보다 좀 더 공적인 뉘앙스의 단어 vacant는 공간이 사람에 의해 점유되어 있지 않다는 의미이다. 그래서 그 공간을 사용할 수 있다는 의미도 함축한다. unoccupied도 vacant와 비슷하게 공적인 단어로, 어떤 공간이 아무에게도 사용되고 있지 않다는 사실에 초점을 맞추는 느낌이다.

3. We're having a small **get-together** at my **home** this weekend.
   이번 주말에 우리 집에서 작은 모임을 할 거예요.

   We are hosting a small **gathering** at my **residence** this weekend.
   저희는 이번 주말에 제 거처에서 소규모 회합을 주최할 것입니다.

4. Trying to convince him was **hopeless**.
   그를 설득하려는 것은 가망 없는 일이었어요.

   Attempting to convince him proved **futile**.
   그를 설득하려는 시도는 소용없는 것으로 드러났다.

5. Your answer to the question was **wrong**.
   질문에 대한 당신 대답은 틀렸어요.

   Your response to the question was **incorrect**.
   그 질문에 대한 귀하의 응답은 올바르지 않았습니다.

right 맞는	correct
round 둥근	circular
rude 무례한	disagreeable
sad 슬픈	despondent
smart 똑똑한	intelligent
start 시작, 출발	commencement, onset
tiny 작은	diminutive
tired 피곤한	exhausted, fatigued
wrong 틀린	incorrect

＊right vs. correct

correct는 기준에 충실하고 객관적이라는 뉘앙스를 준다. 투명하고 확실한 척도로 판단한 정확함, 올바름(correctness)과 '규칙을 고수한다'는 의미를 담고 있어서 좀 더 공적으로 들리기 때문에 학술적인 글쓰기, 직업 관련 상황, 공적인 의사소통에 쓰인다.

right은 correct에 비해 좀 더 주관적이고 사적인 뉘앙스로, 주로 일상 회화에서 쓰인다. 도덕적 정당성, 방향(오른쪽), 합법성 등을 포함해, 보다 폭넓고 다양한 의미를 두루 나타내므로, 어떤 상황에서는 right이 덜 공적인 느낌을 줄 수 있다.

HOW TO USE

MP3 28

1. His behavior was so **childish** during the argument.
   논쟁하는 동안 그의 행동은 너무 유치했어요.

   His behavior was quite **immature** during the discussion.
   토론하는 동안 그의 행동은 상당히 미성숙했어요.

2. The room was **empty** when we arrived.
   우리가 도착했을 때 그 방은 비어 있었어요.

   The room was **vacant[unoccupied]** upon our arrival.
   저희가 도착했을 때 그 방은 비어 있었습니다.

   *empty vs. vacant, unoccupied, devoid of

   empty는 공간이나 용기에 점유자 또는 내용물이 없어 비어 있다는 의미로 가장 흔히 쓰인다. 방 안에 집기들은 있지만 '사람'이 없다는 뜻이 될 수도 있고, 물체가 하나도 없이 그야말로 완전히 텅 비어 있다는 의미가 될 수도 있다. empty보다 더 격식을 갖추어 완전히 텅 비어 있음을 말하고 싶을 때는 devoid of를 쓸 수 있다.

   The room was devoid of furnishings and occupants upon our arrival.
   우리가 도착했을 때 그 방은 가구도 거주자도 없이 텅 비어 있었다.

   empty보다 좀 더 공적인 뉘앙스의 단어 vacant는 공간이 사람에 의해 점유되어 있지 않다는 의미이다. 그래서 그 공간을 사용할 수 있다는 의미도 함축한다. unoccupied도 vacant와 비슷하게 공적인 단어로, 어떤 공간이 아무에게도 사용되고 있지 않다는 사실에 초점을 맞추는 느낌이다.

3. We're having a small **get-together** at my **home** this weekend.
   이번 주말에 우리 집에서 작은 모임을 할 거예요.

   We are hosting a small **gathering** at my **residence** this weekend.
   저희는 이번 주말에 제 거처에서 소규모 회합을 주최할 것입니다.

4. Trying to convince him was **hopeless**.
   그를 설득하려는 것은 가망 없는 일이었어요.

   Attempting to convince him proved **futile**.
   그를 설득하려는 시도는 소용없는 것으로 드러났다.

5. Your answer to the question was **wrong**.
   질문에 대한 당신 대답은 틀렸어요.

   Your response to the question was **incorrect**.
   그 질문에 대한 귀하의 응답은 올바르지 않았습니다.

CHART 31 동사와 동사구

ask 묻다, 부탁[요청]하다	inquire
be done 끝내다	be finished
block 막다, 방해하다	obstruct, hinder
blow up 폭파하다, 터지다	explode
bring about ~를 유발[초래]하다	cause
build 짓다	construct
check out 확인하다, 점검하다	examine, verify
choose 고르다	select
clear out (~를 없애고) 청소하다, 비우다, 떠나다	vacate
climb 오르다	ascend
come back 돌아오다, 돌아가다	return
come out 생산되다, 출간되다, (소식·진실 등이) 알려지다, 드러나다	emerge
come up with (아이디어를) 내놓다	propose, develop
cut down on 줄이다	reduce, minimize
deal with 다루다, 처리하다	manage, handle
decide 결정하다	make a decision
fill in 대체하다, 자세히 알리다	substitute, inform
find out ~를 알아내다, ~를 알게 되다	discover, ascertain
finish 완료하다	complete
free 석방하다, 풀어 주다	release
get 얻다	obtain
get in touch with ~와 연락[접촉]하다	contact
get on someone's nerves ~의 신경을 거슬리다, ~를 짜증나게 하다	bother, annoy
get rid of 없애다, 제거하다	eliminate
give 주다	provide
give in 굴복하다, 마지못해 동의하다	yield
give the go-ahead[greenlight] 승인하다	authorize
give up (하던 일을) 그만두다, 포기하다	resign(사임하다), cease, relinquish, abandon
go ahead 시작하다, 진행하다	proceed
go against ~에 반대하다	oppose

go away (떠나) 가다	leave, depart
go down 내려가다	decrease
go on 계속하다	continue, proceed
go through 겪다, 검토하다	undergo, review
go up 오르다	increase
help 돕다	assist
it's about (그것은) ~에 관한 것[내용]이다	it concerns, it is in regard to
I think 나는 ~라고 생각한다	In my opinion,
imagine 상상하다	envisage
keep 계속 가지고 있다, 보유하다	retain
leave out 생략하다, 제외하다	omit, exclude
let ~하게 하다	permit
look for 찾다	seek, search for
look into 조사하다, 주의 깊게 살피다	investigate, examine
look at ~를 보다, ~를 살피다	examine
look like ~처럼 보이다	resemble
make out ~를 이해하다, ~를 알다	discern
make up 만들어[지어]내다	invent, fabricate
mend 수선하다	repair
need 필요로 하다	require
pick out ~를 고르다, 선발하다	select
point out 가리키다, 지적하다	indicate
put forward (안건·의견을) 내다, 제기하다	propose
put off 연기하다	postpone, delay
put up with 참다, 견디다	tolerate, endure
ring up 전화하다	call
say sorry 미안하다고 하다, 사과하다	apologize
see 보다	observe
seem ~으로 보이다, ~인 것 같다	appear

＊imagine vs. envisage

두 단어 모두 어떤 이미지나 개념을 상상한다는 뜻이지만 imagine은 더 넓은 의미로 일상적으로 사용되고, envisage는 그 상상이 좀 더 구체적이고 계획과 예측이 수반될 때 알맞으며, 심사숙고 한다는 의미가 함축되는 경우가 많다.

Imagine all the people living life in peace.
모든 이들이 인생을 평화롭게 살아가는 것을 상상해 봐요.

The president envisaged a country where technology and nature coexist.
대통령은 기술과 자연이 공존하는 국가를 구상했다.

set up 설립[수립]하다	establish
show 보여주다	demonstrate, illustrate, portray
show up (예정된 곳에) 나타나다	arrive
speed up 가속하다, 속도를 높이다	accelerate
stamp out ~를 근절하다	eradicate
stand for ~를 상징[의미, 대표]하다	represent
start 시작하다	commence
stop 멈추다	cease
take out 들어내다, 치우다	remove
talk about ~에 관해 얘기하다	discuss
tell 알리다, 말하다	inform
turn down 거절하다	reject, decline
think about ~에 관해 생각하다	consider, ponder
throw away 버리다, 없애다	discard
try out (시도)해 보다	test
wait for ~를 기다리다	await
want 바라다, 원하다	be eager to, desire *무엇을 달라고 할 때: I would like ~, Could I please have ~?
work out 일이 잘 풀리다, 좋게 진행되다	be successful

HOW TO USE

1. Can I **ask** you a question about the schedule?
   그 일정에 대해서 물어 봐도 돼요?

   May I **inquire** about the schedule?
   그 일정에 대해서 문의해도 될까요?

2. How do you **deal with** customer complaints?
   고객 불만은 어떻게 다루나요?

   How do you **manage[handle]** customer complaints?
   고객 불만은 어떻게 관리하시나요?

3. We need to **decide** on the budget.
   우린 예산에 대해 결정해야 돼.

   We need to **make a decision** on the budget allocation.
   우리는 예산 배분에 대해 결정해야 합니다.

4. Where can I **get** a copy of this report?
   이 보고서 사본을 어디서 얻을 수 있을까요?

   Where can I **obtain** a copy of this report?
   이 보고서 사본을 어디서 입수할 수 있을까요?

5. I'll **get in touch with** you next week. 다음 주에 연락할게.

   I will **contact** you next week. 다음 주에 연락드리겠습니다.

6. Can you **help** me with this project?
   이 프로젝트 좀 도와줄 수 있어?

   Could you **assist** me with this project?
   이 프로젝트를 보조해 주실 수 있겠습니까?

7 **It's about** your upcoming presentation.
다가오는 당신의 프레젠테이션에 관해서 말인데요.

   It concerns[It is in regard to] your upcoming presentation.
   다가오는 당신의 프레젠테이션에 관한 내용입니다.

8 Don't **leave out** any important details when you write the report.
보고서 쓸 때 중요한 세부 사항 하나도 빠뜨리면 안 돼요.

   Please ensure you do not **omit** any important details in your report.
   보고서에 중요한 세부 사항을 하나도 누락하지 않도록 해 주세요.

9 We **need** more time to **finish** the project.
프로젝트를 끝내려면 시간이 더 필요해.

   We **require** additional time to **complete** the project.
   저희가 그 프로젝트를 완료하기 위해서는 추가적인 시간이 필요합니다.

10 I can't **put up with** that noise anymore! 저 소음 더는 못 참겠어!

   I am unable to **tolerate** the noise any longer.
   소음을 더는 견딜 수가 없습니다.

11 Can you **show** me how to use this program?
이 프로그램 어떻게 쓰는 건지 보여 줄래?

   Could you **demonstrate** the proper use of this program?
   이 프로그램의 적절한 사용법을 시연해 주실 수 있을까요?

12 Should I **throw away** these old papers? 이 오래된 서류들 버려야 할까?

   Should I **discard** these old papers? 이 오래된 서류들은 폐기해야 할까요?

13 I **want** to **try out** the new software.
그 새로운 소프트웨어 한번 써 보고 싶어.

I **desire[am eager]** to **test** the new software.
그 새로운 소프트웨어를 정말 테스트해 보고 싶군요.

*want vs. be eager to, desire

동사 desire는 매우 격식을 갖춘 느낌이라 일반적인 비즈니스 상황에서는 다소 부자연스럽고 어색한 느낌을 줄 수도 있다. be eager to는 want보다 더 공적이지만 과하지는 않아서 그 대안이 될 수 있다. desire에는 어떤 것을 감정적으로 강하게 원한다는 의미가 함축되어 있어, 문학적인 텍스트에도 종종 쓰인다. 상대를 존중하는 느낌은 유지하면서 '~를 하고 싶다'는 결심이나 열망을 전달할 수 있는 단어이기 때문에 구직 면접이나 연설에 어울린다.

I desire to leverage my experience in financial analysis to drive success in this role.
재무 분석에 대한 저의 경력을 최대한 활용하여 이 직책에서 성공을 이끌어 내고 싶습니다.

14 The project **worked out**. 그 프로젝트는 잘 됐어.

The project **was successful**. 그 프로젝트는 성공적이었어요.

CHART 32 부사와 부사구

about ~에 관해	in regard to
again and again 되풀이해서	repeatedly
All right. 좋아, 알았어	Very well.
and then 그리고 나서, 그 후에	subsequently, afterwards
ASAP 되도록 빨리	as soon as possible, at your earliest convenience
at first 처음에	initially
at once 당장, 바로	immediately
a lot of, lots of 많은	numerous
also 또한	in addition, additionally
anyway 그래도	nevertheless, notwithstanding
basically 근본적으로, 기본적으로	essentially, fundamentally
but 그러나	however
by the way 그런데, 곁들여 말하면	incidentally, as an aside
I think	In my opinion,
in a nutshell 아주 간단히 말하자면	to summarize, in sum
in the end 마침내, 결국	finally
in the meantime (두 가지 시점·사건이 일어나는) 그동안에	in the interim
maybe 아마, 어쩌면	perhaps
meanwhile (다른 일이 일어나고 있는) 그동안에, 동시에	in the interim
Okay.[OK.] 응, 좋아	Certainly.
plus 더욱이, 게다가	furthermore, moreover
really 참으로, 정말로	extremely, highly, significantly
so 그래서	thus, therefore
To sum up, 요컨대, 요약해서 말하면	In conclusion,
tons of, heaps of 다수의, 많은	large quantities of
totally 완전히	completely

*in the meantime과 meanwhile의 미묘한 차이

in the meantime은 '한 시점[사건]에서 다음 시점[사건]까지의 시간'을 가리키는 '그동안'을 의미한다.
Dinner will be ready at 6:30. **In the meantime**, could you set the table? 저녁은 6시 30분까지 다 될 거예요. 그동안 상 좀 차려 줄래요? (저녁이 아직 준비되지 않은 '지금'부터 완성될 '6시 반'까지의 시간)

meanwhile은 두 가지 사건이 동시에 일어나는 '그동안'이다.
I'll be at the meeting. **Meanwhile**, you can handle the e-mails. 나 회의 들어갈 거예요. 그동안 이메일을 처리해 주시면 되겠네요. ('나의 회의'와 '당신의 이메일 처리하기'가 동시에 이루어짐)

HOW TO USE

MP3 30

1. I told him **again and again** to lock the door before leaving.
   나는 그에게 떠나기 전에 문을 잠그라고 말을 하고 또 했다.

   I **repeatedly** instructed him to lock the door before leaving.
   나는 그에게 떠나기 전에 문을 잠그라고 반복해서 지시했다.

2. Please call me **at once** when you get the news.
   그 소식을 들으면 나한테 바로 전화해 주세요.

   Please contact me **immediately** upon receiving the news.
   그 소식을 듣는 대로 제게 즉시 연락해 주세요.

3. **By the way**, did you see the new movie that came out last week?
   그런데 지난주에 나온 그 새 영화 봤어요?

   Incidentally, did you have the opportunity to view the new film that was released last week?
   그러고 보니, 지난주에 개봉한 새 영화 혹시 보셨나요?

4. **In a nutshell**, the meeting was a waste of time.
   한마디로 그 회의는 시간 낭비였어.

   To summarize, the meeting was unproductive.
   간단히 말하자면 그 회의는 비생산적이었어요.

5. The new software is easy to use, **plus** it's affordable.
   그 새 소프트웨어는 사용하기 쉽고, 게다가 살 만한 가격이야.

   The new software is user-friendly; **furthermore**, it is cost-effective.
   그 새 소프트웨어는 사용자 친화적이고, 더 나아가 가성비도 좋습니다.

CHART 33 비격식 회화 축약형

MP3 31

축약형(contractions)은 둘 이상의 단어를 어포스트로피(')로 결합한 것인데, 발음하기 편할 뿐 아니라 빠르게, 효율적으로 의사를 전달할 수 있어 비격식적이고 일상적인 대화에 흔히 쓰인다. 공적인 상황의 대화와 글쓰기에는 축약되지 않은 원래 형태(full forms)를 사용하도록 한다.

	Full Forms →	Contractions
to → -a	got to, (have) got a	gotta
	going to	gonna
	has to	hasta
	have to	hafta
	need to	needa
	ought to	oughta
	supposed to	supposeta
	used to	useta
	want to	wanna
you → ya, a	you	U, ya
	you, you are	ya
	bet you	betcha
	got you	gotcha
	Won't you	Wontcha
	Don't you	Dontcha
	Didn't you	Didntcha
	Did you	Dija
	What are you	Whatcha, Watcha
of → -a	a lot of	a lotta
	cup of	cuppa
	kind of	kinda
	much of	mucha
	out of	outta
	sort of	sorta

	Full Forms →	Contractions
have → -a	could have	coulda
	couldn't have	couldna
	might have	mighta
	must have	musta
	must not have	mussna
	should have	shoulda
	shouldn't have	shouldna
	would have	woulda
	wouldn't have	wouldna
would have → -da	I would have	I'da
	he would have	he'da
	she would have	she'da
	they would have	they'da
	you would have	you'da
기타	am not are not is not has not have not	ain't
	give me	gimme
	let me	lemme
	tell them	tell'em
	I'm going to	I'mma
	because	cos
	isn't it?	innit?
	I don't know	dunno
	come on	c'mon
	some more	s'more

HOW TO USE

1. **A** Hey, I **hafta** go now.
   야, 나 지금 가봐야 함.

   B Huh? Why so soon?
   어? 왜 이렇게 빨리?

   A **I'mma** see a movie with Sarah tonight.
   오늘 밤 세라랑 영화 볼 거임.

   B **Didntcha** see her yesterday?
   어제도 걔 만났잖음?

   A Yeah, and she **wanna** see me everyday! Anyway I **needa** rush. I'm **supposeta** be there in thirty minutes.
   응, 근데 걘 날 매일 보고 싶대! 어쨌든 서둘러야 해. 30분 후에 거기 도착해야 해서.

   B Hmm. I **betcha ya gonna** marry her very soon!
   흠. 너 걔랑 조만간 결혼하겠다!

2. **A** **Whatcha gonna** do this weekend?
   이번 주말에 뭐 할 거임?

   B Well, **dunno**.
   글쎄, 몰라.

   A **Dontcha** have some plans with your boyfriend? Or **dija** have a fight with him?
   남친이랑 계획 있는 거 아냐? 아님, 싸웠음?

   B Yeah, **kinda**. I **shouldna** been so emotional but couldn't help yelling at him.
   응, 그런 셈. 그렇게 감정적이 돼선 안 됐는데 걔한테 고함을 안 칠 수가 없었어.

   A Oh, **c'mon, ya musta** had a reason to do that. What's wrong with him?
   어우, 분명히 네가 그럴 만한 이유가 있었겠지. 남친이 무슨 잘못을 한 거야?

CHART 34 약어

약어(abbreviation)는 단어나 구를 짧게 줄인 것이다. 글자를 타이핑하는 수고를 절약할 수 있고 친근감을 더해 주므로 가까운 지인과 메신저 등을 통해 소통할 때, 특히 젊은 층에서 사용한다.

AFAIK = As far as I know 내가 아는 한
BC = Because 왜냐하면
BRB = be right back 금방 다시 올게
BTW = by the way 그런데
ICYMI = In case you missed it
혹시 놓쳤을까[못 봤을까] 봐
IDK = I don't know 몰라
IKR = I know, right? 그래, 맞아
ILY = I love you 사랑해
IMHO = In my humble opinion
내 짧은 생각으로는
JK = Just kidding 그냥 농담
LMK = Let me know 알려 줘
LOL = Laugh(ing) out loud 너무 웃겨
(박장대소하는 모습을 표현)
NVM = Never mind 신경 쓰지 마, 괜찮아
OFC = Of course 물론

OMG = Oh my God 아이고 저런
ROFL = Rolling on the floor laughing
데굴데굴 구르며 웃는 중
SMH = Shaking my head 절레절레, 쯧
SPK = Speak 얘기해
SRY = Sorry 미안
TBH = To be honest 솔직히 말하면
TGIF = Thank God it's Friday 감사하게도,
오늘 금요일이다
THX = Thanks 고마워
TMI = too much information (알 필요 없는)
지나치게 많은 정보
TTYL = Talk to you later 나중에 연락할게
TYVM = Thank you very much 정말 고마워
Y? = Why? 왜?
YOLO = You only live once 인생은 한 번뿐
WBU = What about you? 넌 어때?

---

*비즈니스 마케팅 문자에서 볼 수 있는 약어

2-for-1 = Two items for the price of one 한 개 가격에 두 개
BOGO = Buy one, get one 하나 사면, 하나 더
CRM = Customer relationship management 고객 관계 관리
EOD = End of day 영업[업무] 종료 (시간)
FAQ = Frequently asked questions 자주 하는 질문들
FOMO = Fear of missing out (유행·좋은 기회 등을) 놓칠까 봐 불안한 마음
LTO = Limited time offer (기간) 한정 판매
N/A = Not applicable 해당[적용]되지 않음, 이용할 수 없음
NP = No problem 문제없음
OTP = One time password 일회용 비밀번호
RSVP = répondez s'il vous plaît (프랑스어: Please respond) 회신 바랍니다.
T&C = Terms and conditions (계약·지불 등의) 조건
TIA = Thanks in advance. 미리 감사합니다.
VIP = Very important person or customer 중요 인사, 귀빈

CHART 35 이메일 및 편지 표현

친근한 구어적 표현을 쓰느냐, 정중하고 격식을 갖춘 표현을 쓰느냐에 따라 글의 분위기는 확연히 달라진다. 공적인 비즈니스 이메일이나 공문이라면 형식을 갖추어 쓰는 것이 좋다.

도입부 Opening

첫인사	Hi[Hello, Dear, Hey] + name, 안녕 OO야.	Dear Mr.[Ms., Dr.] + last name, 친애하는 ~ 씨께 Dear Sir[Madam], 친애하는 담당자께 To whom it may concern, 담당자 귀하 *수신인의 이름을 모르는 경우 둘째, 셋째 표현을 사용하면 무난하다.
서두	How are things? 어떻게[잘] 지내(요)? I hope you're doing well. 잘 지내고 있길 바래(요). Just wanted to say ~ ~를 알려 주려고. I'm writing to let you know ~ ~를 알려 주려고 쓰는 거예요.	I trust you are doing well. 잘 지내고 계시리라 믿습니다. I hope this letter[message] finds you well. 이 편지[메시지]가 귀하께 잘 전해지기를 바랍니다. I would like to bring to your attention ~ ~에 귀하의 관심을 구하고자[~에 관해 알려 드리고자] 합니다. I am writing to inform you ~ ~를 알려 드리려고 씁니다. I am writing regarding ~ ~에 관련하여 씁니다.

CHAPTER 8

본론 Body

	🏀 (32)	👔
요청	Can[Could] you ~? ~해 줄 수 있을까(요)? Do you mind ~? ~해 주면 안 될까(요)? I'd be grateful if you could ~ ~해 줄 수 있다면 감사하겠어요.	I would appreciate it if you could ~ ~해 주실 수 있다면 감사하겠습니다. I would be grateful if you would ~ ~해 주신다면 감사하겠습니다. Could you please ~? ~해 주실 수 있을지요? May I request that you ~? ~해 주실 것을 요청해도 될지요?
정보 제공	I wanted to let you know ~ ~를 알려 주고 싶었어요. Here's the info you asked for ~ ~에 대해 당신이 요청했던 정보예요. Thought you'd like to know ~ ~를 알고 싶어 할 것 같아서요.	I am writing to inform you that ~ ~을 알려 드리려고 씁니다. Please be informed that ~ ~을 알고 계셨으면 합니다. It is my pleasure to inform you that ~ ~을 알려 드리게 되어 기쁩니다. Kindly note that ~ ~에 주의해 주셨으면[알고 계셨으면] 합니다.
감사	Thanks a lot!, Cheers! 고마워! I really appreciate it. 정말 고마워요. Thanks so much for ~ ~해서 대단히 고마워요.	Thank you very much for ~ ~해서 대단히 감사합니다. I appreciate your assistance with ~ ~에 대한 귀하의 도움에 감사드립니다. I would like to express my gratitude for ~ ~에 대한 감사함을 표하고자 합니다. Thank you for your prompt attention to this matter. 이 문제에 대해 즉각 관심 가져 주셔서 감사합니다.
사과	I'm really sorry about ~ ~해서 정말 미안해요. Sorry for the trouble. 폐를 끼쳐 미안해요. My bad for ~ ~는 내 실수야[잘못이야]. Oops, sorry ~ 에구, ~ 미안.	I apologize for any inconvenience caused ~ (편지 쓰는 사람의 실수나 잘못으로) 초래된 불편한 사항에 관해 사과드립니다. Please accept my sincere apologies for ~ ~에 대한 제 진심 어린 사과를 받아 주시기 바랍니다. I regret any confusion this may have caused. 이로 인해 발생했을 수 있는 혼란에 대해 유감스럽게 생각합니다. I apologize for the oversight in ~ ~에 실수가 있었던 점 사과드립니다.

맺음말 Closing

	🏀 (32)		👔
맺는말	Talk to you soon. 조만간 얘기해요.[다시 연락할게.]		I look forward to hearing from you. 말씀[답장] 주시기를 고대하겠습니다.
끝인사	Take care! See you later, Best, Love, Cheers, Later, + name	Yours truly, Best regards, Kind regards, + name / full name	Yours sincerely, Yours faithfully, Sincerely, Respectfully, + full name

HOW TO USE

MP3 33

1

Hi John,

I hope you're doing well!

Just wanted to let you know that the team meeting is scheduled for next Tuesday at 10 a.m. Can you bring the latest sales report? **It would be great if you could** also update us on the client feedback you received last week.

Also, **I'm really sorry for** not sending you the project outline earlier. Things got a bit crazy on my end. I'll send it over by the end of today.

Thanks a lot for your help with this! **I really appreciate it**.

Talk to you soon.

Best,

Emily

존, 안녕?

잘 지내고 있길 바라!

팀 미팅이 다음 주 화요일 오전 10시에 잡혔다는 걸 알려 주려고. 최신 판매 보고서 가지고 올 수 있어? 또 지난주에 받은 고객 피드백도 알려 주면 아주 좋을 것 같네.

그리고 프로젝트 개요를 더 일찍 못 보낸 거 정말 미안해. 내 쪽에서 일이 좀 너무 정신없었거든. 오늘 내로 보낼게.

이 건을 도와 줘서 고마워! 정말 감사해.

조만간 얘기하자.

에밀리

2

Dear Mr. Smith,

I hope this message finds you well.

I am writing to inform you that the team meeting has been scheduled for next Tuesday at 10 a.m. **Could you please** bring the latest sales report? Additionally, **it would be greatly appreciated if you could** provide an update on the client feedback received last week.

Please accept my sincere apologies for not sending you the project outline earlier. Due to some unexpected delays, I was unable to send it on time, but I will ensure that the outline is sent to you by the end of the day.

Thank you very much for your assistance with this matter. **I truly appreciate** your support.

I look forward to hearing from you.

Yours sincerely,

Ethan Brown

스미스 씨께,

이 메시지가 귀하께 잘 전해지기를 바랍니다.

팀 미팅이 다음 주 화요일 오전 10시에 잡혔음을 알려 드리려고 메일을 씁니다. 최신 판매 보고서를 좀 가지고 와 주실 수 있겠습니까? 덧붙여, 지난주에 받으신 고객 피드백도 새로이 제공해 주시면 대단히 감사하겠습니다.

프로젝트 개요를 아직 못 보내 드린 점에 대해 진심으로 사과드립니다. 몇몇 예상치 못했던 지연 사항이 발생해 제시간에 보내지 못했지만, 오늘 내로는 반드시 보내 드리도록 하겠습니다.

이 건에 대한 도움, 대단히 고맙습니다. 지원해 주셔서 진심으로 감사드립니다.

곧 답장을 받게 되기를 기다리겠습니다.

이선 브라운 올림

CHAPTER 9

to부정사·동명사·that절을 목적어로 취하는 동사

Verbs Followed by Infinitives, Gerunds, or That-Clauses

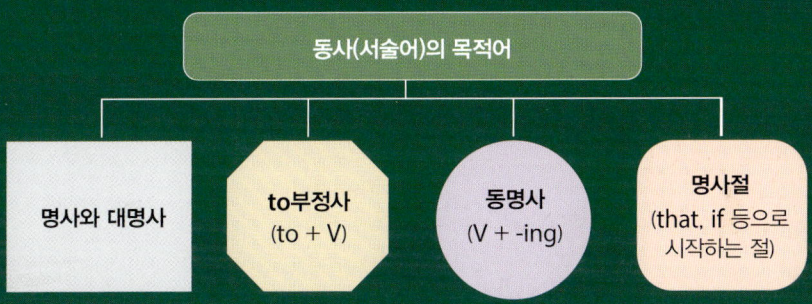

문장 내에서 동작의 대상인 목적어가 필요한 서술어를 타동사라고 한다. 명사와 대명사뿐만 아니라, to부정사와 동명사 또한 타동사의 목적어가 될 수 있다.

to부정사와 동명사는 모두 동사를 활용하지만 문장 내에서 서술적인 역할은 하지 않는다. to부정사는 '정해지지 않은 말'이라는 뜻의 '부정사'라는 명칭에 걸맞게 문장의 시제나 수에 영향받지 않고 문장 내에서 명사, 형용사(수식어) 등의 역할을 한다. 동명사 또한 문장 내에서 주어와 목적어, 보어 등 명사가 할 수 있는 역할을 한다. 동사에 따라서 to부정사만, 동명사만 취하거나, 또는 두 가지를 다 취하되 의미가 같거나 달라지는 경우도 있다.

절(clause) 또한 '명사절'이라는 이름으로 목적어의 자리에 올 수 있다.

CHART 36 동사 + to부정사

다음은 to부정사를 목적어로 취하는 동사들이다. 이런 동사들은 의지, 미래 지향성, 계획, 가능성, 의도 등을 표현하는 경우가 많다.

afford ~할 여유가 되다	learn 배우다
agree 동의하다	long 간절히 ~하고 싶어 하다
aim ~를 목표로 하다	manage 간신히 ~하다
appear ~인 것처럼 보이다	need ~할 필요가 있다 •
arrange 처리[주선]하다	offer 제안하다
ask 묻다, 요구하다	plan ~할 계획이다
attempt 시도하다	prepare ~할 준비를 하다
choose 선택하다	pretend ~인 척하다
claim ~라고 주장하다	proceed 계속해서 ~하다
condescend 자신을 굽혀 ~하다	promise 약속하다
consent 동의하다	prove 증명하다
decide 결정하다	refuse 거절하다
demand 요구하다	resolve 결심하다
determine 결심하다	seem ~인 것 같다
endeavour ~하려고 노력하다	seek ~하려고 하다
expect 기대하다	strive ~하려고 애쓰다, 노력하다
fail 실패하다, ~하지 못하다	swear 맹세하다
guarantee 보장하다	tend ~하는 경향이 있다
happen 우연히 ~하다	threaten 위협하다
hasten 급히 ~하다	undertake 약속하다, ~할 의무를 지다
have to ~해야 하다	volunteer 자원해서 ~하다
hesitate 망설이다	vow 맹세하다
hope 희망하다	want 원하다, ~하고 싶다
intend 의도하다, ~하려고 생각하다	wish ~하기를 바라다

*need + 동명사

need는 보통 to부정사와 함께 쓰지만, 영국 영어와 격식을 갖춘 미국 영어에서 [주어+need+동명사] 문형이 쓰이기도 한다. 이때 주어로는 무생물, 의류, 신체 부위, 추상명사 등이 올 수 있으며, '(주어는) ~되어야 한다, (주어에게) ~가 필요하다'는 수동의 의미로 해석한다. 이 문형에서는 사람을 주어로 쓰지 않는다.

The car needs fixing. = The car needs to be fixed.
그 차는 수리되어야 할 필요가 있다. → 그 차는 수리해야 해.

Your hair needs cutting. = Your hair needs to be cut.
네 머리카락은 잘라져야 할 필요가 있다. → 너 머리 잘라야겠다.

This shirt needs washing. = This shirt needs to be washed.
이 셔츠는 세탁되어야 할 필요가 있다. → 이 셔츠 빨아야겠어.

CHART 37 동사 + 동명사

다음은 동명사를 목적어로 취하는 동사들이다. 이런 동사들은 과거의 경험이나 일상적인 행동, 습관적 행위를 나타내는 경향이 있다. '좋다/싫다, 피하다, 끝내다(중단), 포함하다, 상상하다, 부정하다' 등의 의미로 정리할 수 있다.

acknowledge 인정하다	imagine 상상하다
admit 인정하다	involve ~를 포함하다, 관련시키다
advise 조언하다	keep 유지하다, 계속하다
advocate 주장하다	mention ~를 언급하다
anticipate ~할 것으로 예상하다	mind 꺼리다
appreciate 감사하다	miss 그리워하다, 놓치다, (불쾌한 것을) 피하다
avoid 피하다	necessitate 필요로 하다
complete 끝마치다	omit 생략하다
consider 고려하다	postpone, put off 연기하다
defend ~를 옹호하다, 방어하다	practice 연습하다
defer 연기하다	quit 그만두다
delay 연장하다	recall 기억해내다
deny 부인하다	recollect 회상하다
despise 경멸하다	recommend 추천하다
discontinue 중단하다	report 보고하다
dislike 싫어하다	resent ~에 분개하다
discuss ~에 대해 토의하다	resist 저항하다
enjoy 즐기다	resume 다시 시작하다
entail 수반하다	risk ~의 위험을 무릅쓰다
escape 탈출하다	support 지지하다
favor 선호하다	stop 멈추다
finish 끝마치다	suggest 제안하다
foresee 예견하다	tolerate ~를 참다, 견디다
give up 포기하다	understand 이해하다

＊stop은 목적어로 동명사만 취하는 동사

I stopped drinking. 나는 음주를 끊었다.
I stopped to drink. 뭔가를 마시기 위해 하던 행동이나 가던 길을 멈추었다. (to drink는 stop의 목적어가 아니라 부사구)

HOW TO USE

> MP3 **34**

A Hey, why the long face?
얘, 왜 울상을 하고 있어?

B Whew. I **hope to have** a bit more money these days. Even though I **strive to work** hard every day, money's always tight. I can barely **manage to pay** rent and bills—and there's nothing left by the end of the month. I can't even remember the last time I **enjoyed shopping**. I **want to buy** some new necklaces and dresses, but I just can't **afford to do** that.
휴. 요즘엔 돈이 좀 더 많았으면 좋겠어. 매일 일하느라 고달프게 뛰어다니는데도 돈은 늘 부족해. 집세랑 공과금 겨우겨우 내고 나면 월말엔 남는 게 없어. 마지막으로 쇼핑을 즐겼던 게 언제였는지 기억도 안 나네. 새 목걸이랑 옷도 좀 사고 싶은데 그럴 여유가 안 돼.

A That sounds rough. Have you had dinner yet? I'm asking because you **tend to get** a little grumpy when you're hungry.
힘들겠다. 저녁은 먹었어? 넌 배고프면 기분이 좀 나빠지는 경향이 있길래 물어보는 거야.

B Not yet, but good point. Maybe I'm just hangry. If I **keep whining** like this, I might **have to admit being** too negative these days. I **need to stop complaining**, eat something, and just prepare for work tomorrow.
아직, 하지만 좋은 지적이네. 난 아마 배고파서 화난 것 같아. 이렇게 계속 징징대다가는 요즘 내가 너무 부정적이라는 걸 인정해야 할지도 모르겠다. 불평 그만하고, 뭘 좀 먹고, 내일 출근할 준비나 해야겠어.

CHART 38

동사 + to부정사/동명사

다음은 to부정사와 동명사 둘 다 목적어로 취하는 동사들이다. 둘 다 취하면서 그 의미가 거의 같은 동사가 있는가 하면, 그 의미가 달라지는 동사도 있다.

to부정사와 동명사 둘 다 목적어로 취하고 의미가 거의 같은 동사

begin 시작하다	She began **to cry**. She began **crying**. 그녀는 울기 시작했다.
continue 계속하다	He continued **to work**. He continued **working**. 그는 계속 일했다.
hate 싫어하다	I hate **to wait** in lines. I hate **waiting** in lines. 나는 줄 서서 기다리는 게 싫다.
like 좋아하다	I like **to read** before bed. I like **reading** before bed. 나는 자기 전에 책 읽는 것을 좋아한다.
love 매우 좋아하다	She loves **to sing**. She loves **singing**. 그녀는 노래하는 것을 매우 좋아한다.
prefer 선호하다	I prefer **to walk** to work. I prefer **walking** to work. 나는 직장까지 걷는 것이 더 좋다.
stand 참다, 견디다	I can't stand **to wait** in long lines. I can't stand **waiting** in long lines. 난 줄 서서 오래 기다리는 걸 정말 못 참겠어.
start 시작하다	He started **to cook** dinner. He started **cooking** dinner. 그는 저녁을 요리하기 시작했다.

부정사와 동명사 둘 다 목적어로 취하지만 그 각 경우에 의미가 달라지는 동사

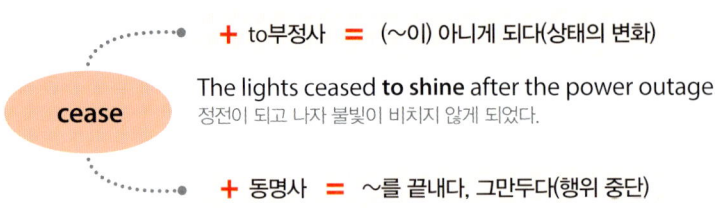

cease

+ to부정사 = (~이) 아니게 되다(상태의 변화)

The lights ceased **to shine** after the power outage.
정전이 되고 나자 불빛이 비치지 않게 되었다.

+ 동명사 = ~를 끝내다, 그만두다(행위 중단)

They ceased **using** plastic bags at the store.
그들은 가게에서 비닐봉지 사용을 중단했다.

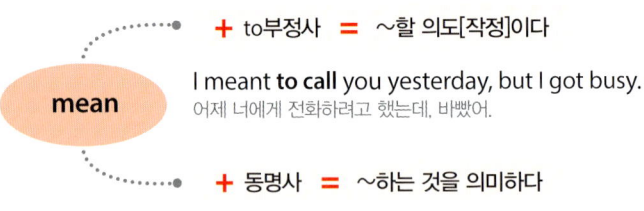

forget

+ to부정사 = ~할 것을 잊다

She forgot **to meet** one of her clients this morning.
그녀는 오늘 아침에 고객 한 명을 만나야 하는 것을 잊었다.

+ 동명사 = ~했던 것을 잊다

She forgot **meeting** one of her clients last week.
그녀는 지난주에 고객 한 명을 만났던 것을 잊었다.

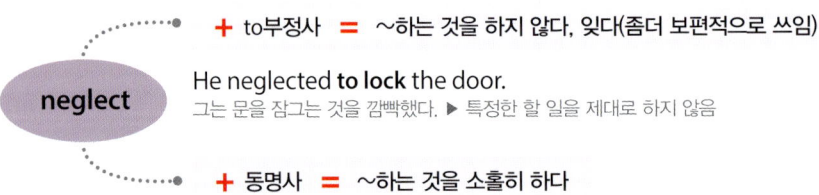

mean

+ to부정사 = ~할 의도[작정]이다

I meant **to call** you yesterday, but I got busy.
어제 너에게 전화하려고 했는데, 바빴어.

+ 동명사 = ~하는 것을 의미하다

Fixing the car means **spending** a lot of money.
차를 고친다는 건 돈을 많이 쓴다는 뜻이야.

neglect

+ to부정사 = ~하는 것을 하지 않다, 잊다(좀더 보편적으로 쓰임)

He neglected **to lock** the door.
그는 문을 잠그는 것을 깜빡했다. ▶ 특정한 할 일을 제대로 하지 않음

+ 동명사 = ~하는 것을 소홀히 하다

He neglected **locking** the door.
그는 문 잠그는 것을 소홀히 했다. ▶ 지속적이고 습관적인 부주의함으로 할 일을 제대로 하지 않음

- **+ to부정사 = ~하기로 계획하다(좀 더 formal한 분위기)**

  We propose **to build** a new building.
  우리는 새 건물을 지을 계획입니다.

- **+ 동명사 = ~를 하자고 제안하다**

  We propose **building** a new building.
  우리는 새 건물을 짓자고 제안합니다.

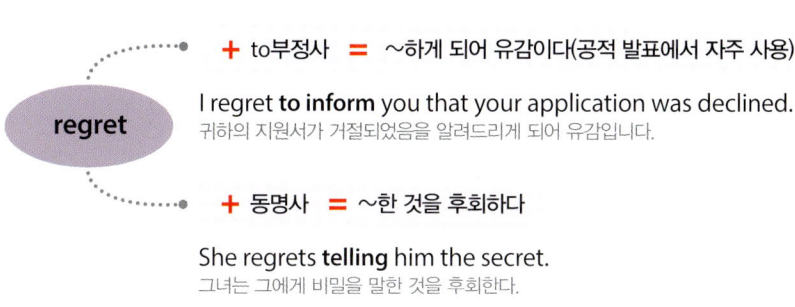

- **+ to부정사 = ~하게 되어 유감이다(공적 발표에서 자주 사용)**

  I regret **to inform** you that your application was declined.
  귀하의 지원서가 거절되었음을 알려드리게 되어 유감입니다.

- **+ 동명사 = ~한 것을 후회하다**

  She regrets **telling** him the secret.
  그녀는 그에게 비밀을 말한 것을 후회한다.

- **+ to부정사 = ~할 것을 기억하다**

  Please remember **to lock** the door.
  문을 잠그는 것 잊지 마.

- **+ 동명사 = ~했던 것을 기억하다**

  I clearly remember **meeting** her at the party.
  나는 파티에서 그녀를 만났던 걸 분명히 기억해.

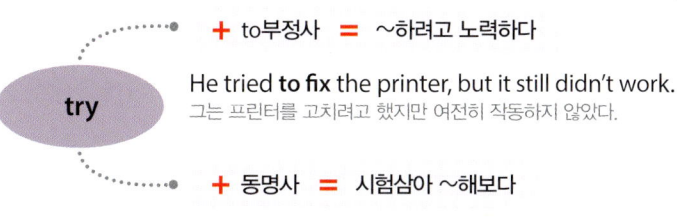

- **+ to부정사 = ~하려고 노력하다**

  He tried **to fix** the printer, but it still didn't work.
  그는 프린터를 고치려고 했지만 여전히 작동하지 않았다.

- **+ 동명사 = 시험삼아 ~해보다**

  Have you ever tried **adding** honey to your tea?
  차에 꿀을 넣어 본 적 있어?

CHART 39 That절을 목적어로 흔히 취하는 동사

목적어로 that절을 취하는 동사들은 생각하거나, 알거나, 믿거나, 말하거나, 주장하거나, 전달한다는 뜻을 나타낸다. 일상적인 대화에서는 that을 생략하는 경우가 많다.

생각, 믿음, 지식을 나타내는 동사

assume 사실이라고 생각하다, 추정하다	hope 바라다
believe 믿다	imagine 상상하다
check 알아보다, 확인하다	know 알다
consider 고려하다, ~라고 여기다	mean 의미하다
doubt 의심하다	reckon 생각하다(영국식)
expect 기대하다	suppose 추정하다
feel ~라고 생각하다, 느끼다	think 생각하다
guess 추측하다	understand 이해하다

전달, 소통, 표현을 나타내는 동사

accept 받아들이다	insist 주장하다
admit 인정하다	maintain 주장하다
advise 조언하다, 권고하다(공적 권고 사항)	mention 언급하다
agree 동의하다	recommend 추천하다
announce 발표하다	remark 말하다
claim 주장하다	repeat 반복하다
comment 논평하다	reply 대답하다
complain 불평하다	report 보고하다
confess 고백하다, 실토하다	say 말하다
confirm 확인해 주다	state 진술하다
explain 설명하다	suggest 제안하다

지각, 발견, 증거를 나타내는 동사

appear ~인 것 같다	observe 관찰하다
discover 발견하다	prove 증명하다
find (out) 알아내다	realize 깨닫다
hear 듣다	see 보다
indicate 보여주다	seem ~처럼 보이다
notice 알아차리다	show 보여주다

결정, 의도, 요청을 나타내는 동사

arrange 준비하다, (일을) 처리[주선]하다
command 명령하다
conclude 결론 내리다
decide 결정하다
demand 요구하다
determine 결정하다, 확정하다
direct 지시하다
entreat 간청하다
implore 간청하다

intend 의도하다
order 명령하다
promise 약속하다
request 요청하다
require 요구하다
resolve 결심하다
swear 맹세하다
vow 맹세하다

기타

happen 우연히 ~하다
hypothesize ~라는 가설을 세우다, 가정하다

pretend ~인 척하다

* suggest, recommend, demand, order, request, insist 등의 제안·명령·요구를 의미하는 동사 뒤 that절에는 주로 [should + 동사원형]의 형태가 이어진다. 이때 should는 생략하고 동사원형만 쓰기도 한다.
  The manager insisted that the meeting should start at 8 sharp.
  매니저는 정확히 8시에 회의를 시작해야 한다고 주장했다.

HOW TO USE

MP3 37

1. She **assumed that** he had already left the building.
   그녀는 그가 이미 건물을 떠났다고 추정했다.

2. Most people **believe that** kindness makes the world better.
   사람들은 대부분 친절이 세상을 더 좋게 만든다고 믿는다.

3. We **expected that** the event would end by 9 p.m.
   우리는 그 행사가 오후 9시쯤 끝날 것이라고 예상했다.

4. She **felt that** the meeting was a waste of time.
   그녀는 그 회의가 시간 낭비라고 느꼈다.

5. I can't **imagine that** he forgot your birthday.
   나는 그가 네 생일을 잊었다는 게 상상이 안 돼.

6. I **suppose that** you've already made your decision.
   당신은 이미 결정을 내렸을 것 같군요.

7 We all **agreed that** the proposal needed some changes.
우리는 모두 그 제안에 몇 가지 수정이 필요하다는 데 동의했다.

8 The manager **announced that** there would be a bonus this month.
매니저는 이번 달에 보너스가 있을 것이라고 발표했다.

9 He **confessed that** he had lied about his whereabouts.
그는 자신의 행방에 대해 거짓말을 했다고 실토했다.

10 She **maintains that** the report was unfairly written.
그녀는 그 보고서가 불공정하게 작성되었다고 주장한다.

11 He **suggested that** we delay the launch until next week.
그는 출시를 다음 주로 미루자고 제안했다.

12 It **appears that** the files were deleted accidentally.
파일은 실수로 삭제된 것으로 보인다.

13 The researcher **observed that** the animals responded faster after training.
연구원은 동물들이 훈련 후 반응이 더 빨라진 것을 관찰했다.

14 I suddenly **realized that** I had left my phone in the taxi.
나는 택시에 휴대폰을 두고 내렸다는 것을 갑자기 깨달았다.

15 She **arranged that** the documents be delivered by Friday.
그녀는 서류가 금요일까지 배달되도록 조치했다.

16 Scientists **determined that** the chemical was safe for use.
과학자들은 그 화학물질이 사용에 안전하다고 확정했다.

17 The officer **ordered that** the troops return to base.
장교는 부대에게 기지로 복귀하라고 명령했다.

18 He **requested that** his name be removed from the list.
그는 자신의 이름을 목록에서 삭제해 달라고 요청했다.

19 The team **hypothesized that** the lack of sleep affected performance.
그 팀은 수면 부족이 수행 능력에 영향을 미쳤다는 가설을 세웠다.

PLUS

[주어 + 동사 + 사람 + that절]
목적어가 두 개(간접목적어와 직접목적어) 필요한 동사들(즉, 4형식 동사) 뒤에는 that절이 바로 오지 않고 사람을 나타내는 간접목적어가 먼저 온다.

assure 장담하다, 확언[확약]하다

He assured that all was well. (X)

→ He assured **her that** all was well.
그는 그녀에게 다 잘 되고 있다고 장담했다.

convince 납득시키다, 확신시키다

He convinced that it was safe. (X)

→ He convinced **me that** it was safe.
그는 그것이 안전하다고 나를 납득시켰다.

persuade 설득하다

He persuaded that we should leave. (X)

→ He persuaded **me that** we should leave.
그는 우리가 떠나야 한다고 나를 설득했다.

remind 상기시키다, 다시 알려[말해] 주다

She reminded that it was time to leave. (X)

→ She reminded **him that** it was time to leave.
그녀는 그에게 떠날 시간이 되었다고 일깨워 주었다.

tell 말하다

She told that she was busy. (X)

→ She told **him that** she was busy.
그녀는 그에게 자신이 바쁘다고 말했다.

warn 경고하다

They warned that it was dangerous. (가능하지만 사람 목적어가 있는 경우가 더 자주 쓰임)

→ They warned **us that** it was dangerous.
그들은 우리에게 그것이 위험하다고 경고했다.

CHAPTER 10

유용한 동사 연어 표현

Delexical Verb + Noun
Collocations:
have, take, make,
give, do

have, take, make, give, do 같은 동사들은 명사와 마치 하나의 숙어처럼 조합되어 일상적인 동작을 표현할 때 흔히 쓰인다. 〈일반동사 + 명사〉로 이루어진 연어(collocation) 또는 구동사(phrasal verb)로 이해해도 무리가 없다. 이때 이 동사들은 의미가 약해지고 명사가 주로 그 의미를 결정한다. 예를 들면 take a break(휴식하다)는 '휴식'을 의미하는 명사 break가 그 의미를 결정한다고 볼 수 있다. take는 명사에 비해 상대적으로 본래의 의미가 약해진다. 이렇게 의미가 약해지는 동사를 '비어휘적 동사(delexical verb)' 라고 한다.

CHART 40 — have + 명사

have breakfast[lunch/dinner] 아침[점심/저녁] 식사를 하다
have a meal 식사를 하다
have a snack 간식을 먹다
have a cup of tea 차를 한잔하다
have a bite of ~를 한 입 먹다
have a drink of ~를 한 모금 마시다

have a bath[shower] 목욕[샤워]하다
have a soak 오랫동안 목욕하다, 탕에 몸을 담그다
have a wash 세수하다, 몸을 씻다
have a scrub 때를 밀다, 각질 제거하다
have a rinse 헹구다
have a facial 얼굴 피부 관리를 받다
have a massage 마사지를 받다
have a wax 왁싱하다

have a swim 수영하다
have a run[jog] 달리기[조깅]하다
have a walk 산책하다
have a stretch 스트레칭하다
have a dance 춤을 추다

have a nap[sleep] 낮잠[잠]을 자다
have a lie-down 잠깐 눕다
have a nightmare[dream] 악몽[꿈]을 꾸다
have a break 잠시 휴식을 취하다

have a holiday 휴가이다

have a rest 쉬다

have a cold[flu] 감기[독감]에 걸리다

have a baby 아이를 낳다

have a chat (with) (~와) 가볍게 수다를 떨다

have a word (with) (~와) 조용히 한마디 하다, 잠깐 얘기하다

have a talk (with) (~와) 진지하게 이야기하다

have a discussion[conversation] (with) (~와) 토론[대화]하다

have an argument 논쟁하다

have a dispute 다투다, 언쟁을 벌이다

have a fight 싸우다

have a quarrel 말다툼하다

have a try 시도해 보다

have a look at ~를 한번 보다

have a listen to ~를 들어보다

have fun 재미있게 지내다

have trouble[difficulty] ~하는 데 어려움을 겪다

have no doubt 의심하지 않다

have a heart 인정이 있다(숙어)

have a feeling 느낌이 들다

have the impression 인상을 받다

CHART 41 take + 명사

take a bath[shower] 목욕[샤워]하다

take a break 휴식을 취하다

take a holiday 휴가를 얻다, 쉬다

take a rest 쉬다

take a nap 낮잠을 자다

take medicine 약을 복용하다

take a deep breath 심호흡하다

take a photograph[picture] 사진을 찍다

take a walk 산책하다

take a bow (공연 후) 인사하다

take a step (forward/back) 한걸음 나아가다/물러서다

take a seat 자리에 앉다

take public transport 대중교통을 이용하다

take a taxi[train/bus/ferry/plane/flight] 택시[기차/버스/배/비행기]를 타다

take the subway 지하철을 타다
*the metro(프랑스, 스페인 등의 지하철), the underground(영국 지하철), the Tube(런던 지하철)

take a class 수업을 듣다

take a test 시험을 치르다

take advantage (of) (~를) 이용하다

take notes 필기하다

take somebody's place ~를 대신하다

take care (of) (~를) 돌보다

take turns[a turn] 교대로 하다

take (the) trouble 수고를 들이다

take action 조치를 취하다

take interest in ~에 관심을 보이다

take part in ~에 참가하다

take charge of ~를 책임지다, ~를 담당하다

take responsibility 책임을 지다

take a chance 기회를 잡다, 해 보다

take a risk 위험을 감수하다

take a decision 결정을 내리다(영국)

take a look at (~를) 살펴보다

take one's time 천천히 하다, 서두르지 않다

CHART 42 make + 명사

make breakfast 아침 식사를 준비하다
make a cake 케이크를 굽다
make the bed 침대를 정리하다

make a noise 시끄러운 소리를 내다, 소란 떨다
make a sound 소리를 내다
make trouble 문제를 일으키다
make an apology 사과하다
make a complaint 불평하다
make a request 요청하다
make a statement 진술하다, 성명을 발표하다
make an excuse 변명을 하다
make a mistake 실수하다
make a mess 엉망으로 만들다
make a face 얼굴을 찡그리다
make an effort 노력하다
make an attempt 시도하다

make a decision 결정을 내리다
make a comment 언급하다, 논평하다
make money 돈을 벌다
make ends meet (수입과 지출을 맞춰) 근근이 살아가다

make progress 진보하다, 발전하다

make a wish 소원을 빌다

make an enquiry 문의하다(영국)

make a point 요점을 말하다

make a speech 연설하다

make a suggestion 제안하다

make arrangements 준비하다, 조정하다

make a choice 선택하다

make a deal 거래하다, 합의하다

make a list 목록을 만들다

make a promise ~하겠다고 약속하다

make plans[a plan] 계획을 세우다

make an appointment 만날 약속을 잡다

make a difference 변화를 일으키다

make sense 말이 되다, 이해가 되다

make sure 확실히 하다

make a date 데이트 약속을 잡다

make a call 전화하다

make love 사랑을 나누다

make friends (with) (~와) 친구가 되다, 친구로 사귀다

CHART 43   give + 명사

give a cry (고통·놀라움·두려움 등으로 꽥) 소리를 지르다

give a scream 비명을 지르다

give a shout (부르거나 경고하기 위해 또는 흥분하여) 외치다

give a whistle 휘파람을 불다

give a sigh 한숨을 쉬다

give a laugh 웃다

give a smile 미소를 짓다

give a grin 씩 웃다

give a look 바라보다, 눈길을 주다

give a glance 흘끗 보다

give a kick 발로 차다

give a punch 주먹질하다

give a slap 찰싹 때리다

give a push 밀다

give a knock 노크하다

give a blow 강타하다

give a hug 껴안다

give a kiss 키스하다

give a stroke 쓰다듬다

give birth 출산하다

give somebody a lift 차로 ~를 태워 주다

give a hand 도와주다

give a call[ring] (영국 비격식) 전화하다

give thanks 감사하다

give some advice 조언을 하다

give an answer 대답하다

give some information 정보를 주다

give an interview 인터뷰를 하다, 인터뷰에 응하다

give the impression 인상을 주다

give a chance 기회를 주다

give time (to something) (~에) 시간(을) 할애하다

give a lecture 강의를 하다

give an example 예를 들다

give an explanation 설명하다

give it a try 한번 시도해 보다

give it another try 한 번 더 시도해 보다

give a report 보고하다

give a speech 연설하다

give a talk 이야기하다, 강연하다

give a comment 의견을 말하다

give a warning 경고하다

give credit 공로를 인정하다

give a performance 공연하다

give a toast 건배사를 하다

CHART 44 do + 명사

do the cooking 요리를 하다
do the drying (식기 등을) 말리다
do the dishes[washing up] 설거지를 하다(do the washing up은 영국식)
do a lot of work 많은 일을 하다
do the cleaning 청소를 하다
do the shopping 장을 보다
do the laundry 빨래를 하다
do the ironing 다림질을 하다
do one's hair 머리를 손질하다
do one's teeth 이를 닦다

do an exam 시험을 치르다
do homework 숙제를 하다
do an exercise 연습 문제를 풀다, 운동을 하다
do your best 최선을 다하다
do nothing 아무것도 하지 않다
do the gardening 정원 일을 하다
do someone's makeup 화장을 해 주다

do a job 일을 하다
do business 사업을 하다, 거래하다
do harm 해를 끼치다
do good 선행을 하다, 좋은 일을 하다
do a favor 호의를 베풀다
do research 연구하다
do a report 보고서를 작성하다
do time (in prison) 형을 살다
do military service 군 복무를 하다

HOW TO USE

> MP3 38

1 **A** Hi, this is Emily. What are you doing? 안녕? 나 에밀리. 뭐 해?

  B Hey, what's up? I'm **having a cup of tea** after **doing a lot of work**—the laundry, cleaning, and even ironing.
  오, 안녕? 아주 많은 일을 했거든, 빨래, 청소, 다림질까지 말이야. 그러고 나서 차 한 잔 마시는 중이야.

  A Wow, you're so diligent! So, have you heard that Julia **gave birth** to a boy?
  부지런도 하지! 그래, 줄리아가 아들 낳았다는 소식 들었지?

  B Yeah! I can't wait to meet the little prince!
  응! 신생아 왕자님 빨리 보고 싶어!

  A How about visiting her today? I called her this morning, and she said she really wanted to **have a chat with** both of us.
  오늘 줄리아한테 갈래? 오늘 아침에 전화했더니 진짜 우리랑 같이 수다 떨고 싶다더라고.

  B That's great! Then I'll **make a cake** for her.
  그거 좋네! 그럼 줄리아한테 케이크 하나 구워 줘야겠다.

2 Before the day began, I **had a walk** through the park to organize my thoughts. Upon returning, I **took a shower** and reviewed the agenda. During the meeting, I **gave an explanation** of the proposed adjustments and **made a suggestion** about the team structure.

After a brief discussion, we **made a decision** to implement the changes over the next two weeks. Several colleagues **made comments**, which I greatly appreciated. I then **took a break** before continuing with individual consultations.

In the afternoon, I **made an attempt** to draft the new policy outline. Though it's only a preliminary version, I believe it's a good starting point. I'll **give it another try** tomorrow after receiving feedback. For now, I intend to **take a rest** and return to it with a fresh perspective.

하루를 시작하기 전에, 생각을 정리하기 위해 공원을 산책했다. 돌아온 후에는 샤워를 하고, 회의 일정을 검토했다. 회의 중에는 제안된 조정 사항에 대해 설명을 했고, 팀 구조에 관한 제안을 하나 했다.

짧은 논의 후, 우리는 변화된 사항들을 향후 2주 동안 시행하기로 결정했다. 여러 동료들이 의견을 말해 주어 매우 고마웠다. 짧은 휴식을 취한 뒤, 개별 상담을 계속 진행했다.

오후에는 새로운 정책 초안을 작성해 보았다. 아직은 초기 버전이지만, 시작점으로는 괜찮은 것 같다. 내일 피드백을 받은 후에 다시 한 번 시도해 볼 생각이다. 지금은 좀 쉬고, 새로운 관점으로 다시 검토할 것이다.

CHAPTER 11

유용한 동사 go 연어 표현

Collocations with "go"

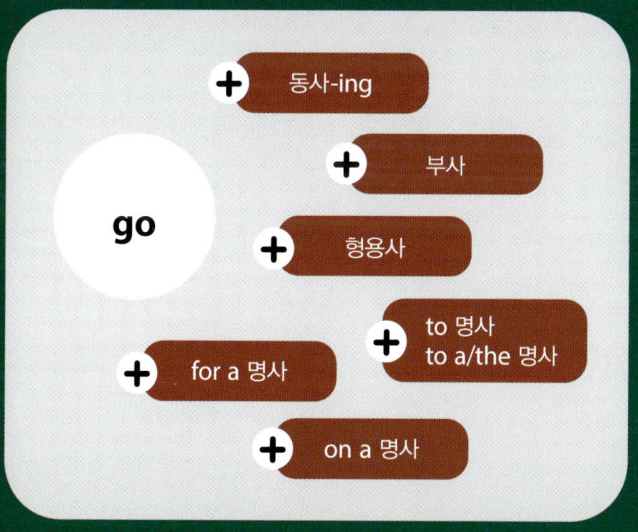

go는 다양한 형태의 어구와 함께 매우 요긴하게 쓰이는, 활용도가 높은 동사이다. '가다'라는 본연의 뜻이 살아 있는 경우도 있고, 뜻이 약해져서 뒤에 오는 어구가 의미를 결정하는 경우도 있다.

CHART 45 go + 동명사

시작하는 시간과 끝나는 시간이 딱 정해져 있지는 않은 활동, 스포츠, 탐사 작업 등을 '하러 간다'고 할 때 〈go + 동명사〉형태로 말한다.

go +

bowling 볼링 치러 가다
bungee jumping 번지 점프 하러 가다
camping 캠핑 가다
dancing 춤추러 가다
fishing 낚시하러 가다
hiking 등산 하러 가다
jogging 조깅 하러 가다
running 달리러 가다
shopping 쇼핑하러 가다
sightseeing 관광하러 가다
skating 스케이트 타러 가다
skiing 스키 타러 가다
swimming 수영하러 가다
walking 걸으러[산책하러] 가다

CHART 46

go + 부사/형용사

go와 장소나 방향을 나타내는 부사의 조합은 대체로 go 본연의 뜻을 유지하여 '~로 가다, ~로 이동하다'를 뜻한다. 하지만 형용사와 결합한 go는 동사 become과 비슷한 의미가 되어, 그 형용사의 상태로 변하는 것을 의미한다. 관용적으로 쓰이거나 비유적으로 쓰이는 표현도 있다.

부사
- abroad 해외로 가다
- away 가다, 떠나다
- down 아래로 내려가다, (관용적) 줄어들다, 일어나다, 벌어지다
- downtown 시내에 가다
- home 집에 가다
- online 온라인에 접속하다
- outside 밖으로 나가다
- right[straight] on 똑바로 가다, 직진하다
- right/wrong 잘되다/잘못되다
- north 북쪽으로 가다
- off 멀어지다, 벗어나다, (관용적) 터지다, (알람 등이) 울리다
- on 계속 나아가다, (관용적) 계속되다, 벌어지다, 발생하다
- south 남쪽으로 가다, (관용적) 악화되다, 나빠지다
- there 거기에 가다
  *구어에서 Don't go there.는 '그 얘기는 하지 마라'라는 뜻
- up 위로 올라가다, (관용적) 오르다, 증가하다

형용사
- bad (음식 등이) 상하다
- bald 대머리가 되다
- blind 시력을 잃다
- broke[bankrupt] 돈이 떨어지다, 파산하다
- crazy[mad] 미치다, 정신 나간 듯 행동하다
- deaf 청력을 잃다
- green 친환경적이 되다
- viral 입소문이 퍼지다

CHART 47 go to + 명사/동사

go to 다음에 명사가 올 경우, 무관사로 하나의 숙어처럼 굳어져 사용되는 표현들이 많다. '잠자리에 들다'를 뜻하는 go to bed처럼 bed 앞에 관사를 쓰지 않는 것이다.

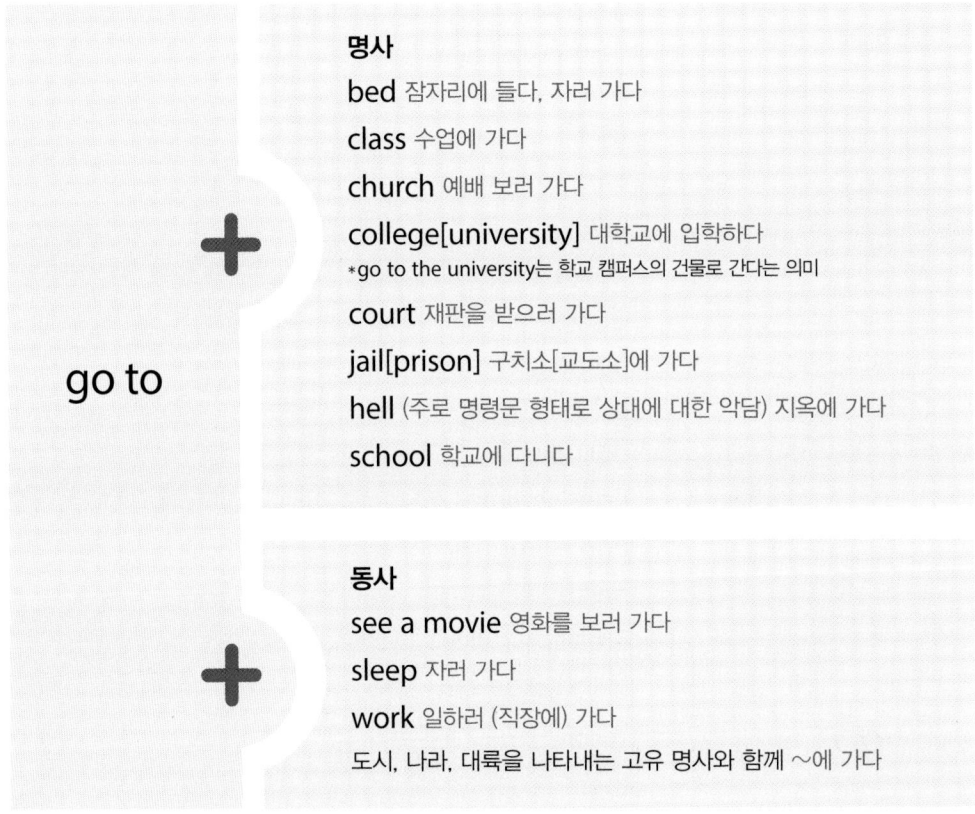

go to +

명사
bed 잠자리에 들다, 자러 가다
class 수업에 가다
church 예배 보러 가다
college[university] 대학교에 입학하다
*go to the university는 학교 캠퍼스의 건물로 간다는 의미
court 재판을 받으러 가다
jail[prison] 구치소[교도소]에 가다
hell (주로 명령문 형태로 상대에 대한 악담) 지옥에 가다
school 학교에 다니다

go to +

동사
see a movie 영화를 보러 가다
sleep 자러 가다
work 일하러 (직장에) 가다
도시, 나라, 대륙을 나타내는 고유 명사와 함께 ~에 가다

CHART 48 go to + a/the 명사

어쩌다 한 번씩 또는 때때로 가는 장소와 의료직군을 나타내는 명사 앞에는 the를 붙인다.

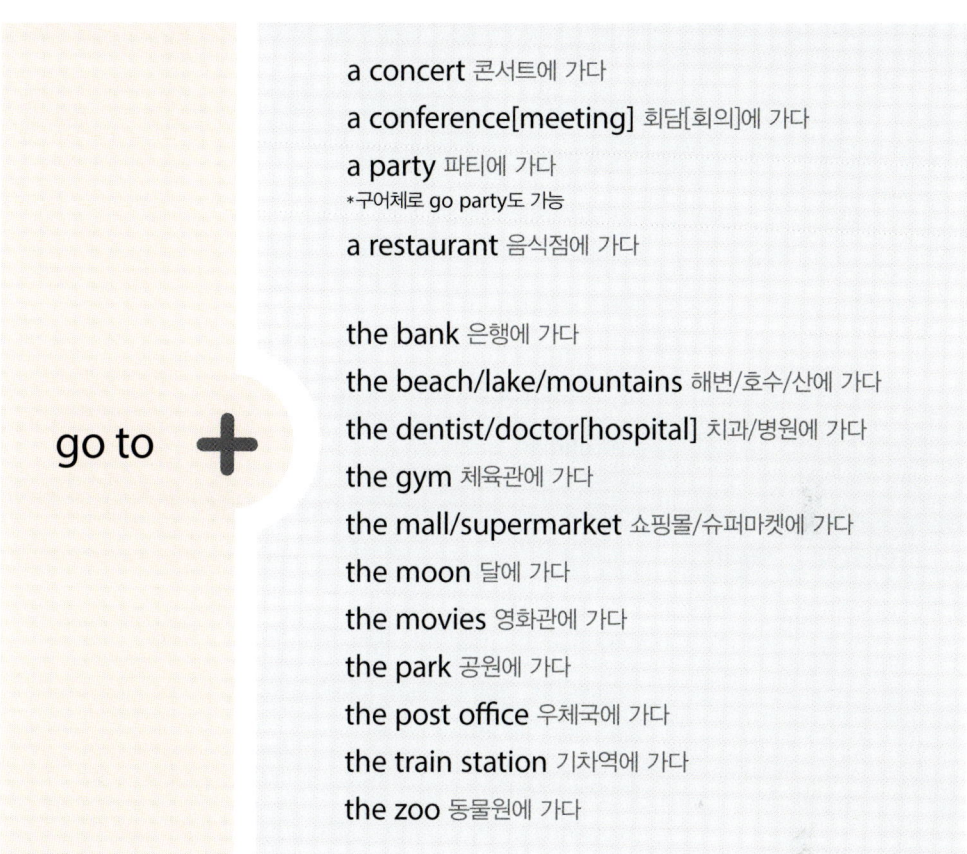

go to +

a concert 콘서트에 가다
a conference[meeting] 회담[회의]에 가다
a party 파티에 가다
*구어체로 go party도 가능
a restaurant 음식점에 가다

the bank 은행에 가다
the beach/lake/mountains 해변/호수/산에 가다
the dentist/doctor[hospital] 치과/병원에 가다
the gym 체육관에 가다
the mall/supermarket 쇼핑몰/슈퍼마켓에 가다
the moon 달에 가다
the movies 영화관에 가다
the park 공원에 가다
the post office 우체국에 가다
the train station 기차역에 가다
the zoo 동물원에 가다

CHART 49

go for + 명사

go for 다음에 오는 명사에 해당하는 활동을 하러 간다는 뜻이다. 주로 짧게 끝나는, 그 활동 자체가 목적인 간단하고 습관적인 활동을 하러 간다고 할 때 쓴다.

go for +

- breakfast[lunch/dinner] 아침[점심/저녁] 먹으러 가다
- a coffee 커피 마시러 가다
- a drink 한잔하러 가다
- a beer 맥주 마시러 가다
- a checkup 건강 검진 받으러 가다
- a haircut 머리 자르러 가다
- a drive[ride] 드라이브하러 가다
- a hike 등산하러 가다
- a meal 식사하러 가다
- a jog[run] 조깅하러[달리러] 가다
- a massage 마사지 받으러 가다
- a nap 잠깐 눈붙이러 가다
- a picnic 소풍 가다
- a rest 쉬러 가다
- a smoke 담배 피우러 가다
- a swim 수영하러 가다
- a talk[chat] 이야기하러[수다 떨러] 가다
- a walk[stroll] 산책하러 가다
  *walk는 '걷기'라는 뜻의 가장 일반적인 표현이고, stroll은 천천히, 한가롭게 걷는다는 느낌이 강조된 표현
- a workout[some exercise] 운동하러 가다

CHART 50 go on + 명사

행사나 활동에 참여하거나 어떤 경험을 한다고 할 때, 또는 여행처럼 상대적으로 오랜 시간이 걸리는 계획된 활동을 할 때 주로 쓴다.

go on +
- an adventure 모험을 떠나다
- a cruise 크루즈 여행을 가다
- a date 데이트하(러 가)다
- (a) vacation[holiday] 휴가를 가다
- a picnic 소풍을 가다
- a safari 사파리 여행을 가다
- a shopping spree 쇼핑을 잔뜩 하다
- a strike 파업에 들어가다
- a tour[trip] 관광[여행]을 가다

*go for vs. go on
두 표현을 바꿔 쓰면 어색한 경우도 있고, 괜찮은 경우도 있다.

go for a coffee[drink] (O)
go on a coffee[drink] (어색)

go for a run[jog] (O)
go on a run[jog] (O) ▶ 영국식에서는 어색

go for a meal[lunch/dinner] (O)
go on a meal[lunch/dinner] (어색)

go for a hike (O) ▶ 하이킹을 간다는 의도에 초점
go on a hike (O) ▶ 하이킹이라는 행사에 초점

go for a drive[ride] (O)
go on a drive[ride] (O) ▶ 차를 타는 경험에 초점

go for a trip (어색)
go on a trip (O)

go for a shopping spree (어색)
go on a shopping spree (O) ▶ 쇼핑을 왕창 하는 경험에 초점

HOW TO USE

1. **A** We'll **go bungee jumping** this weekend. Will you join us?
   우리 이번 주말에 번지 점프하러 갈 건데. 같이 갈래?

   B Oh, I'd love to, but I have to **go shopping** with my mom then.
   아, 정말 그러고 싶은데 그때 우리 엄마랑 쇼핑 가야 해서.

2. **A** Did you hear the alarm **go off** in the office this morning?
   오늘 아침에 사무실에서 알람 울린 거 들었어요?

   B Yes, everyone had to **go outside** until the building was checked.
   네, 건물 점검이 끝날 때까지 전부 밖으로 나가야 했어요.

3. I heard there's a rumor that the company will **go bankrupt** very soon. So I should **go online** to chat with some friends working in that field to get more information.
   그 회사가 금방 파산할 거라는 소문이 있다고 들었다. 그러니 인터넷에 접속해 그 분야에서 일하는 친구들과 채팅하고 정보를 좀 더 얻어야겠다.

4. Jeff decided to **go green** by reducing plastic use and riding his bike to work every day.
   제프는 플라스틱 사용을 줄이고 매일 자전거로 출근하면서 친환경적으로 살기로 했다.

5. I'll **go to bed** earlier than usual tonight, as I should go to work by 7 o'clock for a breakfast meeting tomorrow.
   오늘 밤에는 평소보다 일찍 잠자리에 들 거야. 내일 조찬 회의 때문에 7시까지 출근해야 하거든.

6 A What're you gonna do this Friday? I'm so thrilled and can't wait to **go to a concert** that night!
이번 금요일에 뭐 할 거야? 난 밤에 콘서트 갈 거라서 엄청 신나! 빨리 가고 싶어!

B What a nice plan! I'll **go to the dentist** in the afternoon and then just take a nap for a while before **going to dinner**.
정말 멋진 계획이네! 난 오후에 치과 갔다가 저녁 먹으러 가기 전에 한숨 자려고.

7 A Let's **go to the movies** tonight. There's a new comedy everyone's talking about.
오늘 저녁에 영화관 가자. 코미디 영화가 새로 나왔는데 다들 그 얘기야.

B Sounds good! Before that, I'll **go to the mall** to buy some snacks.
좋아! 그전에 난 쇼핑몰에 들러서 간식 좀 살게.

8 A What a lovely day! How about we **go for a drive**?
날씨 너무 좋다! 우리 드라이브 가는 거 어때?

B Well, I'd rather **go for a jog** or even **a hike**. We need to do more outdoor activity!
음, 차라리 조깅이나 등산을 가겠어. 우린 야외 활동을 더 많이 해야 한다고!

A Hmm, you're right. How about **going on a picnic**, then, to just enjoy the fresh air, without sweating?
흠, 자기 말이 맞아. 그럼 땀 흘리지 않고 신선한 공기를 즐길 수 있게 소풍을 가는 게 어떨까?

9 After saving money for years, she finally decided to **go on a cruise** to the Caribbean with her family.
몇 년 동안 돈을 모은 끝에, 그녀는 마침내 가족과 함께 카리브해로 크루즈 여행을 가기로 결심했다.

CHAPTER 12

유용한
〈동사 + 전치사〉
연어 표현
(전치사 동반 동사)

Useful
Verb + Preposition
Collocations
(Prepositional Verbs)

동사 +	about	= ~에 관하여, ~에 대한	▶ 주제, 내용
	at	= ~에	▶ 정확한 시간, 지점, 대상
	for	= ~를 위해, ~에게, ~용	▶ 이익, 목적, 방향
	from	= ~로부터, ~에서	▶ 기원, 출발점, 분리
	in	= ~ 안에, ~ 속에	▶ 내부, 시공간의 안
	of	= ~의, ~에 대한, ~ 중의	▶ 소속, 연관, ~의 일부
	on	= ~ 위에, ~에 대해, ~에	▶ 표면에 닿아 있음, 시간, 주제
	to	= ~로, ~에게	▶ 방향, 목적지, 수신자
	with	= ~와 함께, ~를 가지고	▶ 함께, 동반, 이용

동사와 전치사가 세트처럼 함께 쓰여서 다양한 뜻을 나타내는 경우가 있다. 이런 동사를 '전치사 동반 동사(prepositional verb)'라고 부르기도 한다. 동사의 뜻과 함께 전치사의 기본적인 뜻을 알면 전치사 동반 동사가 나타내는 의미를 좀 더 잘 알 수 있다. 연어 표현(collocation)이란 이렇게 단어들의 조합이 굳어져 자연스럽게 사용되는 표현이다.

CHART 51 동사 + about

argue	about	~에 대해 언쟁을 벌이다
ask		~에 대해 묻다
boast		~에 대해 뽐내다, 자랑하다
care		(중요하다고 생각하여) ~에 마음을 쓰다, 관심을 가지다
complain		~에 대해 불평하다
dream		~가 나오는 꿈을 꾸다
forget		~에 대해 잊다
know		~에 대하여 알고[듣고] 있다
laugh		~에 대해 웃다
protest		~에 대해서 항의하다
talk		~에 대해 얘기하다
tell A		A에게 ~에 대해 얘기하다
think		~에 관해 (비교적 오래) 생각하다, 고려하다
worry		~에 대해 걱정하다
write		~에 대해 쓰다

CHART 52 동사 + at

aim	at	~를 겨누다, 겨냥하다
arrive		~에 도착하다
excel		~에 뛰어나다, 탁월하다
glance		~를 흘깃[휙] 보다, 훑어보다
smile		~에게 미소짓다
look		~를 보다
marvel		~에 경이로워하다, 경탄하다
peer[stare]		~를 유심히 보다, 빤히 쳐다보다
point		~를 가리키다, (총 등을) ~에 겨누다
yell		~에게 고함치다
wink		~에게 윙크하다, 눈짓하다

CHART 53 동사 + for

admire A	for	A가 ~한 것에 대해 존경하다, 찬사를 보내다
apologize		~에 대해 사과하다
apply		(일자리·직위 등)에 신청하다, 지원하다
arrest A		A를 ~로[때문에] 체포하다
ask		~를 부탁[요청]하다
blame A		~에 대해 A(사람·상황)를 탓하다, A의 책임[때문]이라고 보다
forgive A		A가 ~한 것을 용서하다
hope		~를 바라다, 기대하다
look		~를 찾다
pay		~ 대금을 지불하다, 빚을 갚다
pray		~를 기도하다, 간절히 바라다
prepare		~를 준비하다
scold A		~ 때문에 A를 꾸짖다
search		~를 찾아보다, 검색하다
thank A		A에게 ~에 대해 고마워하다
vote		~에 (찬성) 투표하다
wait		~를 기다리다
wish		~를 바라다, 기원하다
work		(어떤 목표)를 위해 일하다, 노력하다, (회사)에서 일하다

CHAPTER 12

HOW TO USE

> MP3 40

A Why do you always **argue about** everything? I just asked if you were going to **apply for** that new job at the company.
왜 늘 매사에 언쟁을 벌이려는 거야? 난 그저 자기가 회사의 새로운 업무에 지원할 건지 물어봤을 뿐인데.

B Because you're always pushing me to make decisions I'm not ready for! I'm **aiming at** something more creative, and that job isn't really what I'm passionate about. Actually I've been considering starting my own business instead.
자기는 늘 내가 아직 준비가 안 됐는데도 결정을 내리라고 다그치니까 그렇지! 난 좀 더 창의적인 일을 목표로 하고 있는데, 그 일은 내가 그렇게 열심히 하고 싶은 일이 아니라고. 실은, 그보다는 내 회사를 차리는 걸 고려하고 있었어.

A Starting your own business? That's huge! Have you even **searched for** funding options yet?
자기 회사를 차린다고? 그거 굉장하네! 자금 조달 방안들도 알아본 거야?

B Not yet. I'm still in the planning phase, but I know I'll have to **work for** it if I want to succeed.
아니, 아직. 아직은 구상하는 단계니까. 하지만 성공길 원하면 그걸 위해 노력해야 한다는 건 알고 있어.

A I'm not trying to control everything, I just **care about** your future. But honestly, I **marvel at** how you always manage to balance so many things at once.
내가 모든 걸 다 통제하려는 게 아니고, 자기 장래에 마음이 쓰여서 그러는 거야. 하지만 솔직히, 자기가 늘 그 많은 일을 한 번에 그렇게 잘 균형 잡아 해내는 것에 대해선 감탄스러워.

B Thanks, but sometimes you make me feel like I can't take my time. It's like you **blame** me **for** not being ambitious enough.
고마워. 하지만 자기는 내가 좀 천천히 하면 안 되는 것처럼 느끼게 할 때가 있어. 내가 야망이 좀 더 크지 않다고 탓하는 것 같단 말이야.

A That's not it. I just want to point out opportunities you might not be seeing. And I think you're missing out if you don't consider this job.
그런 건 아냐. 자기가 못 보고 있는지도 모르는 기회를 짚어 주고 싶은 거지. 그리고 이 일을 고려해 보지 않으면 좋은 기회를 놓치게 될 것 같아.

B I see your point, but don't **scold** me **for** having my own dreams.
무슨 말인지 알겠는데, 내가 나만의 꿈을 품고 있는 거에 대해서 나무라진 말아줘.

A You're right. I'm sorry. I didn't mean to pressure you.
자기 말이 맞아. 미안해. 자기한테 압박감을 주려던 건 아니었어.

CHART 54 동사 + from

abstain	~를 그만두다, 끊다, 삼가다
borrow A	~에(게)서 A를 빌리다
escape	~에서 탈출하다, 벗어나다
graduate	~를 졸업하다
hide	~에게서 몸을 숨기다
infer	~로부터 추론하다
prevent	~하는 것을 막다, 예방[방지]하다
prohibit	~를 금지하다, ~하는 것을 불가능하게 하다
protect	~로부터 보호하다
recover	~에서 회복하다
rescue A	A를 ~에서 구하다, 구제하다
resign	~를 사직[사임]하다, ~에서 물러나다
retire	~에서 은퇴[퇴직]하다
save	~에서 구하다, ~하지 않도록 하다
separate	~에서 분리되다[분리하다], 떨어지다
suffer	~로 고생하다, ~병을 앓다

CHART 55 동사 + in

arrive	~에 도착하다
involve A	A가 ~에 관여하게 만들다, ~에 A를 참여시키다
participate	~에 참가하다
specialize	~를 전문으로 하다
succeed	~에 성공하다
trust	~를 신뢰하다, 믿다

* **arrive at vs. arrive in vs. arrive on**

arrive는 뒤에 오는 명사에 따라 함께 쓰는 전치사가 달라진다. arrive at 다음에는 비교적 좁은 장소를 나타내는 명사가 온다.
The train will arrive <u>at the station</u> in 10 minutes. 기차는 10분 후에 역에 도착할 것이다.

arrive at은 또한 어떤 일에 대해 '같은 결론에 도달하다, 합의하다'라는 추상적인 의미로도 쓰인다.
After the long and hard discussion, we arrived <u>at the same conclusion</u>.
길고도 힘든 논의 끝에 우리는 같은 결론에 도달했다.

arrive in 다음에는 비교적 넓은 장소를 나타내는 명사가 온다.
He'll arrive <u>in New York</u> tomorrow. 그는 내일 뉴욕에 도착할 것이다.

arrive on은 arrive on the scene(현장에 도착하다)의 형태로 쓰인다.
A criminal arrives <u>on the scene</u> of crime in twice. 범인은 범죄 현장에 두 번 나타난다.

CHAPTER 12　179

HOW TO USE

1 I could **infer from** the smile on his face that he was happy.
나는 그의 얼굴에 떠오른 미소를 보고 그가 기분이 좋다는 것을 짐작할 수 있었다.

2 The school **prohibits** students **from** using their phones in class.
그 학교에서는 학생들이 수업 중에 휴대 전화를 사용하는 것을 금지한다.

3 She decided to **resign from** the company after ten years of service.
그녀는 회사에서 10년간 근무한 후 사임하기로 결정했다.

4 The twins were rarely **separated from** each other as children.
그 쌍둥이들은 어릴 때 서로 떨어져 지낸 적이 거의 없었다.

5 Mary **involved** her brother **in** the surprise party planning.
메리는 남동생이 깜짝 파티를 함께 계획하도록 했다.

6 Our clinic **specializes in** sports injuries and rehabilitation.
저희 클리닉은 스포츠 부상과 재활을 전문으로 합니다.

CHART 56 동사 + of

	of	
accuse A		A를 ~했다고 비난하다, A를 ~ 혐의로 기소하다
approve		~를 찬성하다, 인정하다
dream		~를 꿈꾸다, 열망하다
hear		~에 관해 들어서 알다

CHART 57 동사 + on

	on	
agree		~에 관해 동의하다
base		~에 기초를 두다
blame A		A에 대해 ~를 탓하다, A가 ~ 때문[책임]이라고 여기다
comment		~에 대해 논평하다, 견해를 밝히다
concentrate		~에 집중하다, 전념하다
congratulate		~에 대해 축하하다
depend		~에 의존하다, ~에 달려 있다
elaborate		~에 대해 상세히 말하다
focus		~에 집중하다, 초점을 맞추다
insist		~를[~해야 한다고] 고집하다, 우기다
rely		~에게 의존하다, 기대다
work		~에 노력을 들이다, 착수하다

*blame A for B vs. blame A on B

blame A for B는 'B에 대해서 A를 탓하다', 'B의 원인이 A 때문이라고 하다'라는 뜻이다.

He blamed <u>the traffic</u> for <u>the delay</u>.　그는 교통혼잡(A) 때문에 지체되었다(B)고 했다.
　　　　　　　　A　　　　　　B

blame A on B는 'A의 원인을 B의 탓으로 돌리다'이다.

He blamed <u>the traffic</u> on <u>the delay</u>.　그는 지체되는(B) 바람에 교통혼잡(A)이 있었다고 했다.
　　　　　　　　A　　　　　　B

이 문장을 첫 번째 문장과 같은 뜻이 되게 하려면 다음과 같이 바꿔야 한다.

He blamed <u>the delay</u> on <u>the traffic</u>.

for와 on에 따라서 동사 blame의 대상이 달라지는 것이다.

blamed [문제를 유발한 것] for [문제 현상]

blamed [문제 현상] on [문제를 유발한 것]

CHAPTER 12

HOW TO USE

1. Mary **accused** him **of** lying.
   메리는 그가 거짓말을 했다고 비난했다.

2. Her parents didn't **approve of** her decision to travel alone.
   그녀의 부모님은 혼자 여행하겠다는 그녀의 결정에 찬성하지 않았다.

3. Mike **blamed** the broken window **on** his little brother.
   마이크는 유리창이 깨진 것이 그의 남동생 탓이라고 했다.

4. They **congratulated** her **on** winning the competition.
   그들은 그녀가 대회에서 우승한 것을 축하해 주었다.

5. Could you **elaborate on** your plan for the new project?
   새 프로젝트를 위한 당신의 계획에 대해서 자세히 말씀해 주실 수 있겠습니까?

6. He **insisted on** paying for dinner even though we offered to split the bill.
   우리는 저녁값을 나눠서 계산하자고 했지만, 그는 자기가 내겠다고 고집했다.

7. I need to **work on** my presentation before the meeting.
   나는 회의 전에 발표 준비를 해야 한다.

CHART 58 동사 + to

adapt	~에 적응하다
add	~에 더하다, 추가하다
agree	~에 동의하다
apologize	~에게 사과하다
apply	(회사·대학 등)에 지원하다
attend	~에 참석하다, ~를 보살피다, ~에 전념하다
connect	~에 연결[접속]하다
consent (다소 격식적)	~에 동의하다, ~를 허락하다
contribute	~의 한 원인이 되다, ~에 기여하다
convert	~로 바꾸다
dedicate A	(시간·노력을) ~에 바치다, ~에 전념[헌신]하다, ~에게 헌정하다
devote A	(시간·노력을) ~에 바치다, ~에 전념하다, ~에게 봉헌하다, ~를 열렬히 사랑하다
happen	(어떤 일이) ~에게 일어나다, 생기다
lead	~로 이어지다, (결과적으로) ~에 이르다, ~하게 되다
listen	~를 듣다, ~에 귀 기울이다
object	~에 반대하다
react	~에 반응하다, 반응을 보이다
reply	~에 대답하다, 답장을 보내다
respond (다소 격식적)	~에 응답하다, 답장을 보내다, 반응을 보이다
talk	~와 이야기하다
subscribe	~를 구독하다, (인터넷·유료 TV 채널 등)에 가입하다
travel	~로 여행하다, 이동하다

*dedicate와 devote는 종종 재귀대명사 oneself를 목적어로 취하며, '~에 자신을 바치다, ~에 자신을 헌신하다'는 의미를 나타낸다.

She <u>dedicated herself</u> to her art. 그녀는 예술에 (자신의) 삶을 바쳤다.
He <u>devoted himself</u> to his children. 그는 아이들을 위해 (자신을) 헌신했다.

CHART 59 동사 + with

동사	with	의미
acquaint	with	~를 익히다, 숙지하다
agree/disagree	with	~와 의견이 일치하다[동의하다]/~와 동의하지 않다
charge A	with	~ 죄로 A를 기소[고소]하다, ~한다고 A를 비난하다
compare	with	~와 비교하다, ~에 필적하다
comply	with	(명령·규칙 등)에 따르다, 준수하다
confuse A	with	A를 ~로 혼란스럽게 하다, A와 ~를 혼동하다
cover A	with	A를 ~로 덮다, 가리다, 씌우다
discuss	with	~와 논의하다
help A	with	A가 ~하는 것을 돕다

HOW TO USE

1 It took me a while to **adapt to** the new climate when I moved to Canada.
캐나다에 이주하고 나는 새로운 기후에 적응하는 데 시간이 좀 걸렸다.

2 Everyone knows that she has **dedicated** herself **to** helping the patients.
그녀가 환자들을 돕는 데 헌신했다는 것은 모두 알고 있다.

3 Poor planning can **lead to** unexpected delays in the project.
계획을 부실하게 세우면 프로젝트에서 예상치 못했던 지연이 발생할 수 있다.

4 How about **subscribing to** some more movie channels?
영화 채널 좀 더 신청하는 게 어때?

5 I need to **acquaint** myself **with** my new job.
나는 빨리 새 일을 숙지해야 한다.

6 I heard that she was **charged with** embezzlement.
그 여자가 횡령으로 기소되었다고 들었다.

7 A Hi Tom! ...Huh? I'm sorry, I think I have mistaken you for someone else.
안녕 톰? …어라? 미안해요, 제가 댁을 다른 사람으로 잘못 봤네요.
B That's okay. People often **confuse** me **with** Tom, my brother!
괜찮아요. 사람들이 절 우리 형 톰이랑 혼동할 때가 많더라고요!

8 Mr. Jones, are you busy now? I was wondering if you can please **help** me **with** this job for a while.
존스 씨, 지금 바쁘세요? 혹시 이 일 좀 잠깐 도와주실 수 있을까 해서요.

CHAPTER 13

유용한 구동사

Useful Phrasal Verbs

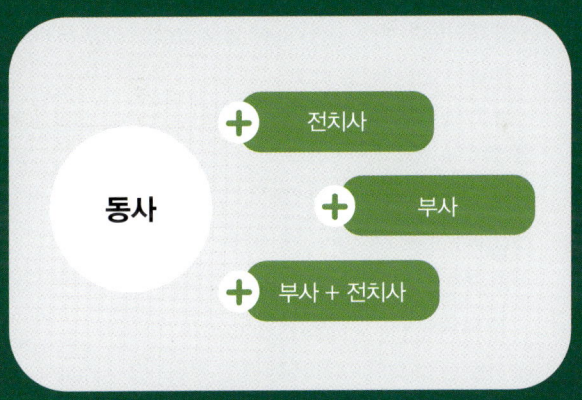

구동사란 〈동사 + 전치사〉 또는 〈동사 + 부사〉, 〈동사 + 부사 + 전치사〉 등의 세 가지 형태로 이루어진 어구를 말한다. 앞서 살펴본 전치사 동반 동사(prepositional verbs)와 달리, 구동사는 마치 숙어처럼, 각 단어의 원래 뜻과는 다른 새로운 뜻을 만드는 경우가 대부분이다. 예를 들어, bring(가져오다, 데려오다)과 up의 조합인 구동사 bring up은 '양육하다' 또는 '화제를 꺼내다'라는 새로운 뜻을 만든다. 구동사는 보통 일상적인 구어체에서 많이 보이지만 문어체에서 쓰이는 구동사도 적지 않다.

CHART 60 구동사 A ~ J

adhere to	~를 고수하다, 충실히 지키다
ascribe to	~의 결과라고 간주하다, (원인·동기 등을) ~에 돌리다
back up	~를 뒷받침하다, 도와주다, 지지하다, (파일·프로그램 등을) 백업하다
believe in	~에 대해 (그 존재에 관해, 또는 인격적으로) 믿다
belong to	~에 속하다, ~의 소유이다
break down	(기계·차량 등이) 고장 나다, (합의·관계 등이) 끝나다, (건강·감정 등이) 무너지다, 여러 부분으로 나누다, 분류하다
break into	~에 침입하다, 갑자기 (웃음·달리기 등)을 시작하다, (사업 등)에 진입하다
break through	(장애물·난관 등을) 뚫고 나아가다
break up	(관계·결혼생활 등) 끝내다, 끝나다, (모임 등이) 파하다, 해산시키다
bring about	~를 유발[초래]하다
bring up	~를 양육하다, (화제를) 꺼내다
call for	~를 (공식적으로) 요구하다, ~를 필요로 하다, (함께 어딘가로 가기 위해 ~가 있는 곳으로) ~를 데리러 가다
call off	중지하다, 취소하다
care for	~를 보살피다, 돌보다, ~를 매우 좋아하다
carry on	~를 계속하다, 계속 움직이다, (소란을 피우며) 투덜대다
catch up with	~를 따라잡다, ~와 밀린 이야기를 따라잡다, ~를 체포하다
cheat on	~를 배신하고 바람을 피우다
check out	~가 사실인지[맞는지] 확인하다, (흥미로운 것을) 살펴보다, 사실로 판명되다, (호텔에서) 체크아웃하다
clear up	날씨가 개다, ~를 말끔히 정리하다, 치우다, ~를 해결하다, 설명하다
close down	폐업하다, 문을 닫다, (라디오·텔레비전 방송국이 하루의) 방송을 마감하다
come across	~를 우연히 마주치다, 발견하다
come from	~ 출신이다, ~에서 나오다
come on	(원하는 대로) 되어 가다, (질병·어떤 분위기가) 시작되다, 텔레비전 프로그램 등이 시작하다
come out	생산[출시]되다, (소식·진실 등이) 알려지다, 드러나다, 성 정체성을 밝히다, 파업에 나서다, (사진이) 잘 나오다, (해·달·별이) 나오다
come under	(특정 집단 등)에 포함되다, 들어가다, ~의 영향[통제]을 받다, ~의 공격[비난]을 받다
confide in	~에게 비밀을 털어놓다
consist of	~로 구성되다, 이루어지다
count on	~를 의지하다, 믿다
crack down on	~에 단호한 조치를 취하다, ~를 엄히 단속하다
cut down on	~를 줄이다

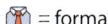 = formal

deal with	~를 (상)대하다, ~와 거래하다, ~를 다루다, 처리하다
disabuse of	(그릇된 관념·미몽)에서 깨게 하다
emanate from	~에(게)서 나오다
engage in	~에 관여[참여]하다
enlarge on [upon]	(이미 언급하거나 썼던 것)에 대해 더 상세하게 말하다
enter on[upon]	~를 시작하다, ~에 관여하게 되다
fall apart	다 망가지다, 부서지다, 결딴나다
fall down	넘어지다, 쓰러지다
fall under	~의 영향을 받다, ~의 관할[지배] 아래 들어가다, ~에 해당되다
fall through	완료[실현]되지 못하다
find out	(~에 대해) 알아내다, ~의 잘못을 적발하다
get along	사이좋게 지내다, (일·상황 등)을 처리하다
get back to	~에게 나중에 답을 해 주다
get by	지나가다, 용케 해내다, 잘 빠져나가다
get over	(곤란한 일 등)을 극복하다, (병 따위)로부터 회복되다, (충격·불행 등)을 잊다
get through	많은 양을 써 버리다, ~를 끝내다, 완수하다, (시험 따위에) 합격하다, 합격시키다
give in	~에 항복하다, 굴복하다, (마지못해) 동의하다, 받아들이다
give up	포기하다
go back on	(약속 등을) 안 지키다, 번복하다
go in for	(시험에) 응시하다, (대회에) 참가하다, ~에 관심이[취미가] 있다
go over	~를 조사하다, 점검[검토]하다
go under	가라앉다, 도산[파산]하다
grow up	성장[장성]하다
hand over	건네주다, 넘겨주다, (권력·책임이 있는 자리를) ~에게 이양하다(to와 함께)
hang up	전화를 끊다
have on	~를 입고 있다, ~에 바쁘다, ~를 속이다, ~를 놀리다, ~의 약점을 잡고 있다
hike up	(옷을) 끌어[추켜] 올리다
hold back	~를 말하지 않고 비밀로 하다, (감정을) 누르다[참다], ~를 저지[제지]하다, ~하기를 망설이다
hold on	(명령문 형태로) 기다려, 멈춰, ~를 (제자리에) 고정시키다, (곤경·위험 등을) 견뎌[참아] 내다
interfere with	(법정 증언할 사람을) 협박하다, 매수하다, 성추행하다, ~에 지장을 주다, (장비 등)에 (못 쓰게 되도록) 손대다, 조작하다
join in	~에 참여하다

HOW TO USE

`MP3 44`

1. The students must **adhere to** the school's dress code.
   학생들은 학교의 복장 규정을 준수해야 한다.

2. She **ascribes** her creativity **to** her love of reading as a child.
   그녀는 자신의 창의력이 어린 시절 책 읽기를 매우 좋아했던 덕분에 생겨났다고 한다.

3. Make sure to **back up** all your important files before updating your computer.
   컴퓨터 업데이트하기 전에 중요한 파일 모두 반드시 백업해 두도록 해.

4. My car **broke down** on the way to work, so I had to **call for** roadside assistance.
   출근길에 차가 고장 나는 바람에 긴급 출동 서비스를 요청해야 했다.

5. She managed to **break into** the music industry after years of hard work.
   그녀는 몇 년간 힘들게 노력한 끝에 가까스로 음악계에 진입했다.

6. During the meeting, I'll **bring up** the issue with the budget cuts.
   회의 중에 예산 삭감 문제를 거론할 거예요.

7. Due to the bad weather, they had to **call off** the outdoor concert.
   날씨가 나빠서, 그들은 야외 콘서트를 취소해야 했다.

8. He took a short break but then **carried on** with his studies.
   그는 잠깐 쉬었지만 그러고는 공부를 계속했다.

9. I **came across** an interesting book while browsing the library.
   나는 도서관을 둘러보다가 흥미로운 책을 한 권 발견했다.

10. I'll visit my old friends in my hometown during the summer vacation and can't wait to **catch up with** them!
    나는 이번 여름 휴가 때 고향의 오랜 친구들을 만나러 갈 건데, 그 친구들과 어서 빨리 밀린 이야기를 나누고 싶어!

11. You should **check out** that new restaurant downtown; I've heard great things about it.
    시내에 새로 생긴 음식점 한 번 가봐. 거기 평이 아주 좋더라.

12. My father always asserts that love **consists of** admiration and affection.
    우리 아버지는 늘 사랑이란 존경과 애정으로 이루어져 있는 거라고 힘주어 말씀하신다.

13. I'm trying to **cut down on** sugar, so I stopped drinking soda.
    나는 설탕 섭취를 줄이려고 하는 중이라, 탄산음료를 끊었다.

14. He tried to **disabuse** her **of** the belief that success comes without hard work.
    그는 그녀가 노력하지 않아도 성공이 찾아온다는 믿음에서 헤어나게 하려고 노력했다.

15 A strange noise seemed to **emanate from** the basement.
지하실에서 이상한 소음이 흘러나오는 것 같았다.

16 She decided to **enlarge on** her ideas during the presentation.
그녀는 프레젠테이션을 하는 동안 자신의 아이디어를 더 자세히 설명하기로 마음먹었다.

17 After hearing the bad news, she felt like she was going to **fall apart**.
그 나쁜 소식을 듣고 그녀는 무너져 내릴 것 같은 느낌이 들었다.

18 She **found out** about the surprise party when she overheard her friends talking.
그녀는 친구들의 얘기를 우연히 듣다가 깜짝 파티에 관해 알게 되었다.

19 After hours of negotiation, he finally **gave in** and agreed to the deal.
몇 시간에 걸친 협상 끝에, 그는 마지못해 그 거래에 동의했다.

20 My roommates and I **get along** really well; we rarely argue about anything.
내 룸메이트와 나는 정말 잘 지낸다. 우리는 어떤 일에 대해서도 다투는 일이 거의 없다.

21 Even with his low salary, he manages to **get by**.
그는 낮은 임금으로도 그럭저럭 꾸려가고 있다.

22 It took her a long time to **get over** the breakup, but she's finally feeling better.
그녀는 이별을 극복하는 데 오랜 시간이 걸렸지만, 마침내 기분이 나아지고 있다.

23 Almost 1,000 businesses have **gone under** in the last four months.
최근 4개월간 거의 1,000곳에 달하는 기업이 도산했다.

24 Hey, are you listening to me? Don't **hang up** on me.
이봐, 내 말 듣고 있어? (나랑 통화하다가) 전화 끊지 마.

25 Don't **hold back** during the interview—show them what you can do.
면접 보는 동안에는 주저하지 말고, 당신이 할 수 있는 게 뭔지를 보여주세요.

26 **Hold on** a second, I'll be right with you.
잠깐만 기다려, 곧 너한테 갈게.

27 After hours of searching for her keys, Sarah decided to **give up** and call a locksmith.
세라는 몇 시간이나 열쇠를 찾아다닌 끝에 포기하고 자물쇠 수리공을 부르기로 했다.

28 The witness claimed that someone tried to **interfere with** him to change his testimony in court.
증인은 어떤 사람이 법정에서 자신의 증언을 바꾸도록 협박하려 했다고 주장했다.

CHART 61 구동사 K ~ W

keep down	(커지거나 증가하지 않도록) 억제하다, 낮추다, (사람·집단 등)을 억압하다, 토하지 않다(음식물을 겨우 삼켰으나 토할 듯한 불편감을 느낌을 표현)
keep up	~를 계속하다, (상환금 등)을 계속 내다, (어떤 상황이) 계속되다, (물가·수준 등이) 내려가지 않게 하다, ~의 진도·증가 속도 등을 따라가다(with와 함께), (뉴스·유행 등)에 대해 알다(with와 함께)
knock over	~를 때려 눕히다, ~가 넘어지게[떨어지게] 만들다, 차로 치다
laugh at	~를 비웃다, 놀리다
leave out	빼다, 생략하다, (포함·언급하지 않고) ~를 (…에서) 배제하다(of와 함께)
let down	~의 기대를 저버리다, ~를 실망시키다, ~를 아래로 내리다, 내려가게 두다
look after	~를 맡다, 돌보다(= take care of), 건사하다
look forward to	~를 기대하다, 즐거운 마음으로 기다리다
look down on	~를 업신여기다, 얕보다
look over	~를 대충 훑어보다, 살펴보다
look up	(상황 등이) 나아지다, (정보)를 찾아 보다, ~를 방문하다
look up to	~를 존경하다, 우러러보다
make up	~를 형성하다, 만들다, 구성하다, (이야기 등을 가짜로) 지어내다, ~를 보상하다, 화해하다
make over	~를 고치다, 바꾸다, ~를 (…에게) 양도하다(to와 함께)
mess[screw] up	~를 망치다, 엉망으로 만들다
narrow down	~를 좁히다, 줄이다
offend against 👔	(원칙·규칙·옳다고 여겨지는 것 등)에 어긋나다
pass through	~를 거쳐 가다
pertain to 👔	(특정 주제·사건·상황)와 관계가 있다
pick out	(여럿 가운데) ~를 고르다, 선발하다, (여럿 가운데) ~를 알아보다, 구별해 내다
pick up	~를 집다, 들어 올리다, ~를 (탈것에) 태우(러 가)다, (정보 등을) 듣게[알게] 되다, 회복되다, 개선되다, 전화를 받다
play on	(남의 감정·사실·아이디어 등)을 이용하다
provide against 👔	(나쁜 상황)에 대비하다
pull through	(중병·수술 뒤에) 회복하다, (매우 힘든 일을) 해내다
put forward	(안건·의견) 내다, 제기하다
put off	미루다, 연기하다, ~를 싫어하게 만들다
put out	(불을) 끄다(= extinguish), 생산하다
put up with	참다, 참고 견디다(= tolerate)
refer to	~를 보다, 참고하다, ~에게 문의하다, ~를 나타내다, ~와 관련 있다
result in	그 결과 ~가 되다, ~를 야기하다
remind of	~를 생각나게[연상하게] 하다
run down	(건전지 등이) 다 되다, (기계 등이) 멈추다, (기능·규모·수량) 줄다, 위축되다, 줄이다, 위축시키다

run into	~를[와] 우연히 만나다, 마주치다, (곤경 등을) 만나다, 겪다, 합계가 ~이 되다
run out of	~를 다 써버리다, 바닥내다, ~이 없어지다, ~로부터 도망 나오다, 달아나다
run over	(시간·비용 등이 예상을) 초과하다, (사람·동물을) 차로 치다
run up	재빨리 만들다, 급조하다, (빚 등을) 늘리다, 급성장하다, 급증하다
see to	~를 처리하다, 맡아서 하다
set forth 👔	출발하다, 여행을 시작하다, ~를 제시[발표]하다 *일상적 표현으로 set out이라고 말할 수 있다.
set off	(경보 장치를) 울리다, (일련의 사건·과정을) 유발하다, 출발하다
set up	~를 설립[수립]하다, ~를 설치하다
show up	나타나다, 등장하다
sleep over	(남의 집에서) 자고 가다[오다]
stamp out	~를 근절하다, 발로 밟아서 불을 끄다
stem from	~에서 생겨나다, ~에서 기인하다
stop over	~에서 잠시 머무르다
tack on	(급히 또는 대충) ~에 덧붙이다
take after	~를 닮다, ~를 재빨리 쫓아가다
take off	(항공기 등이) 이륙하다, (서둘러) 떠나다, (아이디어·상품 등이) 급격히 인기를 얻다, (의류 등을) 벗다
take over	(기업 등을) 인수하다
tear down	~를 파괴하다, 허물다, (명성 등을) 손상시키다
think of	~를 고려하다, ~를 생각해 내다
track down	~를 찾아 내다
trust with	~를 맡기다
try on	(옷 따위를) 입어/신어/걸쳐 보다
turn down	거절하다, (소리·온도 등을) 낮추다
turn into	~로 바뀌다, 변하다
turn on/off	켜다/끄다
turn over	~를 뒤집다, ~를 곰곰이 생각하다
turn up	(잃어버렸던 물건 등이 뜻밖에) 나타나다, 찾게 되다, 도착하다, 나타나다, (기회가) 우연히 생기다, (소리·온도 등을) 높이다, 올리다
wear down	마모되다, ~를 마모시키다, (공격·압박으로) ~를 약화시키다, 힘을 꺾다
win over	~를 설득하다, 자기 편으로 끌어들이다
work out	~를 계산[산출]하다, ~를 해결하다, 운동하다, (일이) 잘 풀리다, 좋게 진행되다
work up	~를 불러일으키다, 북돋우다
wrap up	옷을 따뜻하게 챙겨 입다, (합의·회의 등을) 마무리 짓다

HOW TO USE

> MP3 45

1. He tried to **keep down** his anger during the meeting.
   그는 회의 시간 동안 화를 억누르려고 노력했다.

2. It's hard to **keep up** with all the changes in technology.
   기술 변화를 모두 따라가기는 힘들다.

3. I **trusted** him **with** the project, but he really **let** me **down** by missing the deadline.
   그에게 프로젝트를 맡겼지만, 그가 마감 기한을 지키지 못해 나는 크게 실망했다.

4. Can you **look after** my dog while I'm away on vacation?
   내가 휴가 가 있는 동안에 개 좀 봐줄 수 있어요?

5. Many young athletes **look up to** professional players as role models.
   어린 선수들은 프로 선수들을 롤 모델로 우러러보는 경우가 많다.

6. They **made up** after their big fight and promised to communicate better.
   그들은 크게 싸운 끝에 화해하고, 소통을 더 잘하기로 약속했다.

7. I was so nervous that I completely **messed up** my job interview.
   나는 너무 긴장해서 면접을 완전히 망쳐버렸다.

8. We need to **narrow down** our choices to just two options.
   우리는 선택지를 딱 두 가지로 좁혀야 해.

9. Stealing from others **offends against** basic moral principles.
   남의 것을 훔치는 것은 기본적인 도덕 원칙에 어긋난다.

10. These documents **pertain to** the new project we are starting.
    이 서류들은 우리가 시작할 신규 프로젝트와 관계가 있습니다.

11. Can you **pick** me **up** from the airport at 3 p.m.?
    오후 3시에 공항에서 나 차 좀 태워 줄 수 있나요?

12. The company saved extra funds to **provide against** future emergencies.
    회사는 앞으로의 비상사태에 대비하기 위해 추가 기금을 비축했다.

13. We decided to **put off** the meeting until next week due to scheduling conflicts.
    우리는 일정이 겹쳐서 회의를 다음 주로 미루기로 결정했다.

14. I **ran into** an old friend from high school at the grocery store yesterday.
    나는 어제 식료품점에서 고등학교 때 친구를 우연히 마주쳤다.

15. Her warm smile **reminded** me **of** Grandma who passed away a few years ago.
    그녀의 따뜻한 미소를 보자 몇 년 전 돌아가신 우리 할머니가 떠올랐다.

16 Eating too much junk food can **result in** health problems.
정크푸드를 너무 많이 먹으면 건강에 문제가 생길 수 있다.

17 We've **run out of** milk, so we'll need to buy some more.
우리 우유가 다 떨어져서 좀 사야겠어.

18 The rules were **set forth** clearly in the employee handbook.
그 규칙들은 직원용 안내 책자에 명확하게 제시되어 있었다.

19 They **set up** a new business last year, and it's already very successful.
그들은 작년에 새 기업을 설립했는데 벌써 큰 성공을 거두고 있다.

20 He didn't **show up** for the meeting, which surprised everyone.
그는 회의에 나타나지 않았고, 이 때문에 모두가 놀랐다.

21 Her success **stems from** years of hard work and dedication.
그녀의 성공은 수년간의 노력과 헌신에서 비롯되었다.

22 She really **takes after** her mother in both looks and personality.
그녀는 용모와 성격 모두 모친을 닮았다.

23 The plane will **take off** in five minutes, so please fasten your seatbelt.
비행기가 5분 후에 이륙할 예정이오니 안전띠를 착용해 주시기 바랍니다.

24 The caterpillar **turned into** a butterfly after a few weeks.
유충은 몇 주 후에 나비로 변했다.

25 We waited for hours, but he never **turned up**.
우리는 몇 시간 동안 기다렸지만, 그는 나타나지 않았다.

26 She managed to **win over** the audience with her heartfelt speech.
그녀는 심금을 울리는 연설로 청중들의 마음을 사로잡았다.

27 I try to **work out** at least three times a week to stay fit.
나는 건강을 유지하기 위해 일주일에 적어도 세 번은 운동하려 한다.

* 〈동사 + 전치사〉로 이루어진 일부 구동사는 앞서 살펴본 전치사 동반 동사(prepositional verb)로 혼동되기도 한다. 같은 어구가 어떤 사전에는 전치사 동반 동사로, 다른 사전에는 구동사로 분류되는 경우가 종종 있다. 그 분류 기준이 명확하지 않기 때문이다. 전치사 동반 동사는 동사의 본뜻을 전달할 때 어떤 전치사와 함께 가장 잘 쓰이느냐(collocation)의 관점에서 생겨났다. 따라서 전치사 동반 동사는 동사와 전치사의 원래 뜻과 확연히 다른 뜻을 만들지는 않는다.

CHAPTER 14

유용한
〈명사 + 전치사〉
연어 표현

Useful
Noun + Preposition
Collocations

명사 +	about	= ~에 관하여, ~에 대한	▶ 주제, 내용
	on	= ~에 대한, ~를 바탕으로	▶ 주제, 근거
	over	= ~에 대한	▶ 통제, 주제, 원인
	for	= ~를 위한, ~에 대한	▶ 이익, 목적, 방향
	in	= ~ 안의, ~ 분야의	▶ 내부, 범위·상태·분야의 내부
	from	= ~로부터, ~에서 비롯된	▶ 기원, 출발점, 출처
	into	= ~로의	▶ 이동, 변화
	of	= ~의, ~에 관한	▶ 소속, 연관, ~의 일부
	to	= ~로, ~에 대한	▶ 방향, 연관, 연결
	with	= ~와 함께, ~와 관련하여	▶ 함께, 연합, 방법

영어로 solution이라는 단어를 써서 '그 문제에 대한 해결책'이라는 말을 하고 싶을 때, a solution ___ the problem의 빈칸에 어떤 전치사가 알맞을까? about? on? 동사뿐만 아니라 명사도 특정한 전치사와 함께 세트처럼 어울려 다닌다. 명사의 의미와 맥락에 따라 함께 쓸 전치사가 달라지는 것이다. 위 빈칸에 알맞은 전치사는 to이다. 명사 solution은 전치사 to와 어울려 '~에 대한 해결책'을 의미한다.

CHART 62 — 명사 + about

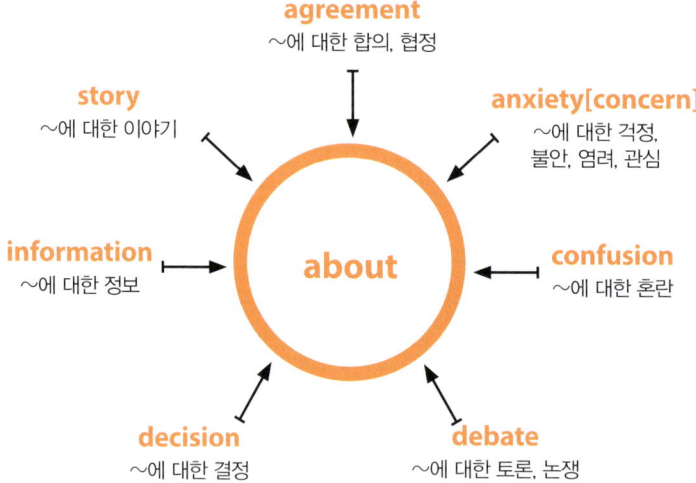

CHART 63 — 명사 + on

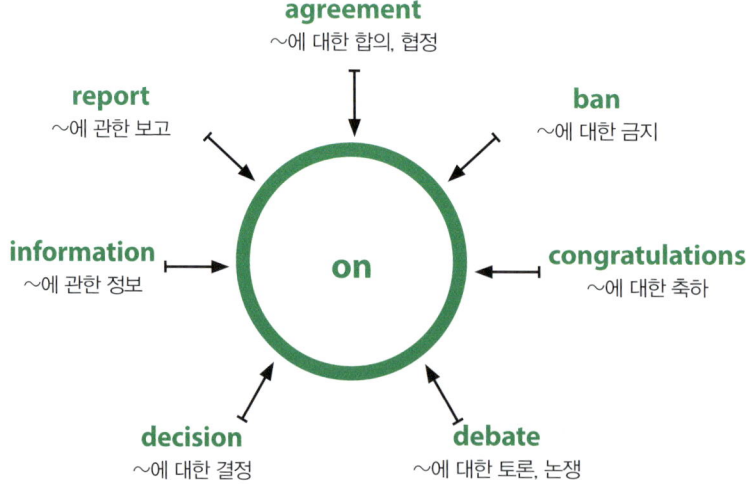

CHART 64 명사 + over

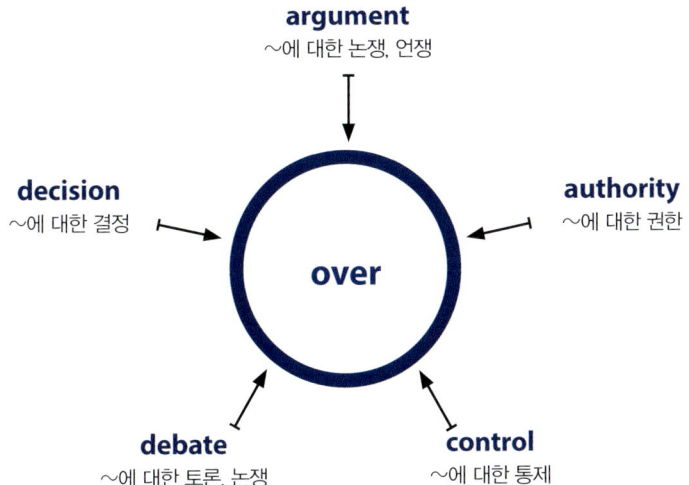

*about vs. on vs. over

모두 우리 말로는 '~에 대한[관한]'이고, 특히 about과 on은 거의 같은 뜻으로 혼용되고 있지만 미묘한 뉘앙스의 차이가 있다. about은 on보다 넓은 범위의 것을 포괄하는 느낌이다. 어떤 주제와 관련된 다양한 측면의 이런저런 내용을 모두 다루는 것이다. on은 좀 더 구체적이고 집중적인 느낌을 준다. 그 주제의 세부 사항에 집중한 전문적인 내용을 다루는 느낌이다.

There's been a lot of debate about the benefits of organic farming.
유기 농법의 이점에 대한 많은 토론이 있었다.
▶ 해당 주제를 둘러싼 전반적인 이야기가 오갔다는 뉘앙스

There's been a lively debate on the future of artificial intelligence.
인공지능의 미래에 관한 활발한 토론이 있었다.
▶ 해당 주제에 집중된 토론이었다는 뉘앙스

over는 정밀하게 살펴보고 검토한다는 느낌이다. 기본적으로 위에서 아래를 내려다보는 느낌이기 때문에 맥락에 따라 통제권과 지휘권을 갖고 있음을 나타내기도 한다.

There's been a heated debate over the proposed changes to the education system.
교육 시스템에 제기된 변경 사항들에 관한 열띤 토론이 있었다.
▶ 해당 주제를 면밀히 검토하는 가운데 이에 대한 토론과 반론이 진행되었다는 뉘앙스

CHART 65 명사 + for

	for	
check		(~에 대한) 확인
admiration		~에 대한 흠모, 감탄
advertisement		~ 광고
approval		~에 대한 승인
bid		~에 대한 호가, 응찰
case		~측 주장, ~를 찬성하는 주장
credit		~의[~에 대한] 공로
cure		(병)의 치유법, 약, (문제)의 해결책
demand		~에 대한 요구[수요]
desire		~에 대한 욕구, 갈망
fondness		~에 대한 애정
hatred/ love		~에 대한 증오/ ~에 대한 사랑
need		~의 필요(성)
preference		~에 대한 선호
reason		~의 이유
recipe		~의 조리법, ~의 비결, 방법
reputation		~라는 평판, ~에 대한 명성
respect		~에 대한 존중
responsibility		~에 대한 책임
room		~의 여지, ~를 위한 공간
search		~ 찾기, 수색
talent		~하는[~에 대한] 재주, 재능
thirst		~를 향한 갈망, 목마름

CHART 66 명사 + in

belief	~에 대한 신념
change	~의 변화
course	(과목) 강좌
decrease/ increase	~의 감소, 하락/ ~의 증가, 인상
delay	~의 지연, 지체
difference	~의 차이
difficulty	~의 어려움
growth	~의 증가
interest	~에 대한 흥미, 관심
lesson	~ 수업, 레슨
participation	~에의 참여
place	~에서의 위치
rise/ fall	~의 증가, 상승/ ~의 감소, 하락
success	~에서의 성공, 성과

HOW TO USE

MP3 46

1. I'm sorry for any **confusion about** this matter. I should have given you more **information about** it.
   이 문제에 관해 혼란을 끼쳐 미안해요. 제가 이에 관해 정보를 좀 더 드렸어야 했는데요.

2. The city recently imposed a **ban on** plastic bags to reduce waste.
   그 시에서는 최근 쓰레기를 줄이기 위해 비닐봉지 금지령을 내렸다.

3. Parents should gradually give teenagers more **control over** their own decisions.
   부모는 10대 자녀에게 스스로 결정할 수 있는 권한을 점차 더 많이 주어야 한다.

4. A Where's the boss? I need her **approval for** the financial plan.
   부서장님 어디 계세요? 재무 계획 승인을 받아야 해서요.

   B She's out of the office right now; she's gone to submit a **bid for** a big contract. How about meeting Tom, the manager, instead? He's responsible for everything in our department while she's away.
   지금 사무실에 안 계세요. 큰 계약 입찰하러 가셨거든요. 대신 톰 과장님을 만나지 그래요? 부서장님 안 계실 때 우리 부서의 모든 일을 책임지시는 분이니까요.

5. She received **credit for** organizing the entire event.
   그녀는 전체 행사를 조직한 공로를 인정받았다.

6. Whenever she visits her father in the hospital, her **fondness, love, and hatred for** him always get mixed up, making her too emotional.
   그녀는 병원에 있는 부친을 방문할 때마다 늘 애정과 사랑, 그리고 증오가 뒤섞여 너무 감정적으로 되어 버린다.

7. Owing to the many **changes in** our working system that we have implemented together, it is expected that our company will record a sharp **rise in** second-half profits.
   우리가 함께 실행한 업무 시스템상의 여러 변화 덕분에, 우리 회사의 하반기 이윤이 가파른 상승을 기록할 것으로 예상됩니다.

8. There was a **delay in** delivering the package due to bad weather.
   악천후로 인해 소포 배송에 지연이 있었다.

CHART 67 · 명사 + from/into

excerpt	from	~에서 발췌, 인용
transition		~에서[로부터] 이행
investigation		~에 대한 수사, 조사
research	into	~에 대한 연구
translation		~로 번역

CHART 68 · 명사 + of

address		~의 주소, ~ 연설
advantage/ disadvantage		~의 이점, 장점/ ~의 약점
awareness		(~의 중요성)에 대한 인식, 의식, 알고 있음
cause		~의 원인
exhibition		~의 전시
experience		~의 경험
fear		~에 대한 공포, 두려움
grasp		~에 대한 이해, 파악
habit		~하는 습관, 버릇
knowledge		~에 대한 이해, 숙지, 인식
love		~에 대한 사랑
member	of	~의 회원, 구성원
memory		~에 대한 기억
method		~하는 방법
photograph		~의 사진
possibility		~의 가능성
problem		~ 문제
process		~ 과정, 절차
relevance		~의 적절성, 타당성, 연관성, 중요성
risk		~의 위험
understanding		~에 대한 이해
way		~하는 방법

CHART 69 : 명사 + to

명사	뜻
access	~에의 접근
addiction	~ 중독
allusion	~에 대한 암시, 넌지시 말하기
attitude	~에 대한 태도, 자세
approach	~에 대한 접근법
change	~에 대한 변화, ~상의 변화
concern	~에 대한 걱정거리, ~의 우려
contribution	~에의 기부, 기여, 이바지
damage	~에 대한 피해, 손상
dedication, devotion	~에 대한 헌신, 전념
invitation	~로의 초대
newcomer	~에의 신입
reaction	~에 대한 반응
reference	~에 대해 말하기, ~에 대한 언급, ~에게 문의
relevance	~(당면 문제)와의 관련(성)
resistance	~에 대한 저항
response	~에 대한 응답
solution	~의 해법, 해결책, 해답, 정답
threat	~에 대한 위협(적인 존재)
transition	~로의 이행
visit	~ 방문, 찾아가기

CHART 70 : 명사 + with

명사	뜻
argument	~와의 언쟁, 말다툼
connection	~와의 연결, 접속, ~와의 관련성, 연관성
contact	~와의 연락, 접촉
date	~와의 데이트
dealings	~와의 거래, 관계, 행위
difficulty	~와 관련된 어려움, 난관
involvement	~와의 관련, 연루, ~에의 몰두
link	~와의 관계, 유대
quarrel	~와의 다툼, ~에 대한 불만
relationship	~와의 관계
sympathy	~에 대한 동정[연민], ~와의 공감

HOW TO USE

`MP3 47`

1. Here's an **excerpt from** *Hamlet* by Shakespeare: "To be, or not to be—that is the question."
   여기 셰익스피어의 〈햄릿〉에서 발췌한 문장이 있다: '사느냐 죽느냐, 그것이 문제로다.'

2. The new manager quickly demonstrated a strong **grasp of** the company's financial systems.
   새로 온 매니저는 회사의 재무 체계를 빠르게 잘 파악하고 있음을 보여 주었다.

3. The **relevance of** cultural understanding in international business cannot be overstated.
   국제 비즈니스에서 문화적 이해의 중요성은 아무리 강조해도 지나치지 않다.

4. He has a deep **fear of** public speaking.
   그는 대중 앞에서 말하는 것에 큰 두려움을 느낀다.

5. The **advantage of** early preparation became evident in his smooth **transition to** a leadership role.
   이른 대비의 이점은 그가 리더로 자연스럽게 전환되는 과정에서 분명히 드러났다.

6. The flood caused serious **damage to** the roads and bridges.
   홍수로 도로와 다리에 심각한 피해가 발생했다.

7. The findings of the research have significant **relevance to** current educational practices.
   그 연구 결과는 현행 교육 현장과 중요한 관련이 있다.

8. The article made a brief **reference to** the recent economic crisis.
   그 기사에서는 최근의 경제 위기에 대해 간략히 언급했다.

9. Her **involvement with** the charity over the years has been deeply rewarding.
   그녀는 수년간 자선단체에 참여하면서 큰 보람을 느껴왔다.

10. Many expressed **sympathy with** the community affected by the natural disaster.
    많은 이들이 자연재해를 당한 그 지역 주민들에게 안타까운 마음을 전했다.

CHAPTER 15

유용한 〈형용사 + 전치사〉 연어 표현

Useful Adjective + Preposition Collocations

형용사 +			
	about	= ~에 대한	▶ 주제, 연관
	at	= ~를 향해, ~에 대한	▶ 목표, 특정 지점, 기술
	by	= ~에 의해, ~의 방법으로, ~ 가까이에	▶ 대행자, 방법, 가까움
	for	= ~를 위해, ~에 대한	▶ 이익, 목적, 지지
	from	= ~로부터, ~와 분리되어	▶ 기원, 분리, 차이
	in	= ~ 안에 있는	▶ 상태, 상황
	of	= ~의, ~에 관한	▶ 소속, 연관, 특질
	on	= ~에 의존하는, ~에 대한	▶ 의존, 집중, 부담
	to	= ~로 향하는, ~에 대해	▶ 방향, 관계
	with	= ~와 함께, ~에 관련하여	▶ 연합, 연결, 방법

형용사도 전치사와 함께 다양한 세트 표현을 이룬다. 앞서 살펴본 동사나 명사의 연어 표현과 마찬가지로 어느 상황에 어떤 전치사를 쓸 것이냐를 판단하는 것이 관건이다. 예를 들어, 같은 angry라도 화가 난 대상이 누구인지를 나타내려면 with나 at과 함께 쓰고, 화가 난 이유를 말하려면 about과 쓰는 것이 적절하다.

CHART 71 형용사 + about

형용사	의미
ambivalent	~에 관해 애증이 엇갈리는, 반대 감정이 병존하는
angry	~에 화가 난
annoyed	~에 짜증 난
anxious	~ 때문에 불안해하는, 염려하는
apathetic	~에 무관심한
apprehensive	~에 대해 걱정되는, 불안한
careful	~에 대해 조심하는
certain/uncertain	~에 대해 확신하는/확신이 없는
concerned	~에 대해 걱정[염려]하는
confident	~에 자신감 있는
confused	~에 대해 혼란스러워하는
crazy	~에 (푹) 빠져 있는
curious	~에 대해 궁금해하는
depressed	~에 대해 우울한[암울한]
enthusiastic	~에 대해 열렬한, 열광적인
excited	~에 대해 흥분한
fearful	~에 대해 두려워하는
furious	~에 대해 격노한
frustrated	~에 대해 짜증 난
grateful	~에 대해 고마운
guilty	~에 대해 죄책감이 드는
happy/sad/unhappy	~에 기쁜/슬픈/불행한
hopeful	~에 대해 희망적인
indifferent	~에 대해 무관심한
insecure	~에 대해 불안한
jealous	~에 대해 질투하는
knowledgeable	~에 대해서 많이 아는
mad	~에 혹해 있는, 미쳐 있는
nervous	~에 긴장되는
optimistic/pessimistic	~에 대해 낙관적인/비관적인
passionate	~에 열정적인, 열심인, 열중한
serious	~에 대해 진지한
skeptical	~에 대해 회의적인
suspicious	~에 대해 의심하는
upset	~에 속상한
worried	~에 대해 걱정[우려]하는

CHART 72 형용사 + at

	at	
amazed		~에 깜짝 놀란
angry[mad]		~에(게) [몹시] 화가 난
annoyed		~에(게) 짜증이 난
bad		~를 잘 못하는, 서투른
good		~에 능한, 잘하는
brilliant		~를 훌륭하게 잘하는, 재능이 있는
clever		~하는 데 재주가 있는
delighted		~를 기뻐하는, 즐거워하는
disappointed		~에 실망한
excellent		~를 뛰어나게 잘하는, 탁월한
excited		~에 흥분한
present		~에 참석한
skilled		~에 숙련된, 노련한
slow		~에 느린
successful		~에 성공한
surprised		~에 놀란
terrible		~에 몹시 서투른, 형편없는

* **angry about vs. angry at vs. angry with**

angry with someone으로 누구에게 화가 났는지 대상을 나타낼 수 있고, angry about something으로 화가 난 이유를 말할 수 있다. angry at은 대상과 이유 모두에 쓸 수 있는데, 특히 미국 영어에서는 angry with보다 더 일반적으로 쓰인다. angry with는 보통 가까운 관계에 있는 사람에게 화가 났을 때 쓰이고 상대적으로 사적이고 감정적인 느낌을 주는 반면, angry at은 화가 난 사실 자체에 초점을 맞춘 느낌이라 모르는 사람이나 공적인 관계의 인물을 대상으로도 쓸 수 있다.

The students were <u>angry about</u> the sudden cancellation of the trip.
학생들은 갑작스러운 여행 취소에 화가 났다. ▶ 화가 난 이유

She was really <u>angry with</u> her brother for breaking her phone.
그녀는 휴대폰을 망가뜨린 동생에게 화가 났다. ▶ 화가 난 대상

He was <u>angry at</u> his coworker for taking credit for his idea.
그는 아이디어를 가로챈 동료에게 화가 났다. ▶ 화가 난 대상

Many people were <u>angry at</u> the unfair results of the competition.
많은 이들이 대회의 불공정한 결과에 화가 났다. ▶ 화가 난 이유

CHART 73 — 형용사 + by

형용사		의미
amazed[astonished]	by	~에(게) 깜짝 놀란
delighted	by	~에 아주 기뻐하는, 즐거워하는
distracted	by	~에 (정신이) 산만한, 심란한
disturbed	by	~에 매우 불안해하는
excited	by	~에 신이 난, 들뜬, 흥분한
fascinated	by	~에 마음을 빼앗긴, 매혹된
impressed / unimpressed	by	~에 감명[감동]을 받은 / ~에 감명받지 않는, 대단하다고 생각지 않는
inspired	by	~에 영감을 받은
intrigued	by	~에 아주 흥미로워하는, 호기심을 가진
overwhelmed	by	~에 압도된, 어쩔 줄 모르는, 주체하지 못하는
surprised	by	~에 놀란
unaffected	by	~에 (마음이) 좌우되지 않는, 영향을 받지 않는, (사물·상황이) 움직이지 않는, 변하지 않는
unmoved [unperturbed]	by	~에 흔들리지 않는, 동요하지 않는, 냉정한

＊형용사 + at vs. 형용사 + by

at과 by, 두 전치사는 의미상 큰 차이는 없지만, 아주 미세한 뉘앙스의 차이가 있다. 대체로 by는 그 감정을 느끼게 한 원인이나 행위자를 강조하는 느낌이라면, at은 상황이나 사실에 대한 주어의 반응(감정)을 강조하는 느낌이다.

His young son was amazed by the magician's tricks.
그의 어린 아들은 마술사의 마술에 놀라워했다. ▶ 마술이 놀라게 했음에 초점

Jina was amazed at how beautiful the entire event was.
지나는 그 행사 전체가 그토록 훌륭하다는 것에 놀랐다. ▶ 지나의 놀라움에 초점

She was surprised by his sudden arrival.
그녀는 그의 갑작스러운 도착에 놀랐다. ▶ 갑작스러운 도착이 놀라게 했음에 초점

I was surprised at the news of the merger.
나는 그 합병 소식에 놀랐다. ▶ 나의 놀라움에 초점

HOW TO USE

1. I felt **ambivalent about** moving to a new city.
   나는 새 도시로 이주하는 것이 좋기도 하고 싫기도 했다.

2. He is **certain about** his career path because he is **skilled at** programming.
   그는 프로그래밍에 능하기 때문에 자신의 진로에 대해 확신을 가지고 있다.

3. They were **frustrated about** the long wait at the airport.
   그들은 공항에서 오래 기다리느라 짜증이 났다.

4. I felt **guilty about** forgetting her birthday.
   나는 그녀의 생일을 잊은 것에 죄책감을 느꼈다.

5. She was not **confident about** passing the exam because she was bad at math.
   그녀는 수학을 못했기 때문에 시험에 통과할 자신이 없었다.

6. They were **successful at** attracting new customers.
   그들은 새로운 고객들을 유치하는 데 성공했다.

7. I was **distracted by** the noise outside.
   나는 바깥 소음 때문에 집중할 수 없었다.

8. Her novel was **inspired by** her grandmother's stories.
   그녀의 소설은 할머니의 이야기에 영감을 받았다.

9. Jerry felt **overwhelmed by** the amount of work he had to do.
   제리는 자신이 해야만 하는 일의 양이 너무 많아 어찌할 바를 몰랐다.

CHART 74 — 형용사 + for

accountable	~에 대해 책임이 있는
appropriate	~에 적절한
available	~할 시간[여유]이 있는
concerned	~에 대해 걱정[염려]하는
critical	~에 매우 중요한
desperate	~를 간절히 원하는
eager	~를 열망하는
eligible	~에 (뽑힐) 자격이 있는
essential	~에 필수적인
famous[renowned]	~로 유명한, 명성 있는
fit/	~에 적합한, 알맞은/
unfit	~에 부적당한, 적임이 아닌
free	~할 시간이 있는
good	~에 좋은, ~동안 유효한
grateful	~를 감사해하는
happy	~ 때문에 기쁜
indispensable	~에 없어서는 안 되는
infamous[notorious]	~로 악명 높은
known	~로 알려진
late	~에 늦은
liable	~에 대하여 책임이 있는
necessary	~를 위해 필요한
prepared[ready]	~를 위해 준비가 된
responsible	~를 책임지고 있는, ~에 대해 책임이 있는, ~의 원인이 되는
suitable/	~에 적합한, 알맞은/
unsuitable	~에 적합하지 않은, 알맞지 않은
thankful	~에 감사하는

CHART 75 형용사 + from

absent		~에 결석한, ~에 부재한
apart		~ 외에는, ~를 제외하고, ~ 외에도, ~뿐만 아니라
different		~와 다른
disconnected		~에서 동떨어진, 단절된
distant		~에서 거리가 떨어져 있는, 동떨어진, 다른
distinct	from	~와 뚜렷이 다른, 구별되는, 별개의
exempt		~이 면제되는
free		~이 없는
immune		~이 면제되는, ~를 면하는
isolated		~로부터 고립된
removed		~에서 떨어진, 먼, ~와 다른
separate		~에서 분리된, 따로 떨어진, 독립된

CHART 76 형용사 + in

accomplished	~에 조예가 깊은
adept	~에 능숙한
comfortable	~에서 편안한
competent	~에 유능한
confident	~에 대해 자신만만한
disappointed	~에 실망한
engaged	~하느라 바쁜
experienced	~에 경험[경력]이 있는, 능숙한
expert	~의 전문가인, ~에 전문적인
fluent	(언어, 외국어 등)에 유창한
interested	~에 흥미[관심]가 있는
involved	~에 관련된, 연루된
proficient	~에 능숙한
skilled	~에 숙련된
specialized	~에 전문적인, 전문화된
successful	~에 성공한
talented	~에 재능이 있는
trained	~ 훈련을 받은

＊successful at vs. successful in

successful at은 구체적인 활동이나 과제에 성공적이라고 할 때 주로 쓴다. 즉 기술이나 노력, 구체적인 행동을 요하는 특정한 과제에서 성공할 수 있었던 능력을 강조하는 느낌이다.

John was successful at solving difficult puzzles. 존은 어려운 퍼즐을 푸는 데 성공했다.

successful in은 사업이나 커리어 등 좀 더 큰 결과나 긴 과정 및 노력에 관해 말할 때 자주 쓴다.

They were successful in negotiating deals. 그들은 거래 협상에 성공했다.

CHART 77 형용사 + of

형용사	의미
afraid	~를 두려워[무서워]하는, 겁내는
ashamed	~를 부끄러워하는
aware/unaware	~를 알고 있는, 자각한/ ~를 알지 못하는
capable/incapable	~할 수 있는/ ~를 할 수 없는, 하지 못하는
certain	~를 확신하는
conscious	~를 의식하는, 알아챈
critical	~에 비판적인
devoid	~이 없는
envious	~를 부러워하는, 샘내는
fond	~에게 애정을 느끼는, ~를 좋아하는, 즐기는
frightened	~를 무서워하는
full	~로 가득 찬
independent	~에서 독립한, ~와는 관계없이, 별도로
jealous	~를 시기하는
proud	~를 자랑스러워하는
resentful	~에 대해 분개한
sure	~를 확신하는
suspicious	~를 의심하는
tired	~에 진절머리가 난
unworthy	~의 가치가 없는
wary	~를 조심하는

CHART 78 형용사 + on

형용사	의미
based	~에 기반을 둔
conditional	~를 조건으로 하는, ~에 달려 있는
dependent	~에(게) 의존하고 있는
focused	~에 중점을 둔
insistent	~를 주장[고집]하는
keen	~를 아주 좋아하는, ~에 대단히 관심이 많은
set	~에 고정된

HOW TO USE

1. Maria was **desperate for** a break and was glad to learn she was eligible for vacation days.
   마리아는 휴식이 절실했는데, 휴가를 얻을 자격이 된다는 것을 알고 기뻤다.

2. A good dictionary is **indispensable for** learning a new language.
   좋은 사전은 새 언어를 배우는 데 없어서는 안 되는 필수품이다.

3. Please be sure that the new policy is **distinct from** the old one.
   그 새 정책은 이전 정책과 구별된다는 것을 명심하세요.

4. Children under five are **exempt from** the entrance fee.
   5세 이하의 아동은 입장료가 면제됩니다.

5. David is **adept in** multiple languages.
   데이비드는 다국어에 능하다.

6. The loan approval is **conditional on** providing all necessary documents.
   대출 승인은 필요한 서류를 모두 제공하시는 조건으로 이루어집니다.

7. The doctor **specializes in** pediatric care.
   그 의사는 소아과 전문의다.

8. He was **envious of** his friend's new car.
   그는 친구의 새 차가 샘났다.

9. My cousin prefers to be **independent of** his parents.
   내 사촌은 부모님에게서 독립적으로 지내는 것을 더 좋아한다.

10. Billy is **dependent on** his parents for financial support.
    빌리는 부모님에게 재정적인 지원을 의존하고 있다.

11. She is **insistent on** attending the meeting despite feeling unwell.
    그녀는 몸이 안 좋으면서도 회의에 참석하겠다고 우긴다.

CHART 79: 형용사 + to

형용사	의미
accustomed	~에 익숙한, 습관이 된
addicted	~에 중독된
allergic	~에 알레르기가 있는, ~를 몹시 싫어하는
attached	~에 애착을 느끼는, ~에 소속된
committed [dedicated]	~에 전념하는, 헌신적인
cruel	~에 대해 잔인한
devoted	~에게 헌신적인
immune	~에 영향을 받지 않는
indifferent	~에게 무관심한
kind	~에게 친절한
married	~와 결혼한
oblivious	~를 감지하지 못하는
open	~에게 공개된, ~에 대해 열린 마음을 가진
prone	~를 잘 하는, ~의 경향이 있는
receptive	~를 잘 받아들이는
related	~와 관련 있는
resistant	~에 대해 저항하는
sensitive	~에 민감한
similar	~와 비슷한
subject	~에 달려 있는, ~의 권한 아래 있는, ~의 지배를 받는
superior	~보다 뛰어난
susceptible	~에 민감한, ~에 걸리기 쉬운
unfriendly	~에게 불친절한
used	~에 익숙한
vulnerable	~에 상처[피해]를 입기 쉬운, ~에 취약한

CHART 80 형용사 + with

형용사		뜻
acquainted		~와 알고 있는, 안면이 있는
angry		~에게 화가 난
annoyed		~에게 짜증이 난
associated		~와 관련된
bored		~이 지루한
busy		~으로 바쁜
clever		~에 재주가 있는
comfortable		~를 편하게 생각하는, ~이 마음에 드는
uncomfortable		~로 불편한, 기분이 언짢은
compatible		~와 호환이 되는, 양립할 수 있는
crowded		~이 가득한, 복잡한, 붐비는
delighted		~를 기뻐하는, 즐거워하는
disappointed	with	~에(게) 실망한
disgusted		~에 넌더리가 난
familiar		~에 친숙한, 익숙한
unfamiliar		~에 익숙하지 못한
fed up		~에 진저리가 난
impressed		~에 좋은 인상을 받은, 인상 깊게 생각하는
unimpressed		~이 대단하다고 생각하지 않는
infatuated		~에 심취한, 푹 빠진
obsessed		~에 사로잡힌
popular		~에게 인기 있는
pleased		~를 기뻐하는, ~이 마음에 드는
preoccupied		~에 사로잡힌, 정신이 팔린
satisfied		~에 만족한
unhappy		~에 불만인

*disappointed at vs. disappointed in vs. disappointed with

셋 모두 '~에 실망한'이라는 의미이지만 뉘앙스는 조금씩 다르다.

disappointed at은 일반적으로 어떤 상황이나 사건, 사실에 대해 실망을 표현할 때, 즉 사람보다는 사건이나 결과가 실망스러울 때 쓴다. 약간 격식적이고 문어체적이다.

He was disappointed at the result of the game. 그는 그 경기 결과에 실망했다.
I was disappointed at not being invited to the party. 나는 그 파티에 초대받지 못해 실망했다.

disappointed in은 어떤 사람(또는 자기 자신)에게 실망할 때 주로 쓴다. 즉 누군가의 행동이나 성격 등이 마음에 들지 않고 실망스럽다는 느낌이다.

I am disappointed in David for lying to me. 나한테 거짓말을 한 데이비드에게 실망스러워.
Jenny was disappointed in herself for failing the exam. 제니는 시험에 통과하지 못한 자신에게 실망했다.

disappointed with는 사람뿐만 아니라 성과, 사물의 품질, 상황이나 경험에 대한 실망을 표현할 때 두루 쓴다.

I am disappointed with the service at this restaurant. 나는 이 식당의 서비스에 실망했어요.
She was disappointed with her team for not meeting the deadline.
그녀는 자신의 팀이 마감을 지키지 못한 것에 실망했다.

HOW TO USE

1. I'm **accustomed to** drinking coffee every morning.
   나는 매일 아침 커피를 마시는 것이 습관이다.

2. People who are **prone to** allergies are more **vulnerable to** pollen in the spring.
   알레르기가 잘 생기는 사람들은 봄철 꽃가루에 더 취약하다.

3. I am **acquainted with** most of my neighbors.
   나는 이웃 사람들 대부분과 알고 지낸다.

4. Kelly is **busy with** her final exams this week.
   캘리는 이번 주에 기말고사 때문에 바쁘다.

5. Jim is **infatuated with** his new girlfriend.
   짐은 새 여자친구에게 푹 빠져 있다.

6. They are **preoccupied with** planning their vacation.
   그들은 휴가 계획을 짜느라 정신이 없다.

CHAPTER 16

형용사와 부사

Adjectives & Adverbs

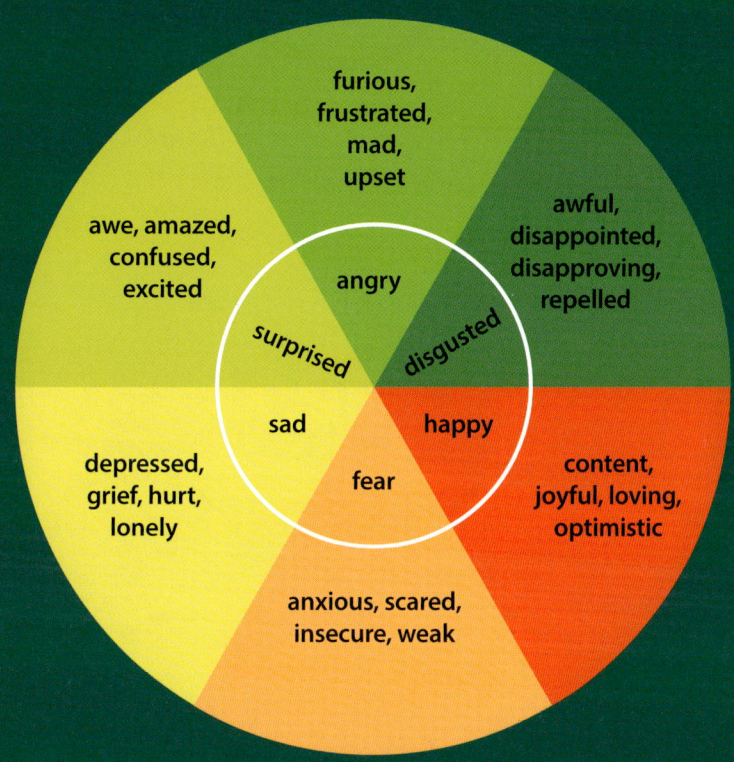

형용사와 부사는 둘 다 수식어구로서 문장의 뜻을 더 확실하고 풍부하게 만들어 준다. 형용사는 명사의 상태나 성질, 특징을 묘사하며, 부사는 형용사, 동사, 부사, 문장 전체를 수식하여 때와 장소, 방법, 빈도, 정도 등을 표현하고 강조한다. 부사와 형용사가 만나면 부사는 형용사의 의미를 강조하여 표현을 더욱 생생하게 한다. 이 챕터에서는 널리 쓰이는 〈부사 + 형용사〉의 연어 표현, 빈도 부사를 위시한 여러 가지 빈도를 나타내는 표현, 〈very + 형용사〉 대신 쓸 수 있는 더 적절한 형용사를 알아본다.

CHART 81 유용한 〈부사 + 형용사〉 연어 표현

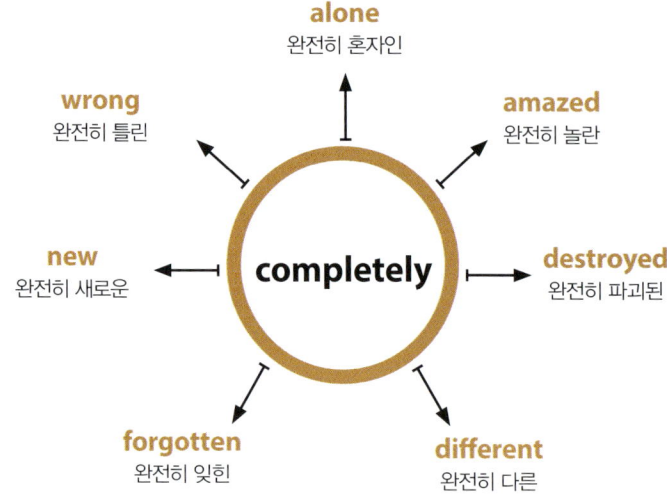

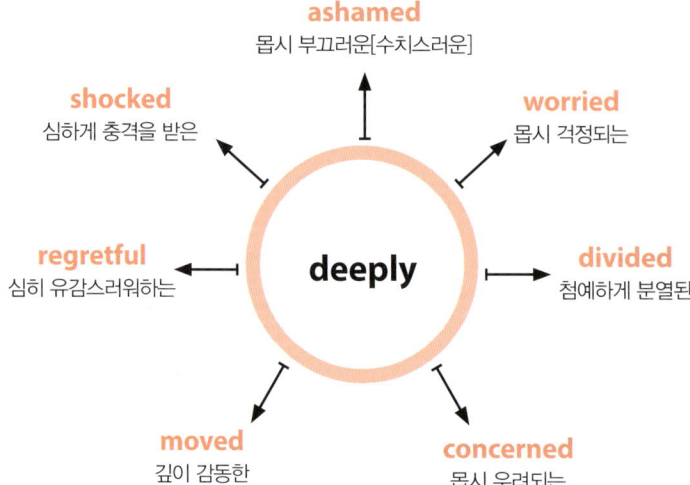

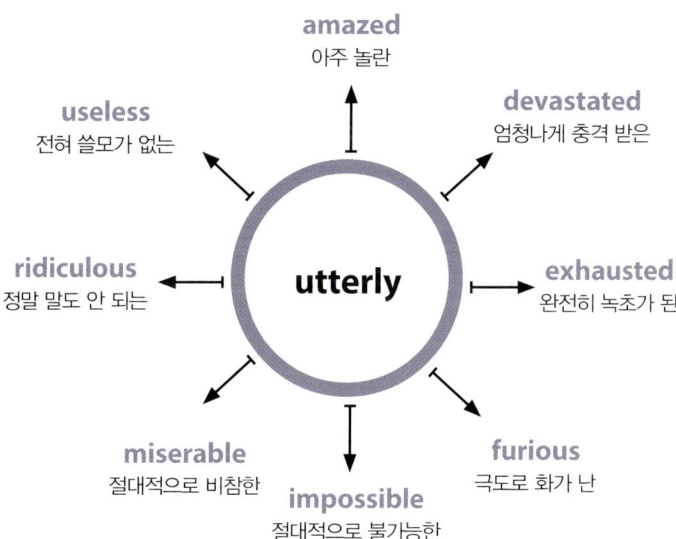

*absolutely vs. utterly

두 부사 모두 함께 쓰이는 형용사의 의미를 강조해 주지만, 쓰임의 차이가 조금 있다. absolutely는 absolutely delighted, absolutely devastated처럼 대부분의 긍정적·부정적인 의미의 형용사에 두루 쓰인다. utterly는 utterly exhausted, utterly ridiculous처럼 부정적인 의미의 형용사와 주로 쓰여 극단적인 상태를 강조하는 경향이 있다. 그래서 긍정적인 의미의 형용사와 함께 쓰이는 일이 드문 편이다. utterly beautiful보다는 absolutely beautiful이나 incredibly beautiful이 더 자연스럽다.

highly
- **unusual** 매우 이례적인, 매우 특이한
- **competitive** 경쟁이 아주 심한
- **controversial** 대단히 논란이 많은
- **unlikely** 아주 가능성이 적은
- **educated** 고등 교육을 받은
- **qualified** 뛰어난, 고도의 자격을 갖춘
- **effective** 대단히 효과적인
- **recommended** 적극적으로 추천 받은
- **impressed** 매우 감동한
- **probable** 가능성이 아주 높은
- **motivated** 매우 의욕적인

	+	
actively		involved 적극적으로 관여하는
badly		affected 심하게 영향을 받은
		injured[hurt] 심하게 다친
bitterly		disappointed 크게 실망한
		cold 매섭게 추운
blissfully		happy 더없이 행복한
		unaware 다행스럽게도 눈치 채지 못하는
desperately		eager 간절히 열망하는, 몹시 하고 싶어 하는
		poor 극심하게 가난한
eternally		grateful 영원토록[끝없이] 감사하는
fairly		common 꽤 흔한
		good 꽤 좋은
		obvious 꽤 분명한
		simple 아주 간단한, 매우 단순한
fully		awake 완전히 깨어 있는
		aware 충분히 알고 있는
		equipped 완벽히 장비를 갖춘
		prepared 완전히 준비된
heavily		armed 중무장한
		taxed 세금이 과중한
		polluted 심하게 오염된
immensely		popular 매우 인기가 있는
		profitable 엄청난 수익성이 있는
		useful 매우 유용한

mildly	amused 좀 재미있어 하는
	concerned 약간 걱정이 되는
	upset 약간 화가 난
painfully	awkward 극도로 어색한
	obvious (골치 아프거나 고통스러울 정도로) 극도로 명백한
perfectly	acceptable 완벽히 받아들일 만한
	clear 아주 분명한, 더없이 맑은
	normal 지극히 정상적인
	safe 전혀 위험하지 않은
quite	common 꽤 흔한
	different 꽤 다른
	sure 꽤 확신하는
	good 꽤 좋은, 썩 괜찮은
quietly	confident 은근히 확신하는
reasonably	happy 상당히 만족하는
	straightforward 꽤 쉬운, 꽤 솔직한
	priced 가격이 꽤 합리적인
ridiculously	cheap 턱없이 싼
	expensive 터무니없이 비싼
seriously	ill 심하게 아픈
	hurt 심하게 다친
strictly	confidential 엄격히 비밀인
	forbidden 엄격히 금지된
strongly	opposed 강력히 반대하는
	recommended 강력히 추천되는
terribly	disappointing 너무 실망스러운
	sorry 정말 미안한
totally	alone 완전히 혼자인
	unbelievable 전혀 믿을 수 없는
	wrong 완전히 틀린
truly	passionate 정말로 열정적인
	thankful 진심으로 고마운
vaguely	familiar 어쩐지 눈[귀]에 익은, 어딘지 약간 낯익은
	defined 애매하게 정의된
vitally	important 아주 중요한
widely	accepted 일반적으로 받아들여지는, 널리 인정된
	available 널리 이용되는, 쉽게 구할 수 있는
	known 널리 알려진

HOW TO USE

`MP3 51`

1. **A** The food in that restaurant was **ridiculously cheap**, but it was so delicious! 저 식당 음식은 터무니없을 정도로 싼데도 정말 맛있었어!
   B You're **absolutely right**! It was **totally unbelievable**.
   네 말이 완전 맞아! 전혀 믿을 수가 없었지.

2. While the storm raged outside, the children were **blissfully unaware**, playing games and laughing in the living room. 밖에서는 폭풍우가 거세게 몰아쳤지만, 아이들은 다행히도 그걸 모른 채 거실에서 웃으며 게임을 하고 있었다.

3. Despite the challenges, she remained **quietly confident** that she would succeed.
   난제와 어려움에도 불구하고 그녀는 성공할 거라는 확신을 조용히 이어갔다.

4. **A** How was the concert last night? 어젯밤 콘서트는 어땠어?
   B Honestly, it was **terribly disappointing**. 솔직히 말해 너무 실망이었어.

5. When he realized his car had been towed, Alex was **utterly furious** and stormed off to the parking office.
   자신의 차가 견인되었음을 깨달은 알렉스는 분노로 가득 찬 채 주차 사무실로 돌진했다.

6. The man at the coffee shop looked **vaguely familiar**, but I couldn't quite place where I had seen him before.
   커피숍에 있던 남자가 어딘지 낯익었지만, 전에 그를 어디서 봤는지는 확실히 기억할 수가 없었다.

7. Getting enough sleep is **vitally important** for overall health and well-being. 충분한 수면을 취하는 것은 전반적인 건강과 웰빙에 아주 중요하다.

8. Dear diary,
   I thought today would be **fairly simple**, but it turned out to be more stressful than I expected. I'm **deeply worried** about finishing my project on time. It's becoming **painfully obvious** that I'll need more help to get it done.
   On the bright side, I went to that new café. It's **immensely popular**—the line was out the door! I was **mildly amused** by the decorations; they were a bit strange but fun.
   Anyway, I hope to have a better day tomorrow.

   내 일기장에게,
   오늘이 아주 단순히 흘러갈 거라고 생각했는데, 예상보다 더 스트레스를 많이 받는 하루였어. 내 프로젝트를 제시간에 끝내지 못할까 봐 몹시 걱정된다. 잘 끝내려면 도움을 더 받아야 할 게 불 보듯 뻔해서 골치가 아파.
   오늘 좋았던 일은, 새로 생긴 그 카페에 간 거야. 거긴 엄청나게 유명해서, 문밖에 줄이 서 있을 정도였지! 거기 인테리어 장식을 보고는 좀 즐겁기도 했고, 살짝 이상하긴 한데 재미있더라고.
   어쨌든 내일은 좀 더 좋은 하루를 보냈으면 좋겠다.

CHART 82

〈very + 형용사〉보다 더 적절한 형용사

형용사의 정도를 강조하고 싶을 때 거의 습관적으로 쓰게 되는 부사가 바로 very인데, 〈very + 형용사〉만 남발하다 보면 어휘력이 달려 보이고 지루한 영어로 들리기 쉽다. 〈very + 형용사〉를 적절한 하나의 형용사로 바꾸면 좀 더 생생하고 명확하게 표현할 수 있다.

*아래 표의 F, N, I은 각각 격식(formal), 중간 격식(neutral), 비격식(informal)을 나타낸다. 이 분류는 단어가 가진 느낌을 한눈에 정리해 보자는 취지로, 절대적인 법칙은 아니다. 중간 격식(N)은 너무 격식이거나 너무 비격식으로 들리지 않아서 대부분의 상황에서 쓸 수 있다는 표시이다.

very + 형용사	더 적절한 형용사	의미	F	N	I
very angry 매우 화가 난	furious	성난, 격노한			√
	irate	극도로 분노한	√		
	livid	격노한(얼굴색이 변할 정도로 화가 난 모습을 강렬하게 표현)			√
very bad 매우 나쁜	awful	끔찍한, 지독한			√
	terrible	심한, 지독한, 형편없는		√	√
	dreadful	지독한(극적이고 강렬한 느낌을 더해줌. 영국 영어에서 일상적으로 자주 쓰이나 지나치게 편한 느낌은 아님)		√	다소 √
very beautiful 매우 아름다운	gorgeous	(사람, 장소, 사물 등이) 매우 아름다운		√	√
	stunning	감각을 압도할 만큼(기절할 만큼) 아름다운	√	√	
very big 매우 큰	huge	보통보다 상당히 큰			√
	enormous	매우 큰(좀 더 강한 어조)	다소 √		
	massive	(크기·규모가) 매우 큰	√	√	√
very boring 매우 지루한	tedious	지루한, 장황한(계속 똑같은 내용이 반복되거나 오래 걸리는 활동·과제 등을 묘사)	√		
	dull	따분한, 재미없는, (이야기 따위가) 김빠진			√
very brave 매우 용감한	courageous	(도덕적 또는 감정적으로) 용감한	√	√	
	fearless	위험한 상황에서도 두려움이 없는			√
very bright 매우 밝은	dazzling	눈부신, 휘황찬란한		√	√
	luminous	빛나는, 번쩍이는(부드러운 빛을 계속 발하거나 반사하는 모습에 초점을 맞춰 우아한 어조로 묘사)	√		

very + 형용사	더 적절한 형용사	의미	F	N	I
very clean 매우 깨끗한	spotless	오물이나 얼룩 등이 전혀 없는			√
	immaculate	완벽하게 깨끗하고, 흠이 없는	√		
	pristine	손을 타거나 망쳐지지 않고 원형 그대로 보존된 상태인	√	√	√
very cold 매우 추운	freezing	얼어붙는, (비유적으로) 얼어붙을 만큼 추운			√
	icy	(날씨·태도가) 얼음같이 찬, 싸늘한(frigid보다 조금 덜 formal함)	다소 √	√	√
	frigid	몹시 추운	√		
very dark 매우 어두운	pitch-black	완전히 캄캄한, 새까만(문자 그대로의 뜻 또는 은유적으로도 쓰임)		√	
	murky	어둠침침한, 탁한	√	√	
very dirty 매우 더러운	filthy	아주 더러운(아주 강한 표현으로도 쓰임)	강조할 때 √		√
	grimy	때 묻은, 더러운			√
	squalid	(빈곤함으로 인해) 누추한, 지저분한	√		
very dry 매우 마른	arid	(기후·땅 등이) 매우 건조한	√		
	parched	몹시 건조한, 목마른			√
very dull (칼날이) 매우 무딘	blunt	무딘, 뭉툭한		√	
	unsharpened	날을 갈지 않은	√	√	
very easy 매우 쉬운	effortless	힘이 들지 않는	√	√	√
	simple	간단한, 쉬운	√	√	√
	straightforward	간단한, 쉬운, 복잡하지 않은	√	√	√
very expensive 매우 비싼	costly	많은 돈이 드는, 대가[희생]가 큰	√	√	
	exorbitant	지나치게 비싼	√		
very fast 매우 빠른	swift	빠른, 신속한, 눈 깜짝할 사이의(시적인 표현을 할 때 쓰이기도 함)	√	√	
	rapid	(과정·조치·변화 등이) 신속한		√	
very funny 매우 웃기는	hilarious	엄청 웃기는(일상대화에서 일반적으로 사용되는 단어)		√	√
	comical	웃기는(가볍거나 우스꽝스러운 유머를 묘사)	√	√	

very + 형용사	더 적절한 형용사	의미	F	N	I
very good 매우 좋은	excellent	(품질이) 매우 뛰어난	√		√
	superb	최상급의	√		
	outstanding	뛰어난, 걸출한 (우아하고 세련된 어조. 눈에 띄게 두드러진다는 뉘앙스)	√	√	√
very happy 매우 행복한	ecstatic	황홀한(happy보다 더 강렬한, 압도적으로 기쁘거나 신나는 상태를 표현)	√	√	√
	elated	매우 기뻐하는(몹시 행복하고 흥분된, 황홀한 상태를 표현)	√		
	overjoyed	기쁨에 넘친(좋은 소식이나 사건으로 인해 극도의 행복감을 느낌을 표현)	강한 감정 표현 √	√	다소 √
very hard (사물이) 매우 단단한	solid	단단한, 딱딱한(단단함을 묘사할 때 일반적으로 사용)	√	√	√
	unyielding	유연성[탄력성]이 없는, 굳은, 단단한 (저항성이 있고 구부러지지 않는다는 점을 강조)	√		
very hard 매우 어려운	difficult	어려운, 힘든(어떤 것이 노력이나 기술을 필요로 함을 나타낼 때 일반적으로 쓰는 단어)	√	√	√
	challenging	도전적인, 도전 의식을 북돋우는, 힘든 (어렵지만 의욕을 불러일으키거나 보람을 느끼게 한다는 뉘앙스)	√	√	√
	arduous	몹시 힘든, 고된(신체적·정신적으로 지치게 한다는 뉘앙스)	√		
very hot 매우 더운	scorching	태워 버릴 듯이 더운(극도로 고온인 날씨를 실감 나게 묘사)	묘사할 때 √	√	√
	boiling *보통 boiling hot 으로 쓰임	푹푹 찌는 듯한, 몹시 더운(문자 그대로 물이 끓을 정도의 강한 더위 또는 은유적으로 극도로 화가 난 상태도 묘사)			√
	sweltering	무더위의(습기가 많아 숨이 막힐 듯한 더위를 묘사)	√	√	√
very hungry 매우 배고픈	starving	몹시 배고픈(일상 대화에서 배고픔을 과장해 표현)			√
	famished	아사할 듯 배고픈(starving보다 더 강한 배고픔을 표현)		√	√

very + 형용사	더 적절한 형용사	의미	F	N	I
very important 매우 중요한	crucial	절대적으로 필요한	√	√	
	essential	근본적이고 필수불가결한(crucial보다 약간 더 formal함)	√	√	
	vital	(생사가 걸린 상황에서) 매우 중요하고 필수적인	√		
very interesting 매우 흥미로운	fascinating	대단히 흥미로운, 매력적인(강하게 관심을 집중시킴을 묘사)		√	
	captivating	매혹적인, 마음을 사로잡는(예술품이나 이야기 등이 흥미를 끌고 상상력을 자극함을 표현)	√	√	
very loud 매우 시끄러운	deafening	귀청이 터질 듯한(귀가 먹먹한 큰 소리를 묘사)		√	
	thunderous	우레 같은	√		
very old 매우 오래된	ancient	역사적으로 오래된, 고대의		√	
	archaic	매우 오래되었거나 시대에 뒤떨어진(부정적인 느낌)	√		
very painful 매우 고통스러운	excruciating	몹시 고통스러운, 극심한(강렬한 신체적 또는 감정적인 고통을 표현)	√	√	
	agonizing	고통스러운(괴로움과 고통, 극도의 불편함을 표현)	√	√	
very poor 매우 가난한	destitute	빈곤한, 궁핍한(극도의 가난과 물자 부족을 표현)	√		
	impoverished	빈곤한(빈곤한 사람들이나 지역을 묘사)	√	√	
very quiet 매우 조용한	silent	조용한(아무 소리도 나지 않는 상황을 묘사하는 일반적인 단어)		√	
	hushed	조용한, 소리를 낮춘(목소리를 낮추거나 숨을 죽여 조용해진 상황)		√	
very rich 매우 부유한	wealthy	돈과 자산이 매우 많은		√	
	affluent	부유하여 사치스럽고 안락하게 사는	√		
very sad 매우 슬픈	heartbroken	마음 아픈(상실과 관련된 깊은 슬픔을 묘사)			√
	sorrowful	슬픈(주로 엄숙한 상황에서 사용되는 편)	√		
	despondent	낙담한(절망적이고 깊이 우울한 상태를 강조)	√		
	miserable	비참한, 슬픈(깊이 불행한 상태를 나타냄)			√

very + 형용사	더 적절한 형용사	의미	F	N	I
very scared 매우 무서운	terrified	겁에 질린(강렬한 두려움을 묘사)		√	√
	petrified	극도로 무서워하는(두려움으로 인해 움츠러들거나 꼼짝 못 할 정도인 상황을 강조)		√	√
very sharp 매우 예리한	razor-sharp	매우 날카로운(칼 등 도구가 날카롭거나 사람의 지성이 예리하다는 뜻으로도 사용)		√	
	keen	날카로운, 예리한, 예민한(도구가 날카로운 것, 사람·동물의 감각이 예민한 것도 묘사)	√		
very slow 매우 느린	sluggish	동작이 느린, 굼뜬(피곤하거나 에너지가 부족해 느리다는 의미를 내포)		√	√
	unhurried	서두르지 않는(일부러 속도를 늦추는 것을 의미)	√	√	
very small 매우 작은	tiny	아주 작은(아주 작은 것을 묘사하는 일상적인 단어)			√
	minuscule	극소의(과학 관련 내용이나 정밀한 것을 언급할 때 주로 사용)	√		
	microscopic	현미경 없이는 볼 수 없을 정도로 작은(은유적으로도 사용)	√	√	√
very smart 매우 영리한	intelligent	지식이 많거나 이해가 빠른(어느 경우에든 잘 맞는 단어)	√	√	√
	brilliant	재능이나 통찰력이 비범한(이런 사람에 대한 찬사에 많이 사용)		√	좀 더 √
	astute	상황이나 사람에 대한 통찰력이 예리하고 기민한	√		
very strong 매우 강한	powerful	강력한(신체적인 힘뿐 아니라 다른 사람이나 일에 대한 영향력이 크다고 할 때도 사용)	√	√	√
	forceful	(의견 표현이나 행동 등이) 강력한, 단호한	좀 더 √	√	√
	mighty	강력한, 강대한, 위대한(큰 능력·권력을 극적으로 묘사하는 단어. 대서사시 등에 사용)	다소 √		
very stupid 매우 어리석은	idiotic	백치의, 천치의			√
	foolish	바보 같은(idiotic보다 덜 거친 표현)		√	
very thirsty 매우 목마른	parched	몹시 목마른			√
	dehydrated	탈수증세를 보이는	√	√	

very + 형용사	더 적절한 형용사	의미	F	N	I
very tired 매우 피곤한	exhausted	지쳐 빠진(신체적·정신적으로 피곤함을 표현할 때 일상적으로 쓰임)	√	√	√
	fatigued	심신이 지친(의학 용어로도 사용)	√		
	drained	신체적·감정적으로 탈진된			√
very ugly 매우 못생긴	hideous	흉측한		√	√
	unsightly	추한(외모뿐만 아니라 보기 흉한 건물 등에도 흔히 쓰임)	√	√	
very weak 매우 약한	fragile	(신체적·감정적으로) 연약한, 깨지기 쉬운	√	√	
	frail	(특히 노화나 병으로) 신체가 연약한(feeble보다 좀 더 정중한 표현)		√	
	feeble	체력·정신력이 약한(frail보다 좀 더 부정적이고 덜 동정적인 뉘앙스)		√	√
very wet 매우 젖은	soaked	흠뻑 젖은			√
	drenched	(물에) 흠뻑 젖은		√	√

HOW TO USE

MP3 52

1 He felt **miserable** after losing both his job and his apartment in the same week.
그는 같은 주에 직장과 집을 모두 잃고 깊은 비참함을 느꼈다.

2 A I was **terrified** during that horror movie. I couldn't even look at the screen sometimes.
난 그 공포 영화 보면서 정말 겁에 질렸어. 중간중간 화면을 못 보겠더라.

B I know! The sound effects were **deafening**, too.
내 말이! 음향 효과도 귀가 먹먹할 정도였어.

3 She was **exhausted** after working a twelve-hour shift at the hospital.
그녀는 병원에서 12시간 근무를 한 뒤 완전히 지쳐 있었다.

CHART 83 빈도를 나타내는 여러 가지 표현

Adverbs of Frequency

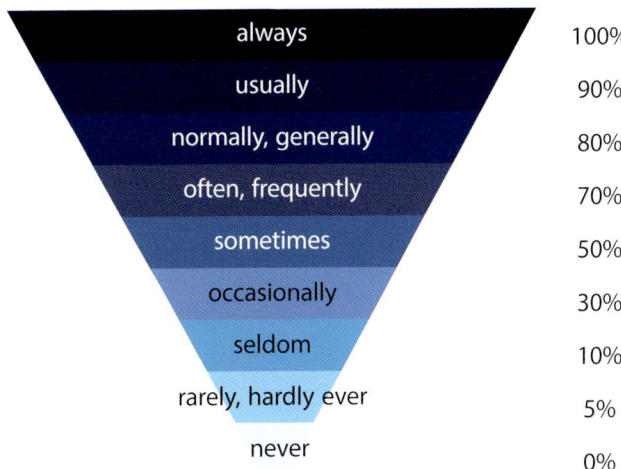

all the time	늘, 항상(always)
more often than not	자주, 대개
as often as possible, as often as ~ can	가능한 한 자주
every now and again, every now and then, from time to time	때때로(sometimes)
once in a while	가끔, 이따금(occasionally)
once in a blue moon	극히 드물게
once in a lifetime	평생 단 한 번(의), 극히 드물게

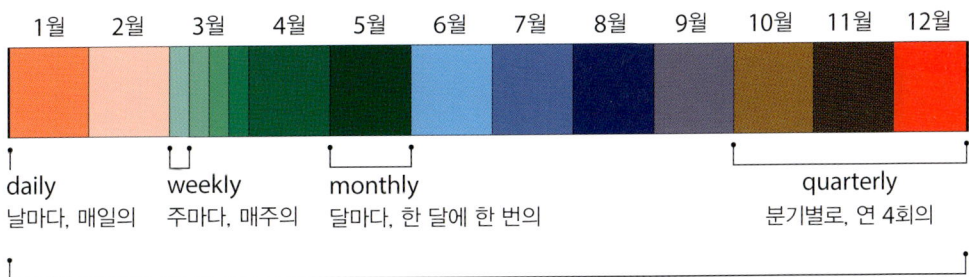

daily 날마다, 매일의
weekly 주마다, 매주의
monthly 달마다, 한 달에 한 번의
quarterly 분기별로, 연 4회의
yearly[annually] 해마다, 1년에 한 번씩 있는

every를 이용한 빈도 표현

every +	day 매일 morning 매일 아침에 evening 매일 저녁에 night 매일 밤에 Monday 매주 월요일에(on Mondays) few minutes 몇 분마다 30 minutes 30분마다 hour 한 시간마다 two hours 두 시간마다 week 매주 month 매달 year 매년
every other +	day 이틀에 한 번 week 2주에 한 번, 격주로 month 두 달에 한 번 year 2년에 한 번
every three +	days 3일에 한 번 = every third day weeks 3주에 한 번 = every third week months 세 달에 한 번 = every third month years 3년에 한 번 = every third year *기수와 서수 모두 올 수 있다.

HOW TO USE

`MP3 53`

A Hey, are you waiting for someone else or are you just bored with me? You've been checking your watch **every few minutes**.
얘, 너 누구 또 다른 사람을 기다리는 거니, 아니면 그냥 나랑 있는 게 지루한 거니? 몇 분마다 시계를 보고 있잖아.

B Oops, I'm so sorry! Actually, there's this new guy at my company. I'm not exactly sure when or how it started, but we've been bumping into each other so **often** lately...
에구, 정말 미안! 사실은 우리 회사에 새로 온 사람이 있거든. 언제 어떻게 그러기 시작했는지는 정확히 모르겠는데 요즘 그 사람하고 굉장히 자주 우연히 마주치는 거야…

A Wait, are you saying you two have a crush on each other? So, are you seeing him?
잠깐, 그러니까 너희 두 사람이 서로 반했다는 거야? 그래서, 요즘 그 사람 만나고 있어?

B Well, not really. We've just had lunch together. He asked me to have lunch **twice a week**, and now he calls me **every night** to chat.
아, 꼭 그런 건 아냐. 그냥 점심만 같이 먹었을 뿐. 일주일에 두 번씩 점심 같이 먹자고 하더니, 지금은 매일 밤마다 전화해서 수다 떨어.

A Good for you! I bet he'll ask you on a date this weekend!
잘됐다! 분명 이번 주말에 데이트하자고 할 거야!

CHAPTER 17

적재적소에 활용하는 상황별 연결어

Useful Transition[Linking] Words

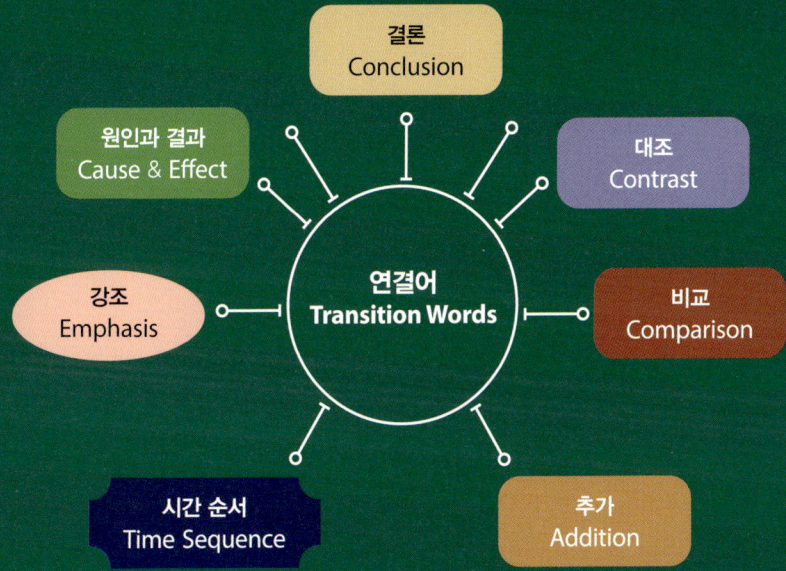

연결어(전환어, 접속어: transition words)는 앞 내용이 뒤의 내용으로 논리적으로 자연스럽게 넘어갈 수 있도록(transition) 이어 주는, 문장 사이의 다리 같은 역할을 한다. 넓은 의미에서 절이나 문장을 문법적으로 서로 연결해 주는 접속사(conjunction)도 연결어에 포함된다. 이러한 연결어를 이메일이나 논문, 리포트, 프레젠테이션, 연설 등에 잘 활용하면 좀 더 명확하고 논리적이면서 풍성한 메시지를 전달할 수 있다.

CHART 84 접속사의 종류

접속사 Conjunctions

등위 접속사
Coordinating conjunctions
단어와 단어, 절과 절, 문장과 문장 등 대등한 요소를 연결

종속 접속사
Subordinating conjunctions
주절에 종속되는 종속절을 이끌어 주절과 연결

상관 접속사
Correlative conjunctions
등위 접속사를 포함한 둘 이상의 단어가 짝을 이루어 접속사 역할을 함

등위 접속사

and	She bought apples **and** oranges. 그녀는 사과와 오렌지를 샀다.
	She finished her homework, **and** she went out to meet her friends. 그녀는 숙제를 끝냈고, 친구들을 만나러 나갔다.
but	He tried hard, **but** he failed. 그는 열심히 노력했지만 실패했다.
or	Would you like tea **or** coffee? 차를 드시겠습니까, 커피를 드시겠습니까?
	You can stay here, **or** you can leave whenever you want. 여기에 있어도 되고, 원할 때 떠나도 돼요.
nor	He doesn't drink **nor** smokes. 그는 술도 안 마시고 담배도 피우지 않는다. *다소 격식적·문어체적이고 구식 표현인 느낌이라 He doesn't drink or smoke.(중간 격식, 일상 대화) 또는 He neither drinks nor smokes.(격식, 문어체)가 더 자주 쓰임
for	I stayed home, **for** it was raining. 나는 비가 와서 집에 있었다.
yet	It's late, **yet** I'm not sleepy. 늦었지만 나는 졸리지 않다.
so	She was tired, **so** she went to bed early. 그녀는 피곤해서 일찍 잠자리에 들었다.

종속 접속사

although	**Although** it was raining, we went hiking. 비가 왔지만 우리는 하이킹을 갔다.	
because	He stayed inside **because** it was cold. 그는 추워서 집 안에 있었다.	
if	**If** you study hard, you will pass. 열심히 공부하면 합격할 것이다.	
unless	You won't succeed **unless** you try. 노력하지 않으면 성공할 수 없을 거다.	
since	**Since** it's your birthday, I'll buy you dinner. 네 생일이니까 내가 저녁을 살게.	
when	Call me **when** you arrive. 도착하면 전화해.	
while	She was singing **while** he played the guitar. 그가 기타를 연주하는 동안 그녀는 노래했다.	
before	Wash your hands **before** you eat. 식사하기 전에 손을 씻어라.	
after	We'll go out **after** it stops raining. 비가 그친 다음에 나가자.	
even though	**Even though** he was tired, he kept working. 그는 피곤했지만 계속 일했다.	

상관 접속사

either ~ or	You can **either** stay home **or** come with us. 너는 집에 있거나 우리와 함께 갈 수 있다.
neither ~ nor	She is **neither** friendly **nor** polite. 그녀는 친절하지도 않고 예의도 없다.
both ~ and	He is **both** smart **and** hardworking. 그는 똑똑하고 성실하다.
not only ~ but also	She speaks **not only** English **but also** Spanish. 그녀는 영어뿐만 아니라 스페인어도 한다.
whether ~ or	I don't know **whether** he's coming **or** not(= he's not coming). 나는 그가 올지 안 올지 모른다.

CHART 85 원인·결과·이유·목적을 나타내는 연결어

Cause & Effect, Reason, Purpose

accordingly	그런 이유로, 그래서, 그러므로
as a consequence (of)	~의 결과로서, ~ 때문에
as a result	결과적으로
because of	~ 때문에
consequently	그 결과, 따라서
due to	~ 때문에
for the purpose of	~의 목적으로, ~를 위해
for this reason	이(런) 이유 때문에
given that	~이므로, ~인 점을 고려할 때
hence	그러므로 *매우 격식을 갖춘 말로, 주로 문어체에서 쓰임
in order to	~하기 위하여
in view of	~를 고려해서
owing to	~ 때문에
seeing that	~인 것으로 보아 *given that보다 구어체적
so that	그 결과 ~하다(결과), ~하기 위해(목적)
then	그다음에, 그리고, 그러더니
therefore	그런 까닭에, 따라서
thereupon	그래서, 게다가, 그 결과
thus	따라서, 그러므로
with this in mind	이점을 염두에 두고
with this intention[purpose]	이러한 의도로[목적으로]

*because of vs. due to vs. owing to

모두 '~ 때문에'라는 뜻으로 뒤에 명사(구)가 오며 원인·결과를 나타내지만, 뉘앙스와 쓰임에 미묘한 차이가 있다. because of 는 셋 중 가장 빈번하게 사용되는 일상적인 표현으로, 말이나 문장의 첫머리, 중간, 끝에 쓸 수 있다.

We canceled the picnic because of the rain. 우리는 비 때문에 소풍을 취소했다.

due to는 because of보다 약간 더 격식적(slightly more formal)인 표현이라 글을 쓸 때나 공적인 상황에서 자주 사용되는데, 어떤 일의 원인과 결과 사이에 직접적인 관계가 있음을 나타낸다.

The cancellation was due to the rain. 취소는 우천 때문이었다.

owing to는 due to와 비슷하지만, 셋 중 가장 격식적이다. 일상 회화보다는 공적인 상황, 문어체에서 주로 사용한다. 원인과 결과를 나타내지만 원인을 약간 더 강조하는 뉘앙스이다.

Owing to the rain, the picnic was canceled. 비로 인해 소풍이 취소되었다.

CHART 86 예를 들어 설명할 때 쓰는 연결어

Illustration

as an example of	~의 예로
for example[instance]	예를 들면
for one thing	(여러 가지 중에서) 우선 첫째로, 한 가지는
in another case	다른 경우에
in this case	이 경우에
in the case of	~에 관하여 말하면, ~의 경우에는
in this situation	이(런) 상황에서는
including	~를 포함하여
like	~처럼
namely	즉, 다시 말해
specifically	구체적으로 말하면
such as	~와 같은, 예를 들어
to clarify	분명히 말해서, 명확히 말하자면
to demonstrate	실례를 들자면
to simplify	간단히 말하면

HOW TO USE

`MP3 54`

We're planning a company trip, but we need to consider a few things first. **Accordingly**, we must choose a destination that fits our budget. **Consequently**, we'll avoid places that are too expensive this time. **In view of** the current weather, a beach trip might not be ideal. **Seeing that** many employees prefer indoor activities during the winter, we should look for something similar. **With this in mind**, we are considering booking cabins in the mountains. **In the case of** snowfall, we'll need to ensure proper transportation, **including** snow chains for the vehicles.

There are a few locations we're considering, **namely** the Rockies and the Alps. Each place offers many activities, **such as** skiing, hiking, and enjoying time by the fireplace. The point is, we want a trip that is both relaxing and adventurous for everyone.

우리는 회사 여행을 계획하는 중인데, 먼저 몇 가지 사항을 고려해야 해서, 예산에 맞는 목적지를 골라야 해요. 그래서 이번에는 너무 비싼 장소는 피할 겁니다. 요즘 날씨를 고려해 볼 때, 바닷가 여행은 이상적이진 않을 거예요. 겨울에는 많은 직원이 실내 활동을 선호하는 것을 고려하면 그와 비슷한 것을 찾아내야 하겠죠. 이 점을 염두에 두고 우리는 산속의 통나무집을 예약할까 하고 있어요. 눈이 내릴 경우에는 자동차 스노체인을 포함해 적절한 교통수단도 확보해야 하겠고요.

우리가 고려 중인 장소가 몇 군데 있는데, 즉, 로키산맥과 알프스입니다. 두 곳 모두 스키, 하이킹, 벽난로 가에서 즐거운 시간 보내기 같은 여러 활동을 제공합니다. 요점은, 우리는 모두에게 휴식이 되면서도 모험도 즐길 수 있는 여행을 원한다는 겁니다.

CHART 87 일반적인 예를 들거나 일반화하여 설명할 때 쓰는 연결어

Generalization

as a rule	대체로, 일반적으로, 보통
broadly speaking	대체로
commonly	일반적으로, 통상적으로
for the most part	대개, 보통
generally speaking	일반적으로 (말하면)
in general, generally	일반적으로, 대체로
in most cases	대개의 경우
mainly	주로, 대개(주된 원인 강조)
more often than not	자주, 대개 *격식을 갖춘 문장에서 주로 쓰임
mostly	주로, 일반적으로
normally	보통(은)
often	흔히, 보통 (빈도 강조)
on the whole	전반적으로 보아, 대체로
overall	대체로
predominantly	대개, 대부분
regularly	정기적으로
typically	전형적으로, 흔히
usually	대개는, 평소에는

CHART 88 특정 사실을 강조할 때 쓰는 연결어

Emphasis

above all	무엇보다도, 특히
absolutely	전적으로, 굉장히
chiefly	주로
clearly	분명히, 의심할 여지 없이
definitely	분명히, 틀림없이
especially	특히
even	~까지도, ~조차
(more) importantly	(더) 중요한 것은
in detail	상세하게
in fact	사실은, 실제로는(방금 한 말에 대해 자세한 내용을 덧붙일 때, 또는 그 말에 반대되는 내용을 강조할 때)
in truth	사실은, 실은(실상을 강조) *격식적, 문어체적으로 쓰임
indeed	실로, 참으로
it should be noted	~에 주의[유의]해야 한다
naturally	자연히, 당연히
never	결코[절대] ~아니다
obviously	분명히, 명백히, 확실히
of course	물론
particularly, in particular	(~ 중에서) 특히, 특별히
surprisingly	놀랍도록, 놀랍게도, 의외로
to clarify	분명히 말해서, 명확히 말하자면
to emphasize	강조하자면 *설명을 보충하여 강조할 때 쓰임
truly	실로, 사실을 말하자면
undoubtedly	의심할 여지 없이, 확실히
unquestionably	의심할[의문의] 여지 없이, 명백히
without a doubt	의심할 바 없이, 확실히

HOW TO USE

`MP3 55`

1. **As a rule**, our company focuses on customer satisfaction as the core of our strategy. **In most cases**, this has led to increased customer loyalty and better sales performance.

   More often than not, our clients appreciate the personalized service we provide. We also strive to **regularly** update our offerings to meet market demands. **Above all**, we aim to deliver high quality in every aspect of our work.

   기본적으로 우리 회사는 핵심 전략을 고객 만족에 둡니다. 대개, 이는 고객 충성도 증가와 매출 실적 개선을 이끌어 냈습니다.

   우리 고객들은 우리가 제공하는 고객 맞춤 서비스를 인정해 주시는 경우가 많습니다. 우리는 또한 제공하는 서비스를 시장 수요에 맞게 정기적으로 업데이트하는 데 힘쓰고 있습니다. 무엇보다도, 일의 모든 측면에서 높은 품질을 제공하는 것을 목표로 합니다.

2. Today, I will explain **in detail** our latest customer service improvements. **In fact**, these changes are based on the feedback we have received from you, our valued clients.

   Surprisingly, some of the simplest changes have made the biggest difference, and that is something we must continue to embrace. We **never** want to overlook even the smallest opportunity to improve.

   Unquestionably, our success depends on your satisfaction. **Without a doubt**, these improvements will help us serve you better moving forward.

   오늘은 우리 고객 서비스의 최근 개선 현황에 관해 자세히 설명하겠습니다. 사실, 이러한 변화는 우리의 소중한 고객이신 여러분의 피드백 덕분입니다.

   놀랍게도, 아주 단순한 몇몇 변화들이 가장 큰 차이를 만들어 냈는데, 이 점은 우리가 계속 적극 수용해야 합니다. 변화할 수 있는 기회라면 아무리 작은 것이라도 절대 간과하고 싶지 않으니까요.

   명백히, 우리의 성공은 고객 여러분의 만족에 달려 있습니다. 의심할 여지 없이, 이러한 개선 사항들은 우리가 여러분께 보다 나은 서비스를 제공하는 데 도움이 될 것입니다.

CHART 89 두 요소를 대조적으로 보여 줄 때 쓰는 연결어

Contrast

alternatively	그 대신에, 그렇지 않으면, 양자택일로
as opposed to	~와는 대조적으로, ~이 아니라
as the opposite of	~의 반대로, ~에 반대되는 것으로
contrarily	이에 반해
conversely	정반대로, 역으로
despite, in spite of	~에도 불구하고
even so	그렇기는 하지만
however	하지만, 그러나
in contrast (to)	~와 대조를 이루어, ~와는 대조적으로
instead	그 대신에
nevertheless, nonetheless	그렇기는 하지만, 그럼에도 불구하고
notwithstanding	그러하긴 하지만, 그래도 *법률 관련 문맥·공문서·문학 등에 자주 쓰이는 격식적인 표현
on the contrary	그와 반대로
on the other hand	반면에, 다른 한편으로는
rather	(앞 내용과 다르거나 반대되는 말을 시작하면서) 오히려
unlike	~와는 달리
whereas	~임에 반하여
while	~인 데 반하여
yet	그렇지만, 그런데도

CHART 90 비교하여 유사성을 보여 줄 때 쓰는 연결어

Comparison & Similarity

as with	~와 마찬가지로, ~에서 그렇듯이
both	양쪽, 둘 다 모두
by the same token	같은 이유로, 마찬가지로
compared to[with]	~와 비교하여 *영국에서는 compared with가 주로 쓰임
correspondingly	그에 상응하여
equally	마찬가지로, 동일하게
in a similar manner	비슷한 방식으로
in common	공동으로, 공통적으로
in like manner	마찬가지로
in the same way	같은 방법으로
just as	꼭 ~처럼
just as A, so B in the same way that A, B	A처럼 B도 그렇다
just like	~처럼
likewise	마찬가지로
same as	~와 같은
similar to	~와 유사한, ~와 마찬가지로
similarly	마찬가지로

HOW TO USE

`MP3 56`

Life is full of choices, and we constantly weigh our options. **Alternatively**, we could approach each decision as a new opportunity rather than a challenge. For instance, some people might see setbacks **as the opposite of** learning experiences, but those who grow understand their value.

Despite the struggles we face, there are always solutions that emerge. **On the other hand**, we must recognize that not every problem requires an immediate fix. **Rather**, we should take a step back and observe what we can learn from the situation. **While** one approach might seem right in the moment, another could prove more beneficial later on.

As with many aspects of life, understanding balance is key. **By the same token**, knowing when to persevere and when to pause is equally important. When you **compare** the lives of those who rush to find answers **to** those who take their time, it becomes clear which method leads to deeper satisfaction.

Take relationships, for example. A child might be the spitting image of their parent, but their personalities could be quite different. **Just as** their physical features might look alike, **so too** can their underlying values be similar, despite different approaches to life.

Similar to a journey, our experiences shape us. Every decision, every path, adds to the larger picture. Life, after all, is about learning, adapting, and growing.

인생은 선택으로 가득 차 있으며, 우리는 끊임없이 선택지를 저울질한다. 그러는 대신, 그 각 결정이 난제가 아니라 새로운 기회라고 접근해 볼 수도 있다. 예를 들어, 어떤 사람들은 실패가 뭔가를 배우는 경험과 반대되는 것이라고 볼 수도 있지만, 성장하는 사람들은 실패의 가치를 이해한다.

우리가 마주치는 어려움에도 불구하고 항상 해결책은 나타나기 마련이다. 한편, 모든 문제에 즉각적인 해결책이 있어야만 하는 것은 아니라는 점도 인식해야 한다. 오히려 한 걸음 물러서서 그 상황으로부터 무엇을 배울 수 있는지 관찰하는 것이 좋다. 어떤 접근법이 그 순간에는 올바르게 보이더라도, 나중에는 다른 방법이 더 유익하다는 것을 알게 될 수도 있는 것이다.

인생의 많은 측면과 마찬가지로, 균형을 이해하는 것이 중요하다. 이와 같이, 언제 인내하고 언제 멈춰야 하는지를 아는 것도 중요하다. 서둘러 답을 찾는 사람들의 삶과 시간을 들여 찾는 사람들의 삶을 비교해 보면, 어느 방법이 더 깊은 만족으로 이어지는지 명확해진다.

예를 들어, 관계를 생각해 보자. 아이는 부모의 판박이일 수 있지만, 성격은 상당히 다를 수도 있다. 그들의 외모가 닮을 수 있는 것처럼, 삶에 대한 접근 방식이 다를지라도 근본적인 가치관은 비슷할 수 있다.

여행과 마찬가지로, 우리의 경험은 우리를 형성한다. 모든 결정, 모든 길은 더 큰 그림에 더해진다. 결국 인생은 배우고, 적응하며, 성장하는 것이다.

CHART 91 중요한 사항을 덧붙일 때 쓰는 연결어

Addition

additionally in addition (to this)	게다가, 이에 더해
along with	~와 함께
also	~도 또한, 역시
and	그리고
apart from this	이와는 별도로, 이것 외에도 *영국식으로는 except for(~을 제외하고)를 의미하기도 함
as well as	~뿐만 아니라 …도, 게다가
besides	게다가
coupled with	~와 결부된
finally	마침내, 마지막으로(열거의 끝에)
first second third last	첫째로 ~ 둘째로 ~ 셋째로 ~ 마지막으로 ~
further	더욱이, 더 나아가서
furthermore	뿐만 아니라, 더군다나
moreover	게다가, 더욱이
not only A but (also) B	A뿐 아니라 B도 역시
not to mention	~은 말할 것도 없고, ~은 물론이고
similarly	마찬가지로
together with	~에 덧붙여, ~와 함께
~, too	~도 (또한)

CHART 92 시간의 경과, 일의 진행과 순서를 표현할 때 쓰는 연결어

Time & Sequence

first[firstly]	첫째(로), 첫 번째로, 맨 먼저
second[secondly]	둘째(로), 두 번째로
third[thirdly]	셋째(로), 세 번째로
after	~ 후에, 다음에
before	~ 이전에
at this time	이 시점[단계]에서
eventually	결국, (시간이 흐른 후) 마침내
finally	마지막으로
following	그다음의
in the first place	우선, 첫째로
in (the) future	장차, 미래에
in turn	차례로
last but not least	마지막으로, 그렇지만 앞 내용과 마찬가지로 중요한
lastly[finally] and most importantly	마지막으로 가장 중요한 것은
later	나중에, 후에
momentarily	곧, 금방, (영국식에서) 잠시 동안
next	다음에
not long after	오래지 않아
now	지금, 이제
once	일단 ~하면, 과거 언젠가 (한때)
previously	이전에
prior to	~에 앞서, 먼저
since	~ 이래로

HOW TO USE

MP3 57

Good evening, everyone. Today, I'd like to emphasize the importance of mental well-being, which is as crucial as physical health.

First, mental health affects how we think, feel, and act. **Second**, it helps us maintain healthy relationships. **Third**, focusing on mental health improves our performance at work or school.

In addition to this, a balanced lifestyle, including enough rest and physical activity, is essential. **Along with** these, creative hobbies and connecting with others help improve well-being. **Moreover**, resilience is key in coping with life's challenges, **not to mention** it helps us feel more in control.

Nowadays, people are recognizing the importance of mental health. I believe that **eventually** it will receive the same attention as physical health, greatly benefiting society.

Lastly and most importantly, taking care of your mental health is a necessity, not a luxury. Let's all commit to prioritizing our mental well-being.

Thank you.

모두 안녕하세요? 오늘은 신체적인 건강만큼이나 중요한 정신적인 웰빙의 중요성에 대해 강조해 보려고 합니다.

첫째, 정신 건강은 우리가 생각하고, 느끼고, 행동하는 데 영향을 줍니다. 둘째, 건강한 관계를 유지하는 데 도움을 줍니다. 셋째, 정신 건강에 집중하면 직장 업무나 학교 공부 성과를 더 향상할 수 있습니다.

이에 더해, 충분한 휴식과 신체 활동을 포함한 균형 잡힌 생활 방식도 필수입니다. 이와 함께 창의적인 취미를 가지거나 타인들과 친하게 지내는 것도 웰빙을 증진하는 데 도움이 되지요. 이 외에도, 회복력은 감정을 통제하는 데 도움이 되는 것은 물론이고, 인생의 어려움에 대처하는 핵심 요소입니다.

요즘에는 사람들이 정신 건강의 중요성을 인식하고 있지요. 결국에는 신체 건강에 대해서와 마찬가지의 관심을 받게 될 것이고, 그러면 사회에도 큰 이익이 될 것입니다.

마지막으로 가장 중요한 사실은, 정신 건강을 돌보는 것은 필수이지 사치가 아니라는 점입니다. 우리 모두 정신적인 웰빙을 최우선 순위에 놓기로 약속합시다.

감사합니다.

CHART 93 조건을 나타낼 때 쓰는 연결어

Condition

as long as	~하는 한, ~한다면
given that	~를 고려하면
if, in the event that(격식적)	(만일) ~이면, (만약에) ~할 경우에는
in case	~할 경우에 대비하여
in that case	그렇다면, 그런 경우에는
on the condition that	~한다는 조건으로
only if	~할 경우에 한해, ~해야만
provided (that)	~를 조건으로 하면, 만일 ~이면
then	(if 조건절과 함께) 그렇다면, 그러면
unless	하지 않는 한, ~이 아닌 한
when	~하면, ~하는 경우에는
whenever	~할 때는 언제든지

CHART 94 양보를 나타낼 때 쓰는 연결어

Concession

although	비록 ~일지라도
even if	설사 ~이라고 할지라도(가정적)
even though	~임에도 불구하고(even if보다 강한 뉘앙스)
granted (that)	설사 ~이라 하더라도
all the same	그래도, 그럼에도 불구하고
and yet[still] ...	그럼에도 불구하고, ~이지만 사실은 …인
be that as it may	그렇다고 해서, 그럼에도 불구하고
even so	그렇기는 하지만
however, no matter how	아무리 ~해도[할지라도]
in spite of	~에도 불구하고
nevertheless, nonetheless	그렇기는 하지만, 그럼에도 불구하고
though	~이긴 하지만

HOW TO USE

`MP3 58`

Today, I'd like to talk about creating a watercolor painting. Watercolor is not just about applying color; rather, it involves balancing water, pigment, and patience. **Granted that** professionals make it look simple, the reality is that each wash* requires careful timing and control.

If we consider layering, each layer must dry before adding the next. **Even so**, impatience can lead to muddy colors. **Provided that** we wait, we achieve vibrant results. **However, if** we add too much water, we may lose control of the paint, which could result in unintended effects like colors running, blending in undesired ways, or spreading beyond the intended area.

Be that as it may, embracing the unpredictability of watercolor is key to mastering it. **Unless** we're willing to accept "happy accidents," we may become frustrated. **In the event that** an area becomes too dark, **nevertheless**, lifting paint can create new effects. To lift the paint, gently blot the area with a clean, damp brush or a paper towel, removing excess pigment and lightening the area to achieve the desired effect.

In conclusion, watercolor is about balancing control and spontaneity. **Only if** we embrace this can we truly appreciate the medium's beauty.

*wash (수채 그림물감으로) 엷게 한 번 칠하기, (페인트의) 얇은 막, 겹

오늘은 수채화 그리기에 대해 말씀드리려고 합니다. 수채화는 단순히 색만 칠해서 되는 것이 아니라, 물과 물감, 인내심이 균형을 맞춰야 합니다. 전문가들은 쉽게 그려내는 것처럼 보이지만, 사실은 물감을 칠할 때마다 신중하게 타이밍을 맞추고 조절해야 하죠.

물감을 겹겹이 칠하는 과정을 생각해 보면, 다음 겹을 덧칠하기 전에 반드시 말려야 합니다. 그런데도 인내심이 부족하면 색이 탁해질 수 있어요. 충분히 기다린다면 선명한 색이라는 결과를 얻을 수 있죠. 그러나 물을 너무 많이 묻히면 물감을 통제하지 못해, 색이 번지거나 원치 않는 방식으로 섞이거나 칠하려던 부분 밖으로까지 퍼져 버리거나 하는 의도치 않았던 결과를 얻게 될 수 있어요.

그렇긴 하지만, 수채화의 예측 불가능성을 받아들이는 것이야말로 수채화에 숙달하게 되는 열쇠입니다. '예기치 못했던 의외의 좋은 결과'를 기꺼이 받아들이지 않으면 좌절할 수 있죠. 만약 어떤 부분의 색이 너무 어두워지면, 그래도 물감을 걷어 내어 새로운 효과를 만들어 낼 수도 있어요. 물감을 걷어 내려면, 깨끗하고 축축한 붓이나 종이 수건으로 살짝 흡수해 과도한 염료를 제거하여 그 부위를 밝게 만듦으로써 원하던 결과를 얻을 수 있습니다.

끝으로, 수채화는 통제와 자연발생적 효과의 균형을 맞추는 것입니다. 이 사실을 받아들여야만 이 매체의 아름다움을 진정으로 감상할 수 있습니다.

CHART 95 다시 언급하여 더 분명하고 강력하게 말할 때 쓰는 연결어

Restatement

alternatively (stated)	다른 말로 하면, 달리 표현하면
expressed simply	간단히 표현하자면
in a nutshell	한마디로
in other words	다시 말해서
in short	요컨대, 한마디로
in simple language[terms]	쉬운[간단한] 말[용어]로
namely	즉, 다시 말해
otherwise stated	달리 언급하면
put differently, to put it differently	달리 말하면
put in another way	바꿔 말하면
said differently	달리 말하면
simply put, simplified	간단히 말하면
that is to say	다시 말해서, 즉

CHART 96 참고 사항을 언급할 때 쓰는 연결어

Reference

as applied to	~에 적용되면(학술적·법률적 용어로 사용)
as far as	~에 관한 한
concerning	~에 관한, ~에 관련된
considering	~를 고려[감안]하면
in connection to	~와 관련하여
in terms of	~면에서는, ~에 관해서는
pertaining to	~에 관계된, ~에 속하는
regarding	~에 관하여, ~에 대하여
speaking about[of]	~에 관해서 말하자면
the fact that	~라는 사실은
with regard[respect] to	~에 관해서

CHART 97 결론을 지을 때 쓰는 연결어

Conclusion

all things considered	모든 것을 고려해 볼 때
as demonstrated above	위에서 설명한[보여 드린] 것과 같이
as noted	언급한 바와 같이
as shown above	위에서 본 것처럼
as you can see	여러분도 보시다시피
by and large	대체로
given these points	이런 점들을 고려해 볼 때
in a word	한 마디로 (말해서)
in any event	어쨌든, 아무튼
in brief[short]	간단히 말해서, 요컨대
in conclusion	마지막으로, 끝으로
in essence	본질적으로
in summary	요약하면 *학술적·법률적 문어체에서 in summation을 쓰기도 함
in the end	결국
in the final analysis	(모든 것을 논의·고려해 본 결과) 결국
on the whole	전체[전반]적으로 보아, 대체로
overall	대체로
therefore	따라서, 그 결과로
to conclude	마지막으로, 결론을 말하자면
to sum up, to summarize	요컨대, 요약해서 말하면
ultimately	궁극적으로, 결국

HOW TO USE

`MP3 59`

The Importance of Lifelong Learning in an Ever-Changing World

In our rapidly evolving society, the importance of lifelong learning cannot be overstated. **By and large**, the pursuit of knowledge does not end with formal education; rather, it is a continuous process that extends throughout our lives. **In other words**, learning is not confined to the classroom but is an ongoing journey that is essential for both personal and professional development.

Expressed simply, lifelong learning helps individuals adapt to new challenges and seize emerging opportunities. **That is to say**, it allows us to keep pace with advancements in technology, shifts in the job market, and evolving societal norms. **With regard to** career advancement, those who actively engage in learning and personal growth are often better positioned to capitalize on opportunities and achieve success.

As demonstrated above, the benefits of lifelong learning are multifaceted. **With regard to** personal growth, acquiring new skills can boost self-confidence and enrich one's quality of life. **In summation**, investing time in learning not only enhances professional prospects but also fosters a sense of fulfillment and happiness.

Put differently, engaging in lifelong learning can open doors to opportunities that we may have never imagined. **In any event**, whether through formal education, workshops, or self-directed study, the key lies in remaining open to new experiences and continuous growth.

To conclude, education should not be viewed as a finite experience but as a lifelong journey capable of leading us to extraordinary places, provided we are willing to explore and grow.

늘 변화하는 세상에서 평생 학습의 중요성

빠르게 변화하는 우리 사회에서 평생 학습의 중요성은 아무리 강조해도 지나치지 않다. 전반적으로 지식의 추구는 정규 교육으로 끝나는 것이 아니라 우리 삶 전반에 걸쳐 지속되는 과정이다. 다시 말해, 학습은 교실에 국한된 것이 아니라 계속되는 여정이며, 자기 개발이나 직업상의 발전 모두를 위해 필수적인 요소이다.

간단히 말해, 평생 학습은 각 개인이 새로운 도전에 적응하고 다가오는 기회를 잡는 데 도움을 준다. 이를 통해 기술 발전, 직업 시장의 변화, 사회적 규범의 진화에 발맞출 수 있게 해 주는 것이다. 경력 발전과 관련해서는 학습과 개인 성장을 적극적으로 추구하는 사람들이 기회를 포착하고 성공을 거두는 데 더 유리한 위치에 서게 되는 경우가 많다.

앞서 설명한 바와 같이, 평생 학습의 이점은 다양하다. 개인적 성장과 관련해서는 새로운 기술을 습득함으로써 자신감을 높이고 삶의 질을 풍요롭게 만들 수 있다. 요약하자면, 학습에 시간을 투자하면 직업 전망을 밝게 만들 수 있을 뿐 아니라 성취감과 행복감도 키울 수 있다.

다르게 표현하자면, 평생 학습에 참여함으로써 우리가 미처 상상하지 못했던 기회의 문이 열릴 수도 있다. 어느 경우든, 정규 교육이나 워크숍을 통해서든 자기주도 학습을 통해서든, 새로운 경험과 지속적인 성장에 계속 마음을 열고 있는 것이 중요하다.

결론적으로, 교육은 유한한 경험이 아니라, 탐구하고 성장하려는 의지만 있다면 우리를 특별한 곳으로 이끌 수 있는 평생의 여정이라고 보아야 한다.

CHAPTER 18

조동사와 조건문

Auxiliary Verbs &
Conditional Sentences

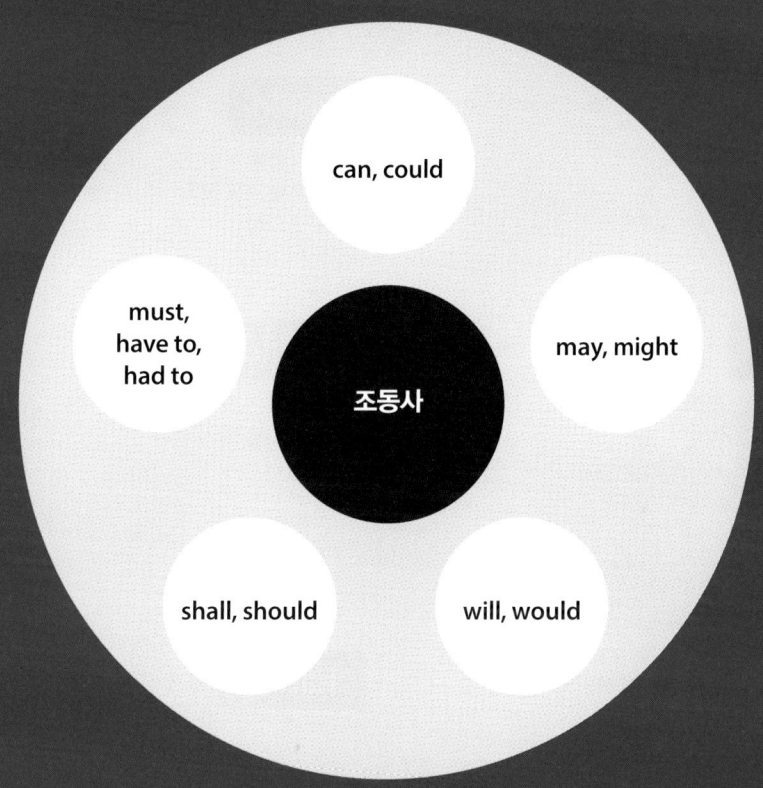

조동사는 본동사를 도와 여러 가지 역할을 한다. 의문문을 만들거나 미래, 완료 등의 시제를 결정하는 한편, 본동사 단독으로는 표현할 수 없는 가능성이나 허락 등의 의미를 더하기도 한다. 무엇보다 조동사는 과거에 대한 후회나 상상을 표현하거나, 어떤 상황을 가정하는 조건문을 만들 때 큰 역할을 한다. 조동사의 기본적인 쓰임과 혼동하기 쉬운 용법을 구분해 보고, 조건문에 따라 조동사의 형태가 달라지는 것을 한눈에 정리해 본다.

CHART 98 조동사

can
능력 ~할 수 있다
허락 ~해도 된다
cannot = can't

could
과거의 능력 ~할 수 있었다
가능성 ~일[할] 수 있다
정중한 요청
could not = couldn't

may
허락 ~해도 된다
추측 ~일지도 모른다
may not

might
불확실한 가능성 ~일[할] 수도 있다
부드러운 제안
might not

will
미래 ~일[할] 것이다
will not = won't

would
조건부 행동 ~할 텐데
과거의 습관적 행동 ~하곤 했다
정중한 요청
would not = wouldn't

shall
미래 ~일[할] 것이다
제안 ~할까요?
shall not = shan't (주로 영국)

should
약한 의무 ~해야 한다
충고 ~하는 게 좋겠다
should not = shouldn't

must
강한 의무 ~해야 한다
당연한 추정 (be와 함께) ~임에 틀림없다
must not '~하면 안 된다'는 의미(금지)

had to
과거 의무

have to
강한 의무 ~해야 한다(must보다 더 일반적으로 쓰임)
don't[doesn't] have to '~할 필요가 없다'는 의미

HOW TO USE

MP3 60

1. It **could** rain later today.
   오늘 이따가 비가 올 수도 있겠다.

2. She **could** swim when she was only four years old.
   그녀는 겨우 네 살 때 수영을 할 줄 알았다.

3. **Could** you help me with this problem?
   이 문제 좀 도와주실 수 있을까요?

4. If I had a lot of money, I **would** travel the world.
   내가 돈이 많다면 세계 여행을 할 텐데 말이야.

5. **Would** you mind closing the door?
   문 좀 닫아 주시겠어요?

6. Every summer, we **would** visit our grandparents.
   우리는 매년 여름이면 조부모님댁을 방문했다.

7. They **might** arrive late due to traffic.
   그들은 교통 체증 때문에 늦게 도착할 수도 있겠어.

8. You **might** consider trying a different approach.
   다른 접근을 시도하는 걸 고려해 보실 수도 있을 것 같아요.

*must vs. have to vs. should vs. need to

must는 강한 의무와 필요성, 강력한 권유를 나타내며, 긴급하거나 중요한 일이라는 느낌을 준다. 개인적인 신념에서 나온 규칙이나 사회 전반에 받아들여지는 일반적인 규칙을 지키려는 의무감이나 필요성을 나타낸다.
You <u>must</u> cover your mouth when you cough. 기침할 때는 입을 가려야 한다. ▶ 강력한 권유

have to도 must와 비슷하게 의무와 필요성을 나타내지만, 당국이나 조직에 의해 집행되고 어기면 벌칙이 있다든가 하는 외부의 강제적인 의무나 규칙 때문에 '해야 하는' 일에 주로 쓴다.
I <u>have to</u> finish this report by tomorrow. 나는 이 리포트를 내일까지 끝내야 해. ▶ 외부의 강제

should는 '반드시' 필요하지는 않지만 하면 좋은 일을 충고, 제안, 권유할 때 주로 쓴다.
You <u>should</u> eat more vegetables to stay healthy.
넌 건강을 유지하려면 채소를 더 많이 먹는 게 좋겠어. ▶ 하면 좋은 일

need to는 어떤 필요조건을 충족시키거나 목표를 달성하기 위해 '필요한' 상황에 쓴다. must나 have to와 비슷하게 느껴질 수도 있지만, need to는 '특정한 이유로 해야 한다'는 필요성을 더 강조한다.
She <u>needs to</u> study hard to pass the exam.
그녀는 시험에 합격하려면 공부를 열심히 해야 한다. ▶ 필요성

CHART 99   can vs. could

can — ~할 수 있다(is/am/are able to) / ~해도 된다

could — ~할 수 있었다(can의 과거: was/were able to) / ~해도 되었다 / can보다 정중한 말씨

현재·미래의 능력 She **can** speak both English and French fluently. 그 여자는 영어와 프랑스어 둘 다 유창하게 할 수 있다.	**과거의 능력** I **could** run as fast as a bullet when I was younger. 내가 더 젊었을 때는 총알처럼 빨리 달릴 수 있었다고.
현재·미래의 허락·허용 You **can** take a day-off tomorrow if you don't feel well. 몸이 안 좋다면 내일 하루 쉬어도 돼요.	**과거의 허락·허용** We **could** take a holiday whenever we wanted before the new boss joined our company. 우리 회사에 새 사장이 오기 전까지는 원할 때는 언제든 휴가를 쓸 수 있었다.
일상적·비격식적인 요청 **Can** you open the window? 창문 좀 열어 줄래?	**정중한 요청** **Could** you close the door when you leave? 나가실 때 문 좀 닫아 주시겠어요?
일상적·비격식적인 허락 구하기 **Can** I go now? 나 지금 가도 돼요?	**정중하게 허락 구하기** **Could** I be excused for a while? 저 잠깐 실례해도 되겠습니까?
일반적인 가능성(일반적으로 있을 수 있는 일) It's very hot in summer here. The temperatures **can** be as high as 41°C. 여긴 여름엔 몹시 더워. 기온이 41도까지 올라갈 수 있거든.	**특정한 경우의 가능성(현재의 추측)** The weather forecast said the temperatures **could** be as high as 41°C today. 일기 예보에서 오늘 기온이 41도까지 올라갈 수 있다고 했어. It **could** be true. 그게 사실일 수도 있지.
좀 더 명확한 가능성 We **can** go on a picnic on Sunday if the weather is nice. 날씨가 좋으면 일요일에 소풍을 갈 수 있어.	**조건·상황에 따라 다른 가능성** We **could** go on a picnic on Sunday if the weather is nice. 날씨가 좋으면 일요일에 소풍을 갈 수도 있어.

CHART 100

will vs. be going to

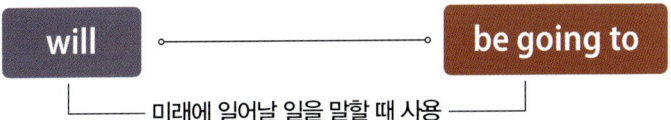

미래에 일어날 일을 말할 때 사용

말하는 시점에 자발적으로 결정한 일 I **will** check if I closed the front door. 나 현관문 잠갔나 볼게.	말하는 시점 이전에 결정하거나 계획한 일 I**'m going to** visit my grandma next weekend. 다음 주말에 할머니 댁에 갈 거야.
현재의 증거 없이 개인적인 의견이나 경험을 토대로 예측한 미래의 일 또는 보통의 일반적인 예측 I think it **will** snow today. 오늘 눈이 올 것 같아.	현재의 증거를 토대로 예측한 미래의 일 The weather forecast says it**'s going to** snow tomorrow. 일기 예보에서 내일 눈이 올 거래.
미래의 사실 The sun **will** rise tomorrow. 내일 태양이 떠오를 것이다.	곧 확실히 일어날 일 Be careful! The vase **is going to** fall off the shelf! 조심해! 꽃병이 선반에서 떨어진다!

*will을 주로 쓰는 경우

- 제안: I will give you a ride to your home. 내가 널 집까지 태워 줄게.
- 협박: I will tell everyone your secret! 네 비밀을 모두에게 말할 거야!
- 거절: Sorry, I won't join the club. 미안해. 난 그 클럽에 가입하지 않을래.
- 약속: I promise I won't forget you. 당신을 잊지 않겠다고 약속할게요.

CHART 101 과거에 대한 후회와 상상

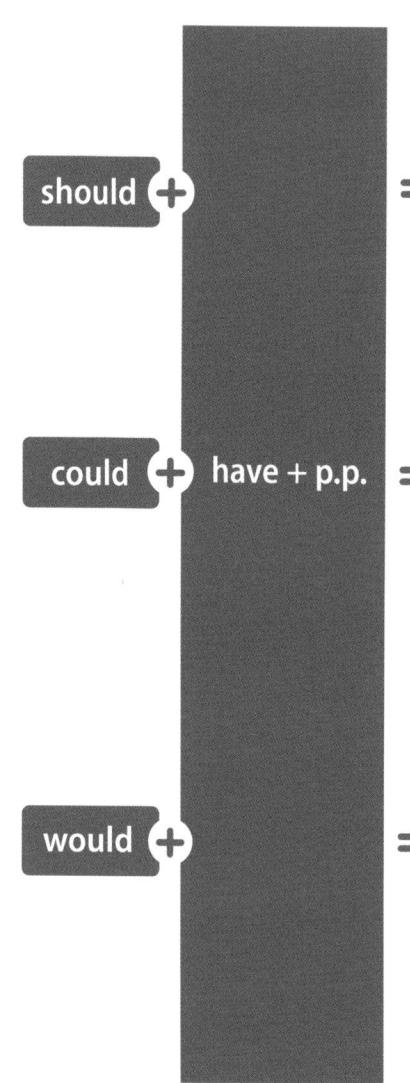

should +

= ~했어야 했다(바람직했을 일이 실행이 안 됨)
과거에 대한 후회·유감·비난

John **should have apologized** to her.
존은 그녀에게 사과했어야 했어.
(사과하는 게 옳았는데 그렇게 하지 않았음을 비난)

I **should have been** more careful. 내가 좀 더 조심했어야 했어. (좀 더 조심하지 않았던 것을 후회)

could + **have + p.p.**

= ~할[될] 수도 있었다(할 수 있었던 일이 실행이 안 됨)
과거에 가능했으나 하지 못한 일 설명, 다른 상황이었다면 할 수 있었을 일 상상

They **could have won** the game if they had practiced more. 그들이 연습을 좀 더 했더라면 이길 수 있었을 텐데.
(이길 가능성이 있었는데, 연습을 충분히 하지 않았기 때문에 졌다는 아쉬움)

would +

= ~했을 텐데, ~했을 것이다(조건이 되었다면 일어났을 상황이 실현 안 됨)
과거에 대한 후회·유감·비난, 다른 상황이었다면 일어났을 가상의 상황 상상·추측

I **would have visited** you, but I was too busy with a business trip. 당신을 찾아뵀어야 하는데, 출장 때문에 너무 바빴어요. (방문하지 않았던 것에 대해 유감 표현)

He **would have arrived** on time if the plane hadn't been delayed.
만일 비행기가 연착하지 않았다면 그는 제시간에 도착했을 거야. (비행기가 연착하지 않은 상황이었다면 그가 제시간에 왔을 거라는 상상)

CHART 102 조건문 1

조건문

If + 주어 + 동사 현재형, 주어 + 동사 현재형.

If절: 조건(condition)   주절: 결과(result)
'~하면'   '…한다'

Zero Conditional Sentence
일상 루틴·습관,
과학적·일반적 사실

If it **rains**, they **stay** inside.
비가 오면 그들은 집 안에 있다.

If I **exercise** regularly, I **feel** healthier.
나는 규칙적으로 운동하면 더 건강해진 느낌이 든다.

If you **heat** water to 100°C, it **boils**.
물을 100도까지 가열하면 끓는다.

조건문으로 사실과 다른 상황 가정하기

일어날 가능성이 높은 일을 가정

가정법 현재

If + 주어 + 동사 현재형, 주어 + 조동사 현재형 + 동사원형.
'~하면'   '…할 것이다'

First Conditional Sentence
일어날 가능성이 높은 일,
조언 및 제안(명령문)

If you **study** hard, you **will pass** the exam.
공부를 열심히 하면 시험에 합격할 거야.

If I **live** near my company, I **can save** plenty of time.
내가 회사 근처에 살면 시간을 많이 절약할 수 있을 거야.

If you're tired, **take** a short nap.
피곤하면 잠깐 낮잠을 자. (명령문에서는 동사원형)

CHAPTER 18

현재와 반대되는 상황을 가정 **Second Conditional Sentence** 일어날 가능성이 없거나 불가능한 일	**가정법 과거** **If** + 주어 + **동사 과거형**, 주어 + **조동사 과거형** + 동사원형. 　　'~하면'　　　　　　　　　'…할 텐데' If I **were** you, I **would** really **thank** her for being "my" girlfriend. 내가 너라면, 그녀가 '내' 여자친구여서 정말 감사할 텐데. *if절의 주어 다음에 be동사가 올 경우, 주어와 상관없이 were를 쓴다. If I **had** enough money, I **could buy** that beautiful dress. 돈이 충분하면 저 아름다운 드레스를 살 수 있을 텐데.
과거와 반대되는 상황을 가정 **Third Conditional Sentence** 과거에 대한 후회, 과거의 불가능했던 일	**가정법 과거완료** **If** + 주어 + **had** + 과거분사, 주어 + **조동사 과거형** + **have** + 과거분사. 　　'~했으면'　　　　　　　　　　'…했을 텐데' If I **had known** he was such a liar, I **would have been** more careful not to be so gullible. 그 남자가 그런 심한 거짓말쟁이인 줄 알았다면 그렇게 쉽게 속아 넘어가지 않고 더 조심했을 텐데. If he **had followed** the map, he **would have arrived** on time. 그가 지도대로 따라왔다면 제시간에 도착했을 텐데.

CHART 103 조건문 2

	가능성이 몹시 희박한 일, 미래에 대한 가정 If + 주어 + **were to** + 동사원형, 주어 + **would** + 동사원형. 　　'혹시라도 ~한다면'　　　　　　　　'…할 것이다'
	가능성이 적지만 일어날 수도 있는 미래의 일 If + 주어 + **should** + 동사원형, 주어 + **would[will]** + 동사원형. 　　'~한다면'　　　　　　　　　　　'…할 것이다'
실현 가능성이 낮은 미래의 상황을 가정 **Future Conditional Sentence**	If I **were to win** the lottery, I **would travel** the world. 만일 복권에 당첨된다면 세계 여행을 할 텐데. If she **were to ask** for help, people **would** gladly **assist** her. 그녀가 도움을 청한다면 사람들이 기꺼이 그녀를 도와줄 텐데. If you **should need** assistance, we **would be** happy to help. 혹시 도움이 필요하시면 저희가 기꺼이 돕겠습니다. If he **should call**, I **will let** you know. 그가 전화하면 당신에게 알려줄게요. *would는 좀 덜 확실하거나 가정하는 상황에, will은 확실하게 일어날 것으로 보는 상황에 쓴다. 위 we would be happy to help는 혹시라도 도움이 필요한 경우가 발생한다면(그러한 상황을 가정) 그 상황에서 돕겠다는 의미에서 would를, I will let you know는 그의 전화가 오면 화자가 꼭 전화하겠다는 의미로 will을 쓴 것이다.
	일어났다면 현재에 영향을 미쳤을 과거의 상황을 가정 If + 주어 + **had** + 과거분사, 주어 + **조동사 과거형** + 동사원형. 　　'(과거에) ~했으면'　　　　　　　'(지금) …할 것이다'
현재에 영향을 미치는 과거의 상황을 가정(혼합 가정법) **Mixed Conditional Sentence**	If he **had studied** harder, he **might be** a doctor now. 만일 그가 더 열심히 공부했다면 지금 의사쯤 되어 있을 텐데. If they **had invested** wisely, they **could own** a successful business today. 그들이 현명하게 투자를 했더라면 지금쯤은 성공적인 기업을 소유하고 있을 텐데.

CHAPTER 19

숫자와 수학 기호, 문장 부호

Numbers, Mathematical Symbols & Punctuation Marks

Addition 덧셈

6 + 2 = 8

Six **plus** two equals[is] eight.

Subtraction 뺄셈

6 − 2 = 4

Six **minus** two equals[is] four.

Multiplication 곱셈

6 x 2 = 12

Six **multiplied** by two equals[is] twelve.
Six **times** two equals[is] twelve.

Division 나눗셈

6 ÷ 2 = 3

Six **divided by** two equals[is] three.

CHART 104 기수와 서수

일반적인 수를 세는 데 사용하는 수는 '기수(cardinal number, counting number)'라 하고, 차례나 순서를 나타내는 수는 '서수(ordinal number)'라 한다. 우리말로 순서를 말할 때는 숫자에 '~번째'라는 말을 붙이면 되는데, 영어에서는 -th가 이에 해당한다고 보면 된다. 서수는 몇몇 예외를 제외하고는 기수에 -th를 붙여서 만들기 때문이다.

	기수			서수	
	수를 나타내는 데 기초가 되는 수 수를 셀 때 사용			차례나 순서를 나타내는 수 보통 순서(~번째), 순위, 날짜를 말할 때 사용	
1	one		1st	first	
2	two		2nd	second	
3	three		3rd	third	
4	four		4th	fourth	
5	five		5th	fifth	
6	six		6th	sixth	
7	seven		7th	seventh	
8	eight		8th	eighth	
9	nine		9th	ninth	
10	ten		10th	tenth	
11	eleven		11th	eleventh	
12	twelve		12th	twelfth	기수 + -th
13	thirteen		13th	thirteenth	
14	fourteen		14th	fourteenth	
15	fifteen	-teen	15th	fifteenth	
16	sixteen		16th	sixteenth	
17	seventeen		17th	seventeenth	
18	eighteen		18th	eighteenth	
19	nineteen		19th	nineteenth	
20	twenty	-ty	20th	twentieth	
21	twenty-one	-ty + one	21st	twenty-first	
22	twenty-two	-ty + two	22nd	twenty-second	기수 + 서수
23	twenty-three	-ty + three	23rd	twenty-third	
...	...		...	...	

기수	서수
❗ 13: thirteen (O) - threeteen (X) 14: fourteen (O) - forteen (X) 15: fifteen (O) - fiveteen (X) 40: forty (O) - fourty (X) 50: fifty (O) - fivety (X)	❗ 여덟 번째: eighth (O) - eightth (X) 아홉 번째: ninth (O) - nineth (X) 열두 번째: twelfth (O) - twelveth (X) 20번째: twentieth (O) - twentyth (X) 40번째: fortieth (O) - fourtyth (X) 50번째: fiftieth (O) - fiftyth (X) *60번째, 70번째, 80번째, 90번째: sixtieth, seventieth, eightieth, ninetieth

*날짜 말하는 법

며칠인지 날짜를 말할 때는 서수를 사용한다.

2022년 9월 10일 – 미국: (월-일-년) September tenth, twenty twenty-two

               – 영국: (일-월-년) the tenth of September, twenty twenty-two

연도 말하기 : 2001년 – two thousand (and) one, 1988년 – nineteen eighty-eight

HOW TO USE

MP3 **61**

1 **A** Hello, this is John Smith, assistant to lawyer Anthony Park speaking. 여보세요. 앤서니 박 변호사의 비서 존 스미스입니다.

   B Hello, Mr. Smith. This is Emily Brown. I'm on my way to your office for my **three** o'clock appointment with Mr. Park, but I'm a bit confused about finding the office. There are **two ten**-story buildings that look almost exactly the same. Which one should I go to?
   안녕하세요, 스미스 씨. 저는 에밀리 브라운인데요. 박 변호사님과 3시에 약속을 해서 지금 사무실로 가는 중인데, 사무실 찾기가 좀 헷갈려서요. 거의 똑같이 생긴 10층 건물이 두 채 있네요. 둘 중에 어디로 가야 하나요?

   A Oh, do you see a building with a flower shop on the **first** floor, next to one of those buildings?
   아, 그 두 건물 중 하나 옆에, 1층에 꽃집이 있는 건물 보이세요?

   B Oh, yes, I see the building with a flower shop on my left.
   아, 네. 제 왼쪽에 꽃집 있는 건물이 보여요.

   A Okay, then it's in the **second** building from the flower shop.
   좋습니다. 저희 사무실은 그 꽃집에서 두 번째 건물에 있어요.

   B Oh, I see.
   아, 그렇군요.

   A Yes, and it's on the **ninth** floor of that building.
   네, 그리고 그 건물 9층이고요.

   B Okay, thank you so much. I'll be there soon.
   네, 정말 감사합니다. 곧 갈게요.

2 Today is May **12th**, and it's my birthday. You know what? It's also the birthday of Florence Nightingale, the great nurse, although she was born in the **19th** century. I'm very proud to share the same birth date with her.
오늘은 5월 12일, 내 생일이야. 그런데 이거 알아? 오늘은 19세기에 태어난 위대한 간호사 플로렌스 나이팅게일의 생일이기도 하다는 걸. 그분과 같은 날 태어났다는 게 너무 자랑스러워.

CHART 105 · 큰 숫자

1,000,000,000,000

trillion 조   billion 십억   million 백만   thousand 천   hundred 백

* 콤마(,) 아래의 자릿수가 3개일 때마다 단위가 바뀐다고 생각하면 편리하다.

첫 번째 콤마 아래의 자릿수가 3개 → thousand 천
첫 번째 콤마 아래의 자릿수가 6개 → million 백만
첫 번째 콤마 아래의 자릿수가 9개 → billion 십억
첫 번째 콤마 아래의 자릿수가 12개 → trillion 조

10	ten
100	one hundred
135	one hundred (and) thirty-five *대체로 미국 영어에서는 and를 생략하고, 영국 영어에서는 포함하는 경향이 있다.
250	two hundred (and) fifty
1,000	one thousand
1,500	one thousand five hundred
1,750	one thousand seven hundred (and) fifty
1,999	one thousand nine hundred (and) ninety-nine
10,000	ten thousand 만
30,000	thirty thousand 삼만
100,000	one hundred thousand 십만
150,000	one hundred (and) fifty thousand 십오만
1,000,000	one million 백만
1,500,000	one million, five hundred thousand 백오십만
1,234,567	one million, two hundred and thirty-four thousand, five hundred (and) sixty-seven 백이십삼만 사천오백육십칠
1,234,567,890	one billion, two hundred and thirty-four million, five hundred and sixty-seven thousand, eight hundred and ninety 십이억 삼천사백오십육만 칠천팔백구십 *(영국 구식) one thousand two hundred and thirty-four million, five hundred and sixty-seven thousand, eight hundred and ninety

*미국 영어와 영국 영어 모두, 숫자를 글씨로 적을 때는 콤마(,)를 쓰지 않는 것이 표준이지만 교재나 법률·회계 관련 문서 등의 큰 숫자에는 가독성을 위해 쓰기도 한다.

1,234,567,890,123	one trillion, two hundred and thirty-four billion, five hundred and sixty-seven million, eight hundred and ninety thousand, one hundred and twenty-three 일조 이천삼백사십오억 육천칠백팔십구만 백이십삼 *(영국 구식) one thousand, two hundred and thirty-four billion, five hundred and sixty-seven million, eight hundred and ninety thousand, one hundred and twenty-three

* 과거 영국에서는 billion이 십억이 아니라 일조, trillion이 일조가 아니라 백만 조였다. 1974년 영국 정부가 공식적으로 미국식 체계를 채택하기로 하여 현재에는 공적·기술적 상황에서는 미국식으로 통일되어 있으나, 예전의 의미로 사용되는 경우도 종종 있다.

CHART 106 기타 숫자

달러

*일상 회화에서는 괄호 안의 단어 생략 가능

$0.25	• twenty-five cents[pennies] • a quarter (dollar)
$0.5	fifty cents
$1	• one dollar[buck] • a dollar[buck]
$8.55	eight (dollars and) fifty-five (cents)
$13.70	thirteen (dollars and) seventy (cents)
$1370.50	• one thousand three hundred seventy dollars and fifty cents • thirteen seventy, fifty

습도, 온도

62%	sixty two percent
36°F (화씨)	thirty six degrees Fahrenheit
36°C (섭씨)	thirty six degrees Celsius
-10°C	• minus ten degrees Celsius • ten degrees (Celsius) below zero

분수, 제곱, 소수

1/2	• a half • one half	*a half와 a quarter는 구어적 일상 표현. one half와 one quarter는 약간 더 격식을 갖춘 느낌이고 정확한 수학 용어의 느낌이다.
1/4	• a quarter • one quarter	
1½	one and a half	
2^2	two squared	
2^3	two cubed	
2^4	two to the power of four	
0.25	(zero) point two five, point twenty-five	
2/3	two thirds	
4/5	four fifths	
1⅔	one and two thirds	
0.5	(zero) point five	
3.5	three point five	

치수, 전화번호, 스코어

7m x 3m	seven meters by three meters
800-4000	eight hundred(,) four thousand
123-4567	one-two-three(,) four-five-six-seven
1233-4507	• one-two-three-three(,) four-five-zero-seven (미국식) • one-two-double three(,) four-five-oh-seven (영국식)
2:0	• two (to) zero, two nothing (미국식) • two nil[zero] (영국식)
2:1	two (to) one

HOW TO USE

> MP3 62

1 A Good afternoon. How can I help you?
안녕하세요? 어떻게 도와드릴까요?

B Hello. I'm looking for a table like… oh, that's the one I'd love to buy! But it looks too large. Do you have one like that, but just **one half** the size?
안녕하세요. 테이블을 보고 있는데… 오, 저런 테이블을 사고 싶었어요! 그런데 너무 커 보이네요. 저런 걸로 크기는 딱 절반인 것 있나요?

A Oh, I see. That table is **two meters by one and a half meters**. We don't have a smaller one in stock right now, but we can place an order with our factory. It'll take about a week for them to make it.
오, 그러시군요. 저 테이블은 가로 2미터에 세로가 1.5미터예요. 지금 저것보다 작은 건 재고가 없지만 우리 공장에 주문을 넣을 수는 있습니다. 공장에서 만드는 데는 일주일 정도 걸릴 거고요.

B That sounds good. How much is it before I place the order?
그거 좋네요. 주문하기 전에, 가격은 얼마인가요?

A It's **four hundred and twenty dollars**.
420달러입니다.

2 It's a scorcher out here at Green Stadium, folks—**33 degrees Celsius** on the field, **70%** humidity, and no sign of clouds! But the heat isn't just in the weather—the Tigers are on fire! After a slow first half, they've come back strong. The score now: Tigers lead **3 to 2**, with just under two minutes left on the clock. Emotions are boiling over, and you can feel the pressure rising like the midday sun.
여러분, 여기 그린 스타디움은 불타는 듯 무덥습니다. 경기장 기온은 섭씨 33도, 습도는 70%, 하늘에는 구름 한 점 없습니다! 하지만 뜨거운 건 날씨만이 아닌데요. 타이거스팀이 완전히 불붙었습니다! 전반전에는 다소 부진했지만, 후반전에 강하게 반격에 나섰습니다. 현재 스코어는 타이거스가 3 대 2로 앞서고 있고, 시간은 이제 2분도 채 남지 않았습니다. 경기장의 긴장감은 점점 끓어오르고 있고, 한낮 태양처럼 압박감도 치솟고 있습니다.

CHART 107 수학 기호

	읽는 법	예시
$>$	is greater than 초과한다, 더 크다	$X > 3$ X is greater than 3. X는 3보다 크다.
$<$	is less than 미만이다, 더 작다	$Y < 5$ Y is less than 5. Y는 5보다 작다.
$\geq$	is greater than or equal to 이상이다, 크거나 같다	$X \geq 3$ X is greater than or equal to 3. X는 3보다 크거나 같다.
$\leq$	less than or equal to 이하이다, 작거나 같다	$Y \geq 5$ Y is less than or equal to 5. Y는 5보다 작거나 같다.
$=$	is equal to, equals 같다	$Y = 0$ Y is equal to zero. Y equals zero. Y는 0과 같다[Y는 0이다].
$\neq$	is not equal to 같지 않다	$Y \neq 0$ Y is not equal to zero. Y는 0과 같지 않다[Y는 0이 아니다].
$\pm$	plus or minus 플러스마이너스	$5 \pm 3 = 8 \text{ or } 2$ 5 plus or minus 3 equals 8 or 2. 5 플러스마이너스 3은 8 또는 2이다.
∞	infinity 무한대, 인피니티	$X = \infty$ X equals infinity. X는 무한대이다.
$\sqrt{}$	square root of 제곱근, 루트	$\sqrt{9} = \pm 3$ The square root of 9 equals plus or minus 3. 루트 9는[9의 제곱근은] +3 또는 −3이다.
$\%$	percent 퍼센트	$1\% = 1/100$ One percent is equal to one hundredth. 1퍼센트는 1/100과 같다.
$\int$	integral 적분, 인테그랄	$\int dx = x + C$ The integral of dx equals x plus a constant. 인테그랄 dx는 x 플러스 상수이다.
Σ	sum of (sigma) 총합, 시그마	$\sum_{i=1}^{n} i$ the sum of i from 1 to n 1부터 n까지의 정수의 총합

CHART 108 문장 부호(구두점)

	영문 이름	용법
.	period(미국) full stop(영국)	마침표: 문장을 마칠 때 문장 맨 끝에
!	exclamation point(미국) exclamation mark(영국)	느낌표: 강한 감정이나 명령을 나타내는 문장 맨 끝에
?	question mark	물음표: 의문문 맨 끝에
" "	double quotation marks (speech marks)	큰따옴표 (미국) 인용문이나 대화문 (영국) 인용문이나 대화문 안의 인용문
' '	single quotation marks	작은따옴표 (미국) 인용문이나 대화문 안의 인용문 (영국) 인용문이나 대화문
,	comma	콤마, 쉼표 – 두 문장을 연결할 때 – 단어를 나열할 때 – 문장의 도입부 다음에 찍어 문장의 나머지 부분과 분리 – 부가의문문이나 분사구문이 포함되는 문장에
'	apostrophe	아포스트로피 – 축약형에 – 명사 + ' = 소유의 의미
…	ellipsis	생략 부호 – 단어나 문장을 생략할 때 – 잠시 쉬었다가 글을 이어감으로써 극적인 효과를 주고자 할 때
-	hyphen	하이픈 – 합성어에 – 접두사를 단어에 연결할 때
–	en dash	엔 대시(하이픈보다 길고 엠 대시의 절반 길이): 범위를 나타낼 때
—	em dash	엠 대시 – 콤마, 괄호, 콜론 대신 – 문장의 결론을 강조할 때
:	colon	콜론 – 인용문, 예시, 설명을 넣을 때 – 독립된 두 절을 분리할 때 – 강조하는 내용을 보여 줄 때

	영문 이름	용법
;	semicolon	세미콜론: 독립된 두 절을 분리하면서도 그 두 절의 연관성을 보여 주고자 할 때
/	slash	사선, 슬래시 – 노랫말이나 시의 한 행과 다음 행을 함께 이어 써야 할 때 – or의 의미로 – 모순되는 두 가지 개념이나 대안을 제시할 때
( )	parentheses(미국) brackets(영국)	괄호 – 언급한 내용에 대한 추가적인 정보를 보여 줄 때 – 부차적인 세부 사항을 보여 줄 때
[ ]	brackets(미국) square brackets(영국)	꺾쇠괄호: 관련하여 언급할 사항이나 정보를 넣을 때

HOW TO USE

> MP3 63

1. It was a silent night.
   고요한 밤이었다.

2. Sit down and be quiet!
   앉아, 그리고 조용히 해!

3. How beautiful!
   아름답기도 하지!

4. Why are you late again?
   너 왜 또 늦었어?

5. "I'm tired to death and really 'hangry,'" she said.
   "나 피곤해서 죽을 지경이고, 정말로 '화가 날 정도로 배가 고픈' 상태야." 그녀가 말했다.

6. This bike isn't Tom's but Mary's.
   이 자전거는 톰의 것이 아니고 메리 거야.

7. You wouldn't believe what I'm saying. That night, I saw…
   내가 지금 하는 얘길 넌 못 믿을걸. 그날 밤, 내가 본 건…

8. I came across my mother-in-law at the station yesterday.
   나는 어제 그 역에서 장모님을 우연히 마주쳤다.

9. Jim Baker, 1945–2020
   May you find comfort in the arms of God.
   짐 베이커, 1945–2020. 하느님의 품속에서 위안을 찾으시기를.

10. She gave him her final answer—there was no way she could agree to his proposal.
    그녀는 그에게 마지막 대답을 했다—그의 제안에 응할 길이 없었다.

11. I bought some vegetables to make a salad: tomatoes, lettuce, and bell peppers.
    나는 샐러드를 만들려고 채소를 좀 샀다. 토마토와 양상추와 파프리카를.

12. My father is a doctor; my mother is a cook.
    우리 아버지는 의사이다. 어머니는 요리사이다.

13. There are six members in the marathon club: three are in their twenties; two are in their thirties; one is in his fifties.
    그 마라톤 동호회 회원은 여섯 명이다. 세 명은 이십 대, 두 명은 삼십 대, 한 명은 오십 대이다.

14. You can choose between the red shirt/the blue shirt (the green one is out of stock). [The yellow shirt will be available in two weeks.]
    빨간색/파란색 셔츠 중에서 선택하실 수 있습니다(초록색은 품절입니다). [노란색 셔츠는 2주 후에 구입 가능해요.]

CHART 109 시간 말하기

시간을 묻는 말에 답할 때에도 숫자로 말하며 기수를 쓴다. 숫자에 더하여 전치사와 부사 등 다양한 표현을 써서 시간을 말해 줄 수 있다.

What is the time? 몇 시예요?

시간 묻기(몇 시예요?)

- What is the time?
- Do you have the time?

(정중하게)

- Can you tell me what time it is, please?
- Could you tell me the time, please?

*시간 좀 내 줄 수 있어요?

Do you have time (to spare)?
Do you have a minute? (비격식적)
Do you have a moment? (다소 격식적)

시간 답하기(10시예요.)

- (Sure.) It is ten o'clock.
- It's ten. (다소 비격식적)

*오전인지, 오후인지도 밝히고 싶다면 시간 뒤에 a.m.(오전) 또는 p.m.(오후)을 덧붙인다.

It's **almost** ten.
거의 10시예요.

It's **about** ten.
10시쯤 됐어요.

It's **exactly** ten.
정확히 10시예요.

It's **just gone** ten.
10시가 막 지났어요.

to ~분 전	10시 5분 전(9시 55분)이다. It's five (minutes) **to** ten.	= It's nine fifty-five.
past ~분	10시 5분이다. It's five (minutes) **past** ten.	= It's ten (zero/oh) five.
quarter 15분	10시 15분 전(9시 45분)이다. It's **(a) quarter to** ten.	= It's nine forty-five.
	10시 15분이다. It's **(a) quarter past** ten.	= It's ten fifteen.
half 30분	10시 30분이다. It's **half past** ten.	= It's ten thirty.

PLUS

하루의 때를 나타내는 말

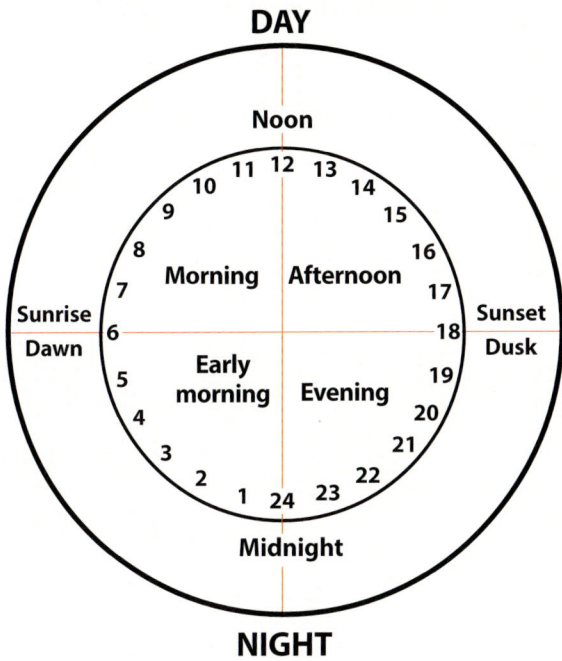

dawn은 해가 막 떠오르는 시간, '새벽, 동틀녘'을 뜻한다. morning은 주로 '아침'을 뜻하지만, 자정부터 정오까지의 시간인 '오전'은 모두 morning으로 표현할 수 있다. early morning → morning → late morning을 거쳐 noon(정오, 12:00 p.m.)이 되는 흐름이다. 정오가 지나면 그때부터는 '오후'인 afternoon이 시작되는데, morning과 마찬가지로 early afternoon → afternoon → late afternoon으로 시간이 흐른다. dawn의 반대말이라고 할 수 있는 dusk는 '황혼, 해질녘'이다. 이후부터는 '저녁'인 evening이 시작되는데 early evening → evening → late evening이 지나면 본격적인 '밤', night이 시작된다. midnight(자정, 12:00 a.m.)을 거쳐 middle of the night(한밤중)이 지나면 다시 새벽이 밝아온다.

APPENDIX

동의어의 미묘한 의미 차이
The Subtle Nuances of Synonyms

감탄사와 감탄문
Interjections & Exclamatory Sentences

불규칙 변화 동사
Irregular Verbs

동의어의 미묘한 의미 차이
The Subtle Nuances of Synonyms

목표 aim vs. goal

aim 주로 일반적인 방향성이나 의도적으로 달성하고자 하는 결과를 뜻한다. 다소 포괄적·추상적인 느낌이고, 구체적이지 않은 목표일 수도 있다.

goal 좀 더 구체적인 목표라는 느낌을 주며, 그 목표를 달성하는 시점이 분명하거나, 결과치를 측정할 수 있는 경우가 많다.

The mayor's **aim** is to improve public health.
시장의 목표는 공중위생을 향상하는 것이다.

My **goal** is to lose 5 kilograms by the end of the month. 내 목표는 월말까지 5킬로를 감량하는 것이다.

자유 freedom vs. liberty

freedom 일반적으로 구속되지 않은 자유로운 상태를 말하며, 방해 없이 행동하고 말하고 생각할 수 있는 것을 뜻한다. liberty보다 좀 더 넓은 개념이며, 개인적·정치적·사회적 상황에 두루 쓸 수 있다.

liberty 특히 정치적인 상황 또는 시민권에 관련된 자유를 말할 때 주로 쓰며, 통치 주체가 수여하고 보호하는 자유, 즉 법의 테두리 안에서의 자유를 뜻하는 경우가 많다.

He values the **freedom** to travel wherever he wishes. 그는 원하는 곳은 어디든 다닐 수 있는 자유를 소중히 여긴다.

The constitution guarantees certain **liberties** to all citizens.
헌법은 모든 시민에게 특정 자유를 보장한다.

운명 destiny vs. fate

destiny 여러 사건이 미리 정해진 것처럼 일어나 꼭 맞아떨어지는 결과가 되었다는 느낌이다. 주로 긍정적인 의미를 나타낼 때가 많다.

fate destiny에 비해 좀 더 중성적 또는 부정적인 운명을 뜻하며, 이런 운명을 '피할 수 없다'는 느낌이다. 개인의 힘으로 통제할 수 있는 범위를 벗어난, 피할 수 없는 운명이나 불운, 파멸을 의미한다.

She believed it was her **destiny** to become a pianist.
그녀는 자신이 피아니스트가 될 운명이라고 믿었다.

He felt that it was his **fate** to end up in this isolated island.
그는 이 외딴섬에서 최후를 맞을 운명인 것 같았다.

빈 blank vs. empty

blank '아무것도 적혀 있지 않거나 그려져 있지 않은' 표면의 '빈' 공간을 말할 때 주로 사용한다. 즉, 양식이나 서류와 관련된 상황에서 쓸 수 있다.

empty 어떤 용기나 장소, 지역 안에 아무것도 없이 '비어 있는' 것을 말한다. 이런 물리적인 공간이 비어 있는 경우뿐 아니라 감정 등 추상적인 개념에 대해서도 쓸 수 있다.

Please fill in the **blank** spaces on the form.
그 양식의 빈 부분을 채워 주세요.

The room was completely **empty** after everyone left. 모두가 떠난 후 그 방은 완전히 텅 비었다.
After the breakup, she felt **empty** inside, like all the happiness had been taken away.
그녀는 이별 후에 마치 행복을 모두 빼앗긴 것처럼 마음속이 텅 빈 느낌이었다.

여분의, 추가의 extra vs. additional

extra 보통으로 필요한 만큼을 넘어선다는 느낌이다. 무엇이 '남아도는' 것, 즉 필요해서, 또는 호화롭게 즐기기 위해 더했음을 나타낸다.

additional 현재의 양이나 개수를 더했다는 의미인데, 필요에 의해 증가시켰다는 느낌이다.

Would you like some **extra** cheese on your pizza?
피자에 치즈 더 추가하시겠어요?

We need **additional** resources to complete the project.
이 프로젝트를 완수하려면 추가 자료가 더 필요합니다.

이전의, 앞의 former vs. previous

former '과거에 존재했으나 지금은 없는' 것을 뜻하는데, 주로 누군가가 이전에 맡았던 직함 등을 말할 때 자주 쓴다.

previous 시간이나 순서상으로 직전에 있었던 사건 등을 말할 때 쓴다.

She is a **former** employee of the company.
그녀는 그 회사의 전 직원이다.

I didn't understand the **previous** lecture.
난 이전 강의가 이해가 안 되더라.

맨 마지막의, 최종의 last vs. final

last 현재 시점에서 가장 최근 또는 직전의 것을 말한다. 또 비격식적인 대화에서 연속되는 어떤 것 중 가장 마지막의 것을 나타낼 때도 자주 쓰인다.

final 최종적인 결과라는 느낌이 담긴 종료 시점을 나타낸다. 그 이상의 다른 조치나 변화는 없을 것임을 강조할 때 많이 쓴다.

I didn't like the **last** movie we watched.
난 우리가 지난번에 본 영화 별로였어.

This is the **final** draft of the report.
이것이 최종 보고서예요.

행운의 lucky vs. fortunate

lucky 특히 '우연히' 어쩌다 보니 성공했거나 좋은 결과를 얻었다는 느낌을 준다.

fortunate 좋은 환경이나 장점을 타고났다는 느낌이다. lucky보다 다소 격식적인 상황에서 쓰이기도 한다.

I got **lucky** and won the lottery!
나 운 좋게 복권에 당첨됐어!

I feel **fortunate** to have such supportive friends.
이렇게 힘이 돼 주는 친구들을 둔 것이 무척 행운이라고 생각합니다.

동의하다 agree vs. consent

agree 의견이 서로 같거나, 상대의 제안 또는 의견을 받아들였음을 의미한다. 함께 결정했거나 협의했다는 느낌을 준다.

consent 어떤 일에 대해 허가나 승인을 해 준다는 의미이다. 공식적으로 명확히 허가해 주는 느낌이다.

I **agree** with your assessment of the situation.
그 상황에 대한 당신의 평가에 동의합니다.

The board members **consented** to the proposed merger after a thorough review of the financial implications.
이사진은 재정적인 영향에 관해 철저히 검토한 후 합병 제안에 동의했다.

허락하다, 허가하다 allow vs. permit

allow 어떤 일을 일어나게 하거나, 누군가가 그 일을 할 기회를 주는 것을 뜻한다. 격식적·비격식적인 상황에 모두 쓸 수 있다.

permit 어떤 일에 대해 공식적인 허가를 내 주는 것이다. 공식적·격식적이거나 법률적인 상황에서 주로 쓴다.

My parents won't **allow** me to stay out late.
우리 부모님은 내가 늦게까지 밖에 있는 걸 허락하지 않으셔.

The teacher did not **permit** students to use their phones during class.
그 교사는 학생들이 수업 시간에 휴대폰을 사용하는 것을 허용하지 않았다.

사다, 구입하다 buy vs. purchase

buy 돈을 지불하고 무언가를 손에 넣는다는 뜻으로, 일상적인 상황에서 많이 쓴다.

purchase buy와 같은 뜻이지만 좀 더 격식적인 표현이며, 글을 쓸 때 또는 직업적으로 관련된 상황에서 사용한다.

I need to **buy** groceries.
나 식료품을 사야 해.

The company decided to **purchase** new equipment.
회사에서 새로운 장비를 구입하기로 했다.

평가하다, 사정하다 evaluate vs. assess

evaluate 철저한 분석이나 조사를 통해 어떤 것의 가치, 품질, 중요성을 판단하거나 결정하는 것을 말한다.

assess 어떤 것의 가치, 크기, 중요성을 추산하거나 결정하는 것이다. 측량이나 감정 등을 하는 상황에서 주로 쓰인다.

We need to **evaluate** the performance of each employee.
우리는 각 직원의 업무 성과를 평가해야 합니다.

The insurance company will **assess** the damage to the car.
보험 회사에서 그 차의 손상을 평가할 것이다.

발견하다 find vs. discover

find 잃어버렸던 것의 위치를 알게 되거나, 어떤 것을 우연히 발견하는 것이다. 일상에서 흔히 쓰이는 표현이다.

discover 이전에는 알려지지 않았던 것을 발견하거나 새로운 사실을 알게 되는 것을 말한다. 무언가를 밝히고, 폭로하거나 누설하는 상황에 잘 쓰인다.

I can't **find** my keys.
내 열쇠를 못 찾겠네.

Scientists have **discovered** a new species of plant.
과학자들이 새로운 식물 종을 발견했다.

올리다 raise vs. lift

raise 무언가를 더 높은 위치로 움직이거나, 급여, 가격, 문제 등 추상적인 대상을 증가시킨다는 의미이다. 점진적이거나 의도적인 행위라는 느낌이다.

lift 어떤 사물이나 사람을 더 높은 위치로 움직이는 물리적인 행위이다.

They plan to **raise** salaries next year.
그들은 내년에 임금을 인상할 계획이다.

Can you help me **lift** this box?
이 상자 들어올리는 것 좀 도와줄래?

제안하다 suggest vs. propose

suggest 어떤 아이디어나 계획을 고려해 보라고 제안하는 것이다. 비격식적인 상황에서 가벼운 권유를 할 때 주로 쓴다. 그 제안이 꼭 받아들여지리라는 기대가 크지도 않고, 강력하고 확실하게 권유하는 느낌도 아니다.

propose 어떤 아이디어나 계획을 논의하거나 승인받기 위해 제안하는 것이다. 좀 더 격식적인 상황에서 쓴다.

I **suggest** we leave early to avoid traffic.
일찍 출발해서 교통 혼잡을 피하는 게 어떨까 싶은데.

She **proposed** a new strategy for the project.
그녀는 그 프로젝트에 대한 새로운 전략을 제안했다.

시도하다, 노력하다 try vs. attempt

try 무엇을 하기 위해 '일반적인 노력'을 하는 느낌이며, 일상에서 흔히 쓰이는 표현이다. 또 무언가를 '한 번 시도해 본다'고 하는 경우에도 많이 쓴다.

attempt 주로 어려운 무언가를 달성하기 위해 노력하는 것을 의미한다. try보다 좀 더 '진지하게, 계획적으로' 노력하는 뉘앙스를 나타낸다.

I'll **try** to finish my homework tonight.
나는 오늘 밤에 숙제를 다 끝마쳐 보려고 해.

He **attempted** to climb the mountain despite the bad weather.
악천후에도 불구하고, 그는 산을 오르기 위해 애썼다.

감탄사와 감탄문
Interjections & Exclamatory Sentences

기쁨·신남

ah 아, 어
hurray 만세
(구어로는 hooray, rah)
yahoo 야호
yay 앗싸, 야호
yes, yeah 좋았어, 야호
yippee 야호, 만세
woohoo 야호
wow 우아, 와

놀라움·두려움

ah, aah 아, 어, 오
oh 오
ooh-la-la 울랄라
(장난기·과장된 어조)
well 저런
wow 우아, 와
eek 이크, 에쿠
yikes 이크, 어이구, 어어
aargh 으악

짜증·실망

alas 아아(다소 구식 문어체)
damn 빌어먹을, 제기랄(욕설)
dang (damn의 완곡한 표현)
hmph 흥
meh 메('별로'라는 의미)
shoot 제기랄(shit 대신 쓰는 말)
ugh 욱, 웩
uh-oh 어머, 이런, 어허

상대의 주의 끌기

ahem 으흠
hey 어이
okay, OK 자
(상대의 관심을 끌거나 어떤 말을 시작하기 전에 씀)
yo 야, 어이(속어)
yoo-hoo 어이
(조금 멀리 있는 사람을 부를 때)
ta-da(h) 기대하시라, 짜잔
(사람·물건을 처음 소개하기 전에)

신체의 아픔·고통·불편함

aargh 으악
ouch 아야, 아이쿠
ow 아야, 악
brr 부르르(추울 때)
ew, eww, yuck 웩(역겨움)

동의·의견 충돌

amen 좋다, 그렇다
(원래 기독교에서 기도 끝에 붙이는 '아멘'이라는 말이지만 구어에서도 찬성한다는 뜻으로 흔히 쓰임)
hear, hear 옳소, 옳소
okay, OK 응, 좋아
uh-huh 으응, 응
(상대의 말을 이해했거나 동의했으며, 계속 말하라는 뜻으로 씀)
yes[yeah] 응
no 아니, 안 돼
oh no 안 돼, 천만에, 전혀, 끔찍해라!

망설임·(생각할) 시간 벌기	깨달음·안도	당황·혼란·의심

er 에, 저 hmm 음, 흠 uh, um 음, 저 well 글쎄, 자, 저	aha 아하 phew, whew 후유 well 휴	eh? 응?, 뭐라고? huh? 응?, 뭐라고?, 흥 um 음, 저 what? 뭐라고?

기타		
상대가 정답을 맞혔을 때 bingo 옳지, 빙고	실수했을 때 oops, whoops 이크, 이런, 아이고, 아차 uh-oh 어머, 이런, 어허	조용히 하라고 할 때 shh 쉿

*감탄사와 문장 부호

감탄사와 함께 가장 많이 쓰이는 문장 부호는 느낌표(!: exclamation mark)이고 그다음은 콤마(,: comma)이다. 느낌표는 그 감탄사를 말하는 이의 감정이 강하다는 것을 나타내고, 다음에 오는 문장과는 별도로 감탄사 자체가 하나의 문장 역할을 한다.

Yay! We did it!
야호! 우리가 해냈어!

콤마를 쓰면 느낌표를 쓸 때보다는 좀 더 가라앉은 감정 상태를 나타내는데, 한 문장 안에서 그 감정을 간단히 표현한다.

Oops, I forgot calling her this morning.
아차, 오늘 아침 그녀에게 전화하는 걸 잊었네.

망설임을 나타내거나 시간을 벌 목적으로 내뱉는 감탄사에는 생략 부호(…: ellipsis)도 쓴다.

Well, I don't think… er… wait… let me call my mom.
글쎄요, 제 생각엔… 에… 잠깐만요… 엄마한테 전화 좀 걸어 보고요.

감탄사만으로는 표현할 수 없는 감정적인 내용은 감탄문으로 표현한다. 평서문에 느낌표만 붙여도 감탄문이 될 수 있지만, 주로 What과 How로 시작하여 형용사나 부사를 이어 쓰는 문장이 가장 전형적이다. so나 such를 활용해 형용사나 부사를 강조하는 방법도 있다.

What 감탄문 1 = What a/an + 형용사 + 단수 가산명사 + (주어 + 동사)!
What 감탄문 2 + What + 형용사 + 불가산명사/복수 명사 + (주어 + 동사)!

What a lovely girl! 정말 사랑스러운 소녀다!
What lovely girls! 정말 사랑스러운 소녀들이다!
What a mess! 정말 난장판이구나!

How 감탄문 = How + 형용사/부사 + (주어 + 동사)!

How lovely! 정말 사랑스러워!
How fast time flies! 시간이 어찌나 빨리 가는지!

일반 문장 + !

I am late! 나 늦었어!
That is huge! 저거 크다!

〈such + a/an + 형용사 + 단수 가산명사〉 활용 감탄문
〈such + 형용사 + 불가산명사/복수 명사〉 활용 감탄문

She's such a brave girl! 그녀는 정말 용감한 소녀야!
His parents are such kind people! 그의 부모님은 정말 친절한 분들이에요!

〈so + 형용사/부사 활용〉 감탄문

The dress is so cheap! 그 원피스 정말 싸다!

불규칙 변화 동사
Irregular Verbs

동사들의 과거형, 과거분사형의 변화는 대부분 동사원형에 -ed를 붙이는 일정한 규칙을 따른다. 그러나 몇몇 동사들은 불규칙한 변화를 하는데, 바뀌는 형태에 따라 정리하면 일정한 패턴을 찾을 수 있다.

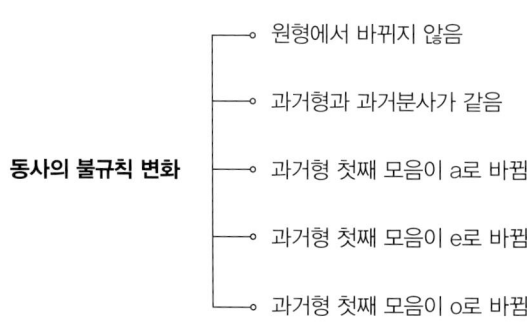

Base form	Past tense	Past participle
원형에서 바뀌지 않는 동사들		
cost (값이) ~이다	cost	cost
cut 자르다	cut	cut
hit 치다	hit	hit
hurt 다치게 하다	hurt	hurt
let 하게 두다	let	let
put 놓다	put	put
quit 그만두다	quit	quit
read 읽다	read[red]	read[red]
set 놓다	set	set
shut 닫다	shut	shut
spread 퍼지다	spread	spread
과거형과 과거분사가 같은 동사들		
bend 구부리다	bent	bent
bring 가져오다	brought	brought
build 짓다	built	built

Base form	Past tense	Past participle
buy 사다	bought	bought
catch 잡다	caught	caught
dig 땅을 파다	dug	dug
feel 느끼다	felt	felt
fight 싸우다	fought	fought
find 찾아내다	found	found
hang 매달다	hung	hung
have 가지다	had	had
hear 듣다	heard	heard
hold 잡고 있다	held	held
keep 유지하다	kept	kept
lead 이끌다	led	led
leave 떠나다, 남기다	left	left
lend 빌려 주다	lent	lent
lie 거짓말하다	lied	lied
lose 잃다, 지다	lost	lost
make 만들다	made	made
mean 의미하다	meant	meant
pay 지불하다	paid	paid
say 말하다	said	said
seek 찾다, 추구하다	sought	sought
sell 팔다	sold	sold
send 보내다	sent	sent
shoot 쏘다	shot	shot
sit 앉다	sat	sat
sleep 잠자다	slept	slept
spend 소비하다	spent	spent

Base form	Past tense	Past participle
stick 찌르다	stuck	stuck
sweep 쓸다	swept	swept
swing 흔들다	swung	swung
teach 가르치다	taught	taught
tell 말하다	told	told
understand 이해하다	understood	understood
win 이기다	won	won

과거형 첫째 모음이 a로 바뀌는 동사들

Base form	Past tense	Past participle
come 오다	came	come
drink 마시다	drank	drunk
give 주다	gave	given
ring 울리다	rang	rung
run 뛰다, 운영하다	ran	run
see 보다	saw	seen
sing 노래하다	sang	sung
sink 가라앉다	sank	sunk
swim 수영하다	swam	swum

과거형 첫째 모음이 e로 바뀌는 동사들

Base form	Past tense	Past participle
blow 불다	blew	blown
draw 그리다, 당기다	drew	drawn
fly 날다	flew	flown
grow 자라다	grew	grown
know 알다	knew	known
throw 던지다	threw	thrown

Base form	Past tense	Past participle

과거형 첫째 모음이 o로 바뀌는 동사들

Base form	Past tense	Past participle
bear 지니다, 낳다	bore	born
break 깨다, 부수다	broke	broken
drive 운전하다	drove	driven
get 얻다	got	gotten
ride 타다	rode	ridden
rise 오르다	rose	risen
shake 흔들다	shook	shaken
speak 말하다	spoke	spoken
steal 훔치다	stole	stolen
take 가져가다	took	taken
tear 찢다	tore	torn
wear 입다	wore	worn
write 쓰다	wrote	written

기타 불규칙 변화 동사들

Base form	Past tense	Past participle
am/is ~이다, ~있다	was	been
are ~이다, ~있다	were	been
beat 치다	beat	beaten
become 되다	became	become
bite 물다	bit	bitten
choose 선택하다	chose	chosen
do 하다	did	done
forget 잊다	forgot	forgotten
go 가다	went	gone
show 보여 주다	showed	shown